UNA
MENTE
CON MUCHO
CUERPO

DRA. ROSA MOLINA

UNA MENTE CON MUCHO CUERPO

Entiende tus emociones y cuida tu salud mental

DIANA

Obra editada en colaboración con Editorial Planeta – España

© 2021, Rosa Molina Ruiz

© 2021, Editorial Planeta, S. A. - Barcelona, España

Derechos reservados

© 2022, Editorial Planeta Mexicana, S.A. de C.V.
Bajo el sello editorial DIANA M.R
Avenida Presidente Masarik núm. 111,
Piso 2, Polanco V Sección, Miguel Hidalgo
C.P. 11560, Ciudad de México
www.planetadelibros.com.mx

Maquetación de interior: © Sacajugo.com
Ilustraciones de interior: © Shutterstock, © Mpj29/Wikimedia 4.0 (pág. 57), y
© Science History Images/ Alamy/ACI (pág. 102)

Primera edición impresa en España: octubre de 2021
ISBN: 978-84-493-3862-5

Primera edición impresa en México: marzo de 2022
ISBN: 978-607-07-8303-6

Impreso en los talleres de Litográfica Ingramex, S.A. de C.V.
Centeno núm. 162-1, colonia Granjas Esmeralda, Ciudad de México
Impreso en México –*Printed in Mexico*

A mi familia

SUMARIO

......

Prólogo de Laura Rojas-Marcos 11

Introducción 15

PRIMERA PARTE: POR QUÉ EL CUERPO VA PRIMERO.......... 25

1. Poner el cuerpo en el centro 27

2. Conocer el cuerpo en sus coordenadas.................... 46

3. Entender el mapa de las emociones corporales............. 69

4. Ir con tacto por la vida 97

SEGUNDA PARTE: PENSAR CON EL CUERPO 113

5. Decidimos con el cuerpo... 115

6. Comunicamos con el cuerpo 158

TERCERA PARTE: CUERPO, MOVIMIENTO Y SOCIEDAD...... 177

7. Somos movimiento.. 179

8. Somos seres sociales... 198

CUARTA PARTE: CUANDO EL CUERPO DICE BASTA 239

9. Las emociones a través del cuerpo............................ 241

10. La enfermedad a través del cuerpo 259

11. El cuerpo y el paso del tiempo: envejecimiento............. 281

12. La adversidad como oportunidad.............................. 304

Conclusión 349

Agradecimientos.. 353

Notas 355

Bibliografía 363

Sumario detallado 371

PRÓLOGO

······

«No hay salud sin salud mental», advirtió António Guterres, el secretario general de las Naciones Unidas, en su discurso en mayo de 2020 a propósito de la COVID-19 y del duro golpe que recibieron los servicios de salud mental a escala global. A raíz de la rápida propagación del virus a comienzos de 2020, durante meses la mayoría de los servicios de salud se centraron casi exclusivamente en el tratamiento de pacientes afectados por la COVID, a pesar del aumento de la demanda de los servicios de salud mental. Como después se confirmó en la encuesta realizada por la Organización Mundial de la Salud en octubre de 2020, la pandemia interrumpió parcialmente los servicios de salud mental en el 93 % de los países del mundo. Unos datos muy preocupantes, sobre todo para las personas que dependen de estos servicios de primera necesidad para mantener una vida saludable.

La salud mental y emocional es esencial para nuestro bienestar individual y colectivo, por lo tanto, más que nunca, es el momento de realizar una labor de concienciación y de aprendizaje sobre cómo funciona nuestra mente para poder cuidarnos. Un referente de salud mental para todos es la doctora Rosa Molina, quien ha ayudado a miles de personas a entender con un lenguaje sencillo y cercano cómo funciona nuestro cerebro y cómo cuidarlo a partir de sus magníficos *posts* y presentaciones en su cuenta de Instagram, @dr.rosamolina. El resultado de tanto esfuerzo y dedicación al final se pudo recoger y ampliar de forma excelente en este libro. Un libro de cabecera que no solo recopila información útil y práctica para cuidar nuestra salud mental, sino también al que podemos recurrir con confianza para consultar sobre cómo optimizar nuestras capacidades mentales.

Como señala la doctora Rosa Molina, gracias a los avances de la medicina y a las nuevas tecnologías, en la actualidad la mayoría de las personas tienen la posibilidad de acceder a información fiable y contrastada sobre cómo mantener una buena salud física y mental. Asimismo, gracias a las investigaciones, cada vez somos más conscientes de que el cuerpo y la mente no pueden existir el uno sin la otra. En sus palabras: «Vivimos en la era en la que todo parece ocurrir en el cerebro, olvidándonos del importantísimo papel que desempeña el cuerpo». Por lo tanto, para mantener una salud física saludable también debemos cuidar de nuestro cerebro y viceversa.

En conclusión, aprender a cuidar nuestra salud mental no solo ayudará a conocernos mejor, a entender por qué somos como somos, por qué hacemos lo que hacemos, sino también a relacionarnos mejor con nosotros mismos y nuestro entorno. Sin embargo, no olvidemos que cuidarla también implica eliminar los prejuicios, los estigmas y los estereotipos que se encuentran en la población general, lamentablemente construidos a partir de los pilares de la ignorancia y el desconocimiento. No obstante, gracias a profesionales como la doctora Rosa Molina, quien consigue en este libro su propósito de compartir de forma cercana y comprensible años de investigación y conocimiento sobre la salud mental con un lenguaje sencillo, cualquier persona interesada en aprender cómo funciona su mente y cómo mantener una buena salud podrá hacerlo de forma entretenida y agradable leyendo este libro.

Espero, apreciado lector, que disfrute de su lectura tanto como lo he disfrutado yo.

LAURA ROJAS-MARCOS, PHD
Doctora en Psicología Clínica y de la Salud,
terapeuta, investigadora, escritora y conferenciante

INTRODUCCIÓN

......

NOTA DE URGENCIA

«Joven de dieciocho años que acude por autolesiones en forma
de cortes en los brazos. Se solicita valoración por psiquiatría.»

• • • • •

No había necesidad de hacer más preguntas ante la llamada de Urgencias. Me puse la bata y me dispuse a bajar mientras anticipaba el caso que me iba a encontrar. Las autolesiones y los intentos autolíticos se encuentran entre los cuadros que más vemos junto con los depresivos, los psicóticos y las crisis de ansiedad. El proceder suele estar también bastante protocolizado, pero termina siendo muy variable por los propios matices y circunstancias de cada caso. Las intervenciones que hacemos en el Servicio de Urgencias pueden durar varias horas, pues a menudo tenemos que evaluar varias veces al paciente a lo largo de un tiempo prudencial de observación. Además, no se traducen en un simple «ingresa o no ingresa», sino que estas actuaciones pueden conseguir mucho más cuando se realizan adecuadamente, ya que la intervención psiquiátrica resultar muy terapéutica y el paciente puede salir fortalecido de dicha experiencia.

En esta ocasión, cuando bajé a atender la urgencia, me encontré con A., un chico de mediana estatura, tez blanca, complexión delgada y cabello moreno, que yacía semitumbado en una de las butacas de Urgencias mientras trataba de deglutir con dificultad la «cena»: un sándwich seco de jamón y queso, un zumo hipercalórico y un dulce ultraprocesado, esos tan criticados y tan poco recomendados pero que en los centros sanitarios, paradójicamente, se siguen repartiendo. Mientras buscaba en la bata papel y boli, anoté en mi mente: «no hiporexia» o, lo que es lo mismo, no hay pérdida de apetito.

Me acerqué a él y me presenté:

—Soy Rosa Molina, la adjunta de Psiquiatría que está de guardia. Me han comentado mis compañeros que lo estás pasando mal y que has venido a pedir ayuda. ¿Me podrías hablar de cómo te encuentras?

Esto es lo que llamamos una pregunta abierta, no dirigida y en la que dejamos al paciente avanzar sin interrupciones. Básicamente, se trata de dejar que este exponga su situación de la manera más natural y no forzar una respuesta concreta ni interrumpir repetidamente. Este tipo de entrevista, sobre todo al inicio, aporta mucha más información que las interpelaciones acotadas o cerradas que se suelen enseñar a los estudiantes de Medicina: ¿qué le sucede?, ¿dónde le duele?, ¿desde cuándo?, ¿por qué motivo? Y en las que la entrevista evoluciona al ritmo del profesional, quien interrumpe repetidamente el discurso del paciente para concretar en el mínimo tiempo, el máximo de información que le lleve al diagnóstico.

El chico, cabizbajo, con los brazos estirados sobre el regazo, voz baja (hipofónica), cierto enlentecimiento de los movimientos (bradicinesia) y del pensamiento (bradipsiquia) y una mirada esquiva, se lanzó a hablar. Un torrente de palabras empezó a brotar con cierta presión del habla, como cuando queremos contar muchas cosas pero no somos capaces de resumirlo en unas cuantas frases. Habló de su desesperación, de su frustración... Había sufrido abuso sexual desde los once hasta los catorce años y ahora lo acababa de dejar con su pareja, con la que llevaba saliendo casi dos años. Él era ella: una persona trans. Había recibido tratamiento hormonal y su aspecto era el de un hombre, pero seguía teniendo genitales femeninos. Además, le gustaban las mujeres.

Entre sus aficiones destacaban el cine, la lectura y las reuniones con sus amigos. Pero en esto último es donde él veía las mayores dificultades: «He tenido experiencias muy negativas. Se han metido conmigo y un compañero me ha acosado sexualmente. Es algo que siempre me pasa a mí; así no puedo ser feliz y yo quiero ser feliz». Durante su discurso caía de manera repetida en casi todas las distorsiones cognitivas conocidas (una distorsión es un error en el pensamiento que nos lleva a hacer una interpretación incorrecta de la realidad): «Siempre me tiene que pasar a mí», «Si no soy feliz, no quiero vivir», «Es terrible, nunca mejoraré...» («pensamiento dicotómico, magnificación y otras distorsiones cognitivas», anotaba yo mientras le escuchaba atentamente).

A. me contó que ya no tenía ganas de vivir, que solo sentía el impulso de hacerse daño, de «hacerse cortes en los brazos», de canalizar el dolor a través del cuerpo; era lo único que le hacía sentir algo o que le distraía de un dolor aún peor, el psíquico. Reconocía cierta impulsividad en su forma de proceder, que no era capaz de controlar. Me habló de la muerte con frialdad, como una forma de escapar y de acabar de una vez por todas con el sufrimiento. Sentía que no tenía ganas de vivir, que no le importaría no estar aquí o que le pasase algo.

Con la falta de perspectiva propia de quien parece no haber salido todavía de la infancia o de quien no ha aprendido o aceptado que la vida se compone de momentos buenos, malos y agridulces, influido quizá por una sociedad que quiere imponer la «happycracia»,[1] A. reclamaba felicidad: «Yo solo quiero ser feliz», repetía con la mirada fija en el suelo.

Así transcurrió una hora y yo traté en todo momento de comprender su dolor y de empatizar con él, de validar su sufrimiento y de no juzgar nada de lo que me estaba contando. En definitiva, trataba de acompañarle, de ayudarle a aliviar ese dolor tan agudo que sentía, cosa que podemos conseguir con la escucha activa y comprensiva e, incluso, con el contacto físico (por ejemplo, apoyando ligeramente la mano en el hombro del paciente). Al mismo tiempo evitaba darle consejos o recomendaciones que posiblemente habría escuchado un millón de veces y que podían resultar inadecuados: «No tienes motivos para sentirte así», «Hay gente que está mucho peor que tú», «Lo que tienes que hacer es salir», etc.

Mientras trataba de sintonizar con él, le iba formulando preguntas que nos fueran llevando a los dos a una reflexión final: ¿cómo veía las cosas desde la perspectiva del presente?, ¿sentía arrepentimiento?, ¿cómo veía el futuro?, ¿creía que las cosas podrían mejorar para él?, ¿qué planes tenía para cuando volviera a casa?, ¿cómo creía que se sentiría al llegar?, ¿tenía algún plan para los siguientes días?, ¿quién podría acompañarle?...

Se trataba de buscar pistas que nos permitieran hacernos una composición de lugar, no solo sobre lo que había sucedido, sino también sobre el contexto, sobre sus recursos y estrategias personales para afrontar la situación, sobre su círculo de apoyo —social y familiar—, sus planes de futuro, etc.

Con todo ello podríamos tomar una decisión conjunta y consensuada sobre la manera de proceder ante lo sucedido. Sería una decisión que tomaríamos con la «cabeza» pero también con el cuerpo, es decir, apoyándonos en lo racional y también en lo emocional, solo que individualizándolo en su caso particular y contextualizándolo en un marco social y cultural concreto.

En aquella ocasión, la espontaneidad también desempeñó un papel clave. Estábamos en los boxes de Urgencias (que normalmente acogen a cuatro personas al mismo tiempo) y un hombre llamado Juan, que yacía en otra butaca reclinable justo a su lado y que hasta ese momento me había parecido débil y abatido por algún cuadro sintomático agudo, pero que debía de haber escuchado atentamente toda nuestra conversación, no pudo evitar incorporarse e intervenir:

—¡Chico! ¡Escucha lo que esta mujer te está diciendo! ¡Te está dando la vida y tú no la quieres coger! (A. no levantaba la cabeza; mantenía la mirada fija en el suelo.)

Juan cogió a A. del brazo como queriendo zarandearle e insistió:

—¡Levanta la cabeza! ¡Mírame a los ojos como te estoy mirando yo y sé un hombre!

A. esbozó una apocada sonrisa mientras levantaba sus largas pestañas y dirigía tímidamente la mirada hacia aquel hombre al que no conocía de nada pero que le resultaba tierno, cercano…, quizá hasta mundano.

Juan seguía:

—Escucha lo que te están diciendo, escucha a esta mujer. Ella tiene estudios, yo no. Escúchala, por favor; vive la vida de una vez, cógela por los cuernos, porque no hay otra, ¡no tenemos nada más!... ¡Mírame a mí! Ochenta y tres años tengo y aquí estoy. No he tenido la mejor vida del mundo, es verdad, pero así va esto: hay que aceptarlo y jugar la partida.

Y así continuó Juan durante varios minutos, con entusiasmo, con más energía y vida vivida que cualquiera de los jóvenes de la sala. Entre sus frases de motivación no había más que silencio: el mío, en el que incidí a propósito, y el de A., que, abrumado y avergonzado por su actitud, no sabía muy bien qué decir, aunque su mirada ya decía lo suficiente: aquello le había gustado. Pese a la diferencia de edad, había conectado con aquel señor, al que, con una mezcla de admiración e incredulidad, consideraba merecedor de toda su atención y al que, posiblemente, le habría dado cualquier cosa que le hubiese pedido en ese momento.

Finalmente, ante el ímpetu creciente de Juan y el silencio persistente de A., decidí romper el hielo para forzar alguna reacción (tanto los silencios como la provocación son herramientas clínicas muy útiles cuando la entrevista ya está avanzada). De manera que solté una carcajada de complicidad y reconocí la ayuda de Juan:

—Ja, ja, ja, vamos a tener que ficharle para el equipo de Psiquiatría del hospital.

En ese instante nos echamos a reír todos, incluido A. Así se diluyó la intensidad emocional del momento y A. rompió, al fin, su silencio:

—¡Juan es el mejor *coach*! —soltó de repente. (A este chico, a su corta edad, le quedaba mucho por aprender de la vida, no sabía ni lo que era la felicidad, pero había percibido la diferencia entre un psiquiatra y un posible *coach*, y eso me impresionó.)

En mi cabeza anoté «Buena resonancia afectiva (en la jerga psicopatológica es algo así como un modulador, que resta gravedad al cuadro depresivo), aunque tiene dificultades para conectar consigo mismo y con su cuerpo».

La entrevista fluyó unos minutos más. A. seguía sin ver las cosas claras, así que le propuse que volviéramos a hablar al cabo de unas horas. Se trataba de dejar un poquito de tiempo, a modo de «cronoterapia», para que hubiese margen para el alivio y la reflexión y para que aquel estado emocional agudo disminuyera en intensidad.

De este caso y de todo lo que hubiese dicho a este chico, te quiero hablar en este libro. ¿Me acompañas?

¿Por qué he escrito este libro?

«Me he dado cuenta de que la salud mental interesa, y mucho.»

Esta es la frase que me encontré repitiendo a amigos y conocidos, especialmente a compañeros de profesión, cuando apenas unos meses después de haber creado mi cuenta en Instagram, empecé a recibir multitud de consultas, dudas o mensajes de aprobación y apoyo a las publicaciones que iba subiendo. La gente quería saber más sobre la psique y la salud mental, sobre el comportamiento y el ser humano en general.

¡Quién me lo iba a decir! Abrí la cuenta @dr.rosamolina impulsada por mi hermana @dr.anamolina (dermatóloga, entre otras muchas cosas), quien ya se había dado cuenta de que la divulgación científica también había que hacerla en las redes sociales, mientras que yo seguía pensando que en psiquiatría era distinto. Estaba convencida de que la salud mental no se podía explicar en un formato como ese; nosotros no disponíamos de imágenes como los dermatólogos, los médicos estéticos, los cirujanos o los profesionales de casi todas las especialidades médicas. Lo nuestro no tenía el mismo gancho. La única imagen factible que yo imaginaba en ese momento era la de un cuerpo o un cerebro del que saliese un aura como una especie de polvillo que indicara que de ahí emergía la mente, la psique, el «yo» o el alma (según se vea) y que eso tan impreciso, ambiguo y abstracto como un cuadro de Dalí era la materia con la que trabajábamos psiquiatras, psicólogos y otros profesionales de la salud mental. En definitiva, nadie nos entendería; nunca podríamos plasmar nuestra disciplina en imágenes y en las redes sociales es eso lo que importa, ¿no?

Unas semanas antes de dar a luz y de que nos confinaran a todos en casa, me lancé con las primeras publicaciones y enseguida me vi reforzada por mis propias reflexiones, aquellas que yo daba con frecuencia a la gente pero que últimamente no me aplicaba a mí misma: «Hay que lanzarse», «Hay que actuar más y pensar menos», «Uno no aprende hasta que no se pone», etc. Pero, sobre todo, me vi reforzada por la cantidad de mensajes que me enviaban las personas que estaban al otro lado de la pantalla, encerradas en su casa como yo y lidiando la situación excepcional que nos estaba tocando vivir. La gente necesitaba respuestas, quería saber cómo afrontar la incertidumbre de lo que estaba sucediendo, necesitaba más información sobre las emociones que estaban experimentando, sobre cómo gestionar el dolor de tantas pérdidas humanas, querían saber cómo lidiar con algo que nunca antes les había tocado vivir y que les quedaba grande: el estar encerrados junto a su pareja o sus hijos durante un montón de horas (el coronavirus casi era lo de menos). Y este fue uno de los *trending topics* de la pandemia.

Llegó un momento en el que, entre los mensajes que iba recibiendo y las cuestiones que me estaban surgiendo a mí misma, tenía más ideas apuntadas en el móvil y el ordenador que tiempo para publicarlas. Cuando surgió la oportunidad de escribir este libro lo vi claro: tenía material para unos cuantos, pero empezaríamos por uno en el que hablásemos de la mente (obvio), pero también del cuerpo, ¡de la «mente corporizada»! La pandemia nos había enseñado que necesitábamos parar. De hecho, el confinamiento nos había parado en seco cuando íbamos a toda velocidad; y por eso estábamos asistiendo a dos pandemias en paralelo, la del coronavirus y la del estrés, solo que esta última avanzaba silenciosamente y estaba socialmente aceptada. La pandemia había puesto sobre la mesa muchas cosas, por ejemplo, que nos necesitamos los unos a los otros y que debemos prestar más atención a lo mental y no solo a lo físico.

En unos meses, sin mapas ni GPS para orientarme pero con muchas ganas de buscar nuevos caminos, me vi sumergida en la aventura que tienes ahora entre las manos. Este es un libro sin pretensiones, sin fórmulas milagrosas ni grandes diatribas, pero que aspira a acercarte un poquito la psique y la *psiquia*, sirviéndotelas en un plato fácil de digerir, aderezado con una pizca de neurociencia. Un recorrido pormenorizado por algunos de los temas que, tras años de formación y trabajo como psiquiatra, investigación y estudios de neurociencia, me hubiese gustado transmitir a aquel joven del Servicio de Urgencias. Se trata de un resumen de lo que ha permanecido después de un largo aprendizaje, el poso que queda de lo leído y experimentado después de unos cuantos filtros. Un intento de acercar la salud mental al público en general; de ampliar el conocimiento sobre la mente y el cuerpo, sobre nosotros mismos y sobre los demás y nuestra forma de relacionarnos; pero huyendo de los tecnicismos, porque así me lo habéis trasladado en redes.

Si te digo que el hilo conductor será el cuerpo, quizá te sorprenda «¿Cómo una psiquiatra con especial formación neurocientífica va a hablar de cuerpo en lugar de cerebro, que es a lo que se dedica? Pero ¡si es en la cabeza donde está el meollo de la naturaleza humana! Ahí es donde está todo, la psique, la moral, la consciencia, la ética…».

Justamente por eso he escrito este libro, porque tal vez nos hemos centrado tanto en el cerebro que nos hemos olvidado del cuerpo, como si este fuese una roca inerte, desprovista de vida al que no tuviésemos que prestar mucha atención más allá de la enfermedad o de su componente estructural y estético. Y reconociéndome yo misma como víctima de este cerebrocentrismo excesivo, me pareció más interesante abordar la mente a través del cuerpo para ir tratando los diversos aspectos que afectan a este o emergen de él y que son clave en nuestros procesos mentales. Porque el cuerpo es el escenario principal de nuestras emociones y de gran parte de lo que nos ocurre, y no podemos vivir de espaldas a lo que le sucede.

En el cuerpo están inscritas nuestras memorias y experiencias (y no me refiero a cicatrices ni a tatuajes, sino a memorias invisibles que están ligadas al funcionamiento de nuestras vísceras y que son el repositorio de la intuición, algo fascinante de lo que te hablaré en los siguientes capítulos). Nuestro equilibrio mental depende de nuestro equilibrio corporal (homeostasis) y viceversa. Asimismo, el estado de nuestro cuerpo habla de cómo estamos en el mundo y en la vida misma; habla de nuestra actitud, de nuestra disposición al cambio y a la lucha contra la adversidad; y también habla de lo callado y lo silenciado. En este libro hablaremos de cómo la mente y el cuerpo se engranan en un todo único e inseparable, que a su vez es modulado por nuestras relaciones sociales y otros factores como los culturales.

Te invito a que abordes este libro de la misma manera que lo he hecho yo: como si estuvieses paseando por una ciudad sin mapa ni GPS. Disfrútalo y, si te animas, puedes profundizar un poquito en el tema que te interese consultando las referencias bibliográficas que te facilito al final del texto.

Sabemos que no existen recetas mágicas ni fórmulas magistrales para captar la complejidad del ser humano, pero el conocimiento, incluso en pequeñas dosis es la mejor herramienta que se le puede proporcionar a una persona. Una vez adquirido, será el lector quien deba hacer buen uso de él.

Tanto si estás familiarizado con la materia como si eres novel, me comprometo a establecer contigo un acuerdo de mínimos:

1. Como mínimo, este libro te ayudará a poner algunos conceptos sobre la palestra, que saborearás de una manera distinta (como los cocineros que, usando los mismos ingredientes, nos presentan platos muy diferentes).

2. Como mínimo, se producirá un cambio pasivo en ti, el cambio que tiene siempre lugar en nosotros cuando adquirimos nuevos conocimientos. Por ejemplo, si uno no sabe que en las emociones influyen algunas «trampas mentales», es muy difícil que pueda modificarlas. Pero, si leemos sobre ello y lo entendemos, el cambio pasivo será inevitable (y el activo estará en nuestras manos).

Sí, yo soy de las que cree firmemente en el cambio. Cuando me preguntan: «Pero ¿tú crees que la gente puede cambiar?», respondo de inmediato: «¡Claro que sí! De hecho, la gente puede empeorar», como le escuché decir al doctor Gutiérrez Rojas.

Que sí, que la gente cambia; lo que pasa es que todo es cuestión de velocidad y, a veces, uno va tan lento que no es capaz de apreciarlo.

El cambio pasivo sucede ineludiblemente y de manera casi imperceptible, pero el activo depende de uno mismo. Porque, si bien es cierto que saber algo ya nos ayuda a cambiar (como el conocimiento que proporciona este libro), el cambio activo es el que determina la velocidad a la que se produce dicha transformación. Entender es más fácil que aprender. Aprender implica llevar a la práctica lo que se ha entendido y eso es lo que se hace en el cambio activo, el que puedes hacer tú mismo, el que puedes acelerar o ralentizar, llevar a tu ritmo.

En definitiva, espero que este libro te ayude, te haga pensar y te aporte muchas cosas nuevas en el campo de la salud porque, como suele decirse, el conocimiento es la mejor medicina.

POR QUÉ EL CUERPO VA PRIMERO

CAPÍTULO 1

PONER EL CUERPO EN EL CENTRO

· · · · · ·

La psique y los pensamientos están también en el cuerpo

«No le pasa nada, es psicológico.»

Esta es una de las frases que más oí decir durante mi formación como residente en el Hospital Clínico San Carlos de Madrid, especialmente durante las guardias de Urgencias, que es cuando más interacción teníamos con los facultativos de las demás especialidades médicas.

Muchas veces venía un paciente al Servicio de Urgencias quejándose de trastornos gástricos y dolores por todo el cuerpo y el médico internista llamaba para informarte de que, en realidad, a este paciente «no le pasaba nada», pero que, por favor, fueras tú misma a valorarle. Los médicos que intuían que sí, que algo le pasaba pero que aquello no era competencia suya llegaban a decir que tenía «cosas raras», que debías ir a verle. La palabra *raro* describía cualquier tipo de conducta o síntoma para el que no hubiese una causa objetivable y que debiera ser valorado por un psiquiatra.

Pero, ojo, que en cuestión de frases estrella los psiquiatras no nos quedábamos atrás. Se presentaba en Urgencias un paciente de mediana edad, sin antecedentes psiquiátricos y con un inicio brusco de síntomas depresivos acompañados de desorientación y confusión, y automáticamente llamábamos al internista con el «regustillo victorioso» de quien sabe que su sospecha es acertada y que no está ante una depresión primaria como las que vemos en Psiquiatría, sino ante una depresión secundaria generada por otro proceso médico (por ejemplo, una infección) y que es la que produce tales síntomas. «Por favor, ven a valorar a este paciente para descartar algo orgánico», le decíamos al internista; o, peor aún: «Descarta que tenga algo médico y luego me llamas», como si lo orgánico y lo médico no tuvieran que ver con la mente, con la psique. Es decir, los psiquiatras, pese a nuestra formación médica, establecíamos la misma división entre la parte más médica y la más psicológica, como si fuesen totalmente independientes.

Si bien esta forma de hablar nos permite entendernos entre los especialistas a la hora de determinar el origen principal del cuadro o saber dónde empiezan o acaban nuestras funciones en una urgencia, trazar una línea divisoria entre los síntomas psíquicos y los somáticos es una auténtica quimera. Todo síntoma tiene un contenido psíquico y se manifiesta a través del cuerpo, por lo que trastornos como la ansiedad, la depresión y las psicosis también se manifiestan en el cuerpo. Las lágrimas de un paciente con depresión mayor no son menos auténticas que las de un paciente con dolor por pancreatitis; ni el dolor en el pecho causado por un infarto es más real que el dolor en el pecho debido a la ansiedad. Tratar de separar lo psíquico de lo somático, confunde más que clarifica en muchas ocasiones. De hecho, la mayoría de los pacientes que acuden a Urgencias presentan síntomas idiopáticos (inespecíficos) y en esta incertidumbre tenemos que movernos los profesionales de la salud mental.

«Cuando vas por el medio, te dan por todos lados», me dijo una vez un compañero para explicar lo que nos pasa a quienes trabajamos en este campo tan complejo como ambiguo. Se refería al hecho de que la psiquiatría está en todo y puede no estar en nada; puede ser tan querida y aceptada como rechazada y cuestionada. Porque es una especialidad que no goza del suficiente respaldo científico para pertenecer a las ramas más puras de la medicina, ni es exclusivamente social o cultural como para pertenecer a las ramas más humanistas del conocimiento como la filosofía. A los psiquiatras una parte de la sociedad nos necesita y demanda (nos exige que tratemos, diagnostiquemos e ingresemos a pacientes) y en ocasiones se nos ve como «salvadores», pero al mismo tiempo se nos cuestiona y estigmatiza. Me gusta decir de mi especialidad: «La Psiquiatría, la especialidad de la que todo el mundo opina» (a diferencia de lo que ocurre en otras especialidades médicas). Porque es algo inherente a la complejidad del objeto que estudia y a los grados de incertidumbre con los que nos toca trabajar.

Ciertamente, la mente está en el centro, actúa por todo el cuerpo y lo recorre de cabo a rabo, y de ahí que lo psíquico esté presente en cualquier patología médica, en unas más que en otras, pero en todas sin excepción. A su vez, lo psíquico está también en lo físico, en el propio cuerpo, y se manifiesta a través de este.

Durante la residencia (los cuatro años de especialización que tenemos que hacer para obtener la titulación de psiquiatra tras acabar la carrera de Medicina) aprendí también que manejar la incertidumbre es una habilidad que se puede aprender, pero no aprehender. Uno sale de la carrera sabiendo diagnosticar una fibrilación auricular, un bloqueo de rama o una pancreatitis, pero sabe muy poco o nada de la psique, del complejo mundo de las emociones; ni siquiera tiene conocimiento de que el dolor psíquico es tan real y lacerante como el dolor físico.

La psique se manifiesta en todos nuestros órganos

La mente humana es una mezcla de cosas neurales,
corpóreas e incluso extracorpóreas.

STEVEN PINKER

Aunque durante mucho tiempo se ha considerado que el sistema nervioso y el sistema inmune (el que nos protege de los elementos y células invasoras) eran campos totalmente separados, la investigación ha venido a demostrar que entre ambos existe una íntima relación: nuestra psique, el sistema nervioso, el sistema inmunitario y el endocrino funcionan coordinadamente para mantener el equilibrio y funcionamiento del organismo.[1] El sistema nervioso autónomo está conectado con los órganos y tejidos responsables del sistema inmune y en este inciden las hormonas que se segregan desde la glándula pituitaria, situada en el cerebro.

Uno de los ejemplos más claros de la relación existente entre la mente y el cuerpo lo hallamos en los efectos del estrés en nuestro sistema inmunitario. Tanto si se trata de un agente físico como si obedece a elementos psicológicos, el estrés inhibe nuestra respuesta inmunitaria, es decir, reduce nuestras defensas frente a los ataques externos, nos debilita, nos hace más vulnerables, al suprimir los procesos de inflamación. Aparece tanto en primates, ratas, aves y otras especies animales como en humanos. Básicamente, se produce por la inhibición de los glucocorticoides,[2] las hormonas reguladoras que se liberan durante estos procesos, la más conocida de las cuales es el cortisol.

Esto no deja de ser sorprendente: ¿cómo es posible que nuestro sistema inmune se inhiba en una situación de estrés? Desde el punto de vista evolutivo no tiene mucho sentido. ¿No sería más lógico que nuestro sistema inmune no se inhibiese?

Si bien es normal que ciertos procesos del organismo se detengan para potenciar y dirigir la energía hacia las necesidades más inmediatas, no resulta lógico que el sistema inmune se inhiba en el largo plazo, como ocurre en el caso del estrés crónico. Ahora bien, como decía R. Sapolsky en su libro *¿Por qué las cebras no tienen úlceras?*, quizá la inmunosupresión provocada por el estrés es simplemente una consecuencia de otra cosa que sí es adaptativa.[3]

Hoy sabemos que la curva del estrés no es exactamente una curva que desciende drásticamente como consecuencia de una inhibición inmediata justo en el momento en que aparece el evento estresante. De hecho, la curva se parece más a una en la que inicialmente el sistema inmune se activa pero se desactiva en el largo plazo.

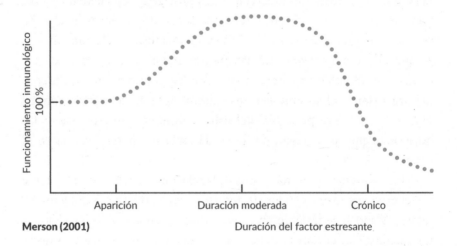

Merson (2001)

Duración del factor estresante

Aparición — Duración moderada — Crónico

Ante un agente estresante, nuestras defensas se refuerzan o aumentan durante un corto período de tiempo. Ahora bien, cuando la situación se prolonga (estrés crónico), tanto el cortisol como el sistema simpático (el que nos prepara para la huida) comienzan a actuar de manera diferente: inhiben el sistema inmune (véase la curva) y debilitan el organismo, que tendrá entonces más probabilidades de enfermar o de infectarse.[4] ¿Quién no se ha percatado de que, en época de exámenes, en una mudanza o en las etapas difíciles de una relación amorosa, uno cae enfermo con mayor facilidad? Esto es consecuencia precisamente de la bajada de nuestras defensas, lo que nos hace más propensos a contagiarnos de virus y bacterias. Nuestro organismo ha quedado debilitado como consecuencia de algo que inicialmente parecía puramente abstracto, etéreo, mental. Esto prueba que lo psicológico lleva a cambios físicos.

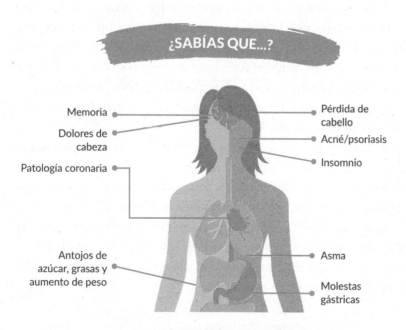

¿SABÍAS QUE...?

Memoria

Dolores de cabeza

Patología coronaria

Antojos de azúcar, grasas y aumento de peso

Pérdida de cabello

Acné/psoriasis

Insomnio

Asma

Molestas gástricas

Desde una perspectiva más técnica, hoy sabemos que el estrés produce una disminución de las células de defensa de nuestro organismo (disminuye el número de células B, que son las que generan anticuerpos, así como la funcionalidad de las células NK o *natural killer*). El cortisol puede frenar la liberación de las moléculas responsables de iniciar la respuesta inmunitaria, es decir, de las citocinas. Esto provocará alteraciones en los diferentes órganos del cuerpo, que pueden manifestarse en forma de dolores musculares, cefaleas, temblores, molestias gástricas, cansancio, etc.

Pero, además, el estrés continuado puede llegar a producir cambios en el tamaño de una de las regiones más implicadas en la memoria, el hipocampo. Se ha observado que quienes han estado estresados de manera crónica tienen hipocampos más pequeños y presentan, por tanto, mayores déficits de memoria. Algo que resulta bastante natural: ¿quién no está más despistado y olvidadizo durante períodos de estrés?

• • • • •

Lo que cabe preguntarse es por qué ese aumento o potenciación inicial del sistema inmune no se mantiene en el largo plazo, cuando de esa manera estaríamos más protegidos frente a cualquier tipo de amenaza. Parece que la razón está en que un sistema en continuo estado de alerta máxima podría tener también consecuencias negativas. Por ejemplo, que el propio sistema de defensa, al estar activado en exceso, confundiera partes del organismo con elementos invasores y esto llevara a una respuesta o enfermedad autoinmune.

Entonces, ¿qué cantidad de estrés continuado ha de darse para que se produzca esta situación? Pues bien, no contamos con medidas concretas, ya que hay mucho de subjetivo en la forma de afrontar o adaptarse a las situaciones estresantes, pero lo que sí sabemos es que hay estilos de vida que nos pueden predisponer a ello y que existen factores que pueden ser catalogados como estresantes, cada uno de los cuales tiene unas puntuaciones más o menos estandarizadas. Te dejo una escala para que puedas ver tu puntuación en estrés psicológico.

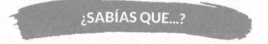

¿SABÍAS QUE...?

Holmes y Rahe diseñaron una escala para medir el estrés psicológico —la llamada escala de reajuste social—, en la cual se presentan 43 experiencias estresantes con una puntuación estandarizada de gravedad. Por ejemplo, a la muerte de cónyuge se le asignan 100 puntos dentro de esta escala, mientras que a un despido en el trabajo le asignan 47.

—Escala de acontecimientos vitales de Holmes y Rahe, 1976— Acontecimientos vitales que se han sucedido en los 12 últimos meses

* Muerte del cónyuge 100
* Divorcio 73
* Separación matrimonial 65
* Encarcelación 63
* Muerte de un familiar cercano 63
* Lesión o enfermedad personal 53
* Matrimonio 50
* Despido del trabajo 47
* Desempleo 47
* Reconciliación matrimonial 45
* Jubilación 45
* Cambio de salud de un miembro de la familia 44
* Drogadicción y/o alcoholismo 40
* Embarazo 39
* Dificultades o problemas sexuales 39
* Incorporación de un nuevo miembro a la familia 39
* Reajuste de negocio 39
* Cambio de situación económica 38
* Muerte de un amigo íntimo 37
* Cambio en el tipo de trabajo 36
* Mala relación con el cónyuge 35
* Juicio por crédito o hipoteca 30

* Cambio de responsabilidad en el trabajo 29
* Hijo o hija que deja el hogar 29
* Problemas legales 29
* Logro personal notable 28
* La esposa comienza o deja de trabajar 26
* Comienzo o fin de la escolaridad 26
* Cambio en las condiciones de vida 25
* Revisión de hábitos personales 24
* Problemas con el jefe 23
* Cambio de turno o de condiciones laborales 20
* Cambio de residencia 20
* Cambio de colegio 20
* Cambio de actividades de ocio 19
* Cambio de actividad religiosa 19
* Cambio de actividades sociales 18
* Cambio de hábito de dormir 17
* Cambio en el número de reuniones familiares 16
* Cambio de hábitos alimentarios 15
* Vacaciones 13
* Navidades 12
* Leves transgresiones de la ley 11

PUNTUACIÓN:

Si uno observa bien la tabla, verá que el matrimonio puntúa muy alto entre los factores de estrés (50) y todavía más la separación (65), el divorcio (73) o la pérdida del cónyuge (100). Sin intención de quitarle la ilusión a nadie, pero teniendo en cuenta que muchos matrimonios acaban en divorcio o en una pérdida dolorosa, cabe cuestionarse si realmente nos sale a cuenta establecer una unión matrimonial. Dado que el embarazo puntúa mucho menos en esta escala (40), en términos evolutivos puede que sea mucho más productivo deshacernos de los formalismos o rituales socioculturales y dedicarnos solo a tener hijos.

Pero al margen de estas divagaciones humorísticas, hay que matizar que estos instrumentos de medición tienen sus limitaciones, ya que siempre habrá otros factores que puedan explicar por qué difiere tanto nuestra vulnerabilidad frente al estrés. De ahí que posteriormente, y para situar en su lugar la subjetividad, se incluyera lo que se conoce como *medidas contextuales de los sucesos vitales*. Es decir, medidas que nos permitirán explicar que, por ejemplo, el fallecimiento de un vecino sea puntuado como algo muy grave cuando la persona que lo relata procede de un entorno rural aislado y el fallecido era una de las pocas personas con las que quedaba de vez en cuando.

· · · · ·

El estrés viene modulado por factores psicológicos tales como las creencias personales, las formas de afrontar la adversidad, la pérdida de control, la ausencia de salidas o alternativas ante los problemas o la capacidad para predecir el futuro inmediato o a largo plazo.

Por ejemplo, nuestra capacidad para prever los agentes estresantes nos ayuda a disminuir nuestra reacción al estrés: «Le molestará un poquito», nos suele anticipar el dentista o el médico estético (ahora que están tan de moda las inyecciones de toxina botulínica, los rellenos, etc.), poniéndonos sobre aviso e influyendo en nuestra vivencia de mayor o menor estrés.

Un ejemplo relativo al manejo del control sería la forma en que vivenciamos el viaje en avión frente al viaje en coche, especialmente en aquellos con más aprensión a volar y con tendencia a albergar pensamientos irracionales que no pueden controlar. Muchas personas tienen pánico a volar pero no tienen miedo de ir en coche y esto es por el control que tienen o creen tener. Y ahí está la clave: es más importante creer que tener. Cuando conducimos, creemos que tenemos mayor control; sin embargo, es muy probable que si tenemos un accidente en mitad de la autovía, este sea tan funesto como una catástrofe aérea.

Otras veces usamos esta misma vivencia de control para compadecer a alguien que, ante la pérdida repentina de un ser querido, se siente culpable por no haber hecho nada o no haber llegado a tiempo y cree que podría haber tenido el control sobre ello. Entonces le decimos eso de «No podías hacer nada, hubiese ocurrido igualmente…», con lo cual damos por hecho que esta persona no tenía el control que ella cree que podría haber tenido.

> Todos los órganos y sistemas están íntimamente conectados con el cerebro.

Pero, ojo, que todo esto (la capacidad de predecir o de mantener el control) es, una vez más, relativo y no se cumple en todas las situaciones estresantes. Dependerá de variables como el contexto, la intensidad del suceso, el tiempo de anticipación, etc. Pues, como puede imaginar el lector, no es lo mismo que el dentista nos avise una semana antes de que la intervención nos va a doler un poquito a que nos avise justo en el momento de actuar.

Podría decirse que la relación entre sistema inmune y estrés —y, por tanto, entre cuerpo y mente— no tiene fin. Y lo mismo sucede con la relación entre la psique y los sistemas digestivo, cardiológico y dermatológico, por ejemplo. De ahí que hablemos de psiconeuroinmunología o, ya puestos, de psico-neuro-inmuno-digestivo-dermo-cardio-endocrinología. Y de esto al *psiconeurotodo* no queda nada. La relación entre mente y cuerpo es, pues, innegable.

Todos los órganos y sistemas están íntimamente conectados con el cerebro. Seguro que dentro de un tiempo volveremos a los médicos generalistas de nuestros antepasados porque con tanta especialización, incluso dentro de cada disciplina, hay médicos traumatólogos que solo saben de rodillas, cardiólogos que solo tratan arritmias o psiquiatras que solo saben de conductas adictivas. En este contexto, es muy fácil que perdamos la perspectiva y nos cueste entender al paciente en su globalidad.

Con el tiempo nos hemos ido dando cuenta de que, si bien la especialización es muy necesaria, también nos cercena la visión general del paciente, y esta es muy importante a la hora de hacer la evaluación.

El cuerpo como disfraz: la depresión enmascarada

Valga un ejemplo para dejar constancia de lo presente que está el cuerpo en lo psíquico y de lo poco que pensamos en ello. Un día acude a la consulta un paciente con cefaleas recurrentes, molestias gastrointestinales, cansancio, disminución de la libido y dolores múltiples, y le pregunta al facultativo: «Doctor, ¿puede ser depresión?».

Esta es la pregunta que se plantean muchos pacientes después de haber desfilado por la consulta de un sinfín de especialistas, desde el digestivo, el reumatólogo y el internista hasta el acupuntor y otros médicos alternativos. De hecho, esta lista podría incluir al homeópata, al osteópata, chamán africano, al doctor Google o doctor Amazon; es decir, cualquier facultativo, real o supuesto, con tal de no llegar al psiquiatra.

En una sociedad en la que parece que cada vez tenemos más dificultades para expresar nuestras emociones y donde se aceptan mejor los síntomas físicos que los psíquicos, se presentan a menudo las depresiones conocidas como depresiones enmascaradas. ¿Y a qué me refiero por depresión enmascarada? Si estás pensando en la mascarilla de los tiempos de pandemia que nos ha tocado vivir, no tiene nada que ver, aunque muchas personas refieran preocupación en torno a esta: «Doctora, creo que cuando me tenga que quitar la mascarilla me voy a sentir muy inseguro». Realmente por depresión enmascarada entendemos un subtipo de depresión en la que los síntomas se manifiestan en forma somática con dolores y malestar general, por ejemplo, más que en forma de tristeza. Entre los síntomas más frecuentes se encuentran los problemas digestivos, los dolores de espalda y de cabeza, el cansancio, la pérdida de apetito, la disminución de la libido, los problemas de sueño, etc.

Cuando pensamos en la depresión, lo primero que nos viene a la cabeza es la tristeza y la desgana, pero pasamos por alto los síntomas cognitivos (la dificultad para concentrarse, por ejemplo) o los síntomas físicos, los que sentimos en el cuerpo; como si todo se concentrara en la cabeza y el cuerpo no pintara nada. Y es que nos resulta muy difícil hacernos una idea global de estos trastornos tan complejos.

La presencia de síntomas somáticos en las depresiones se conoce desde hace años.[5] Estamos ante unos trastornos en los que los síntomas somáticos o corporales se encuentran en primer plano, mientras que los psicológicos permanecen en la retaguardia.[6] A este tipo de depresiones también se les ha dado el nombre de equivalentes depresivos, depresiones larvadas, depresiones sin depresión o depresiones enmascaradas.

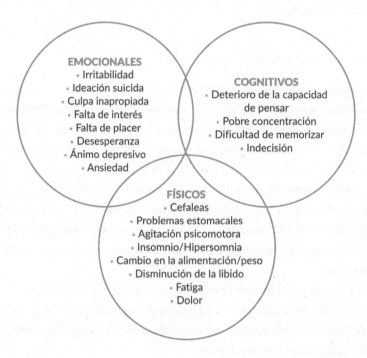

El rasgo común de estas depresiones somáticas es que pueden pasar desapercibidas. En estos casos, la certeza del diagnóstico descansa sobre la pericia del profesional clínico. Una buena evaluación e historia clínica del paciente (anamnesis) nos permitirá afinar sobre el tipo de depresión ante la que nos encontramos.[7]

Asimismo, el tratamiento de este tipo de depresiones implicará que, aparte de suministrar las medicaciones y psicoterapias oportunas, habrá que informar y explicar al paciente su padecimiento y la causa de sus síntomas a fin de evitar la culpabilización. El sentimiento de culpa es un síntoma que se presenta muy a menudo en los pacientes con depresión y que, si se ignora, puede incrementarse y empeorar notablemente el cuadro. El paciente puede pensar, por ejemplo, que él es el único responsable de todo lo que le sucede, que la depresión no es sino una elección y que su problema reside solamente en la falta de fuerza de voluntad. Al final, todo esto aumenta el sentimiento de culpa y agrava el cuadro. De ahí la importancia de informar a la población sobre el asunto, porque una sociedad psicoeducada y conocedora de los padecimientos mentales es una sociedad más sana.

Poner el cuerpo en el centro

¿Alguna vez te habías parado a pensar en la cantidad de metáforas que utilizamos y que se refieren al cuerpo?: «meter la pata» (equivocarse), «tomarle el pelo a alguien» (burlarse), «poner el dedo en la llaga» (hablar de la realidad por dura que parezca), «tener la cabeza en su sitio» (sensatez), «ser el brazo derecho» (la persona de confianza), «ser como uña y carne» (sobre la sinceridad de la amistad), «tomarse algo a pecho» (darle mucha importancia), «estar hasta las narices» (estar harto), «hablar por los codos» (hablar mucho)… Todas dan cuenta de la importancia del cuerpo en nuestra cognición, en nuestra conducta y en nuestra forma de relacionarnos.

Al cuerpo, pues, lo nombramos mucho, pero lo pensamos poco. Vamos en modo automático y no nos paramos a escuchar y prestarle la atención debida. La mente no solo emerge del cerebro; emerge del cuerpo y de nuestras relaciones con los demás.

El estado de nuestro cuerpo dice mucho de nosotros y, además, a través de él nos comunicamos e interactuamos con el mundo. En este libro vamos a hablar mucho de cuerpos, del tuyo, del mío y del de los demás, porque no podemos entendernos sin entender también al otro. Nuestro cuerpo y nuestra mente son el fruto de ese fascinante *baile* que nos marcamos con los demás, llamémosle «vals social».

El enfoque que aquí se plantea es, por tanto, el del cuerpo como una forma de estar en el mundo, como una forma de percibir, reaccionar y pensar sobre el medio que nos rodea. Las experiencias y vivencias están siempre encuadradas en la dimensión corporal, que es donde tienen lugar.

Al cuerpo, lo nombramos mucho, pero lo pensamos poco.

El ser humano tiene un cuerpo a través del cual se expresa y, al comprenderlo, se accede al resto de las dimensiones humanas, ya que esta es la puerta de entrada a todas ellas. Esta concepción implica que el ser humano es visto como un todo, como una entidad coherente con continuidad, unidad y sentido de agencia. ¿Y qué es esto del sentido de agencia? Me refiero a la conciencia subjetiva de que estamos ejecutando y controlando las propias acciones, de que somos los efectores últimos de estas (por ejemplo, que es mi mano la que está siendo tocada y acariciada y no la de otra persona). Esta visión no tiene nada que ver con aquellas que consideran la mente como algo independiente del resto del cuerpo.

En las últimas décadas se ha concedido al cerebro una atención quizá desmedida, lo que ha derivado en un cerebrocentrismo que cada vez deja más de lado el cuerpo. Buena muestra de ello es la gran cantidad de ciencias que han surgido con el prefijo *neuro* y *psico*, como si este fuese un sello de garantía que otorgase fiabilidad o validez a dicha disciplina, ciencia o área del conocimiento. Como si por ir acompañada de esa raíz etimológica, esta partiera de los mismos principios que las ciencias neurológicas y psicológicas. La *neuromoda* que ignora al resto del cuerpo: neuroeconomía, neuroarquitectura, neuromarketing, psicocosmética, neurocoaching, etc.

Veamos el ejemplo de la psicocosmética: ¿crees que un cosmético puede hacerte sentir mejor? Pues esto pretende la llamada «psico» o «neurocosmética», regular nuestro estado de ánimo «bioquímicamente» a través de productos con ingredientes activos que tengan capacidad de producir «neuroacciones» en las terminaciones nerviosas de la piel.

Esto no es nada fácil, pero lo cierto es que la industria cosmética cada vez está más interesada en el impacto emocional de sus productos, y eso siempre es bueno. Mente y cuerpo van de la mano, y por mucho que nos guste separarlos, el autocuidado de la piel tiene un impacto más que positivo en cómo nos vemos y sentimos. Sin embargo, hablar de «neuro» o «psico» cosmética para referirnos a estos efectos es ir demasiado lejos, pues estaríamos confundiendo placer con emociones y con estado de ánimo. Por mucha sensorialidad que tenga una crema o ese champú que te lleva al «éxtasis» en la ducha, no dejan de ser efectos superficiales y transitorios. A lo largo del día hay muchas actividades que nos aportan placer y nos hacen «sentir» mejor: practicar deporte, comer, charlar con un amigo, besar... ¿los podemos también llamar psico-charla, neuro-alimentación, psico-besos o neuro-sentadillas? ¿Qué te parece?

Este uso indiscriminado de lo *neuro* y *psico* ha llegado a banalizar y tergiversar el término, como ya ocurrió en su momento con lo *bio*. Por eso, será importante controlar el uso de estos prefijos y además reivindicar el papel del cuerpo en nuestros procesos mentales.

Los efectos placebo y nocebo como ejemplos de la conexión mente-cuerpo

Los efectos placebo y nocebo son también ejemplos claros de la importancia de la conexión mente-cuerpo.

Las expectativas positivas, la confianza y la fe tienen su importancia. De hecho, los cambios fisiológicos que se producen a raíz de estas expectativas es lo que se ha llamado efecto placebo o, dicho de otro modo, «efecto creer». El clásico «cura sana, culito de rana» es capaz de acabar con algunos *males* de un plumazo. «No cabe duda de que las expectativas que tiene un paciente sobre un tratamiento, ya sean positivas o negativas, desempeñan un papel decisivo en su éxito o fracaso.»

El efecto placebo es el efecto positivo que tiene una medicina o sustancia por el hecho de creer en ella o en el profesional que nos la ha recetado, aunque no tenga moléculas activas. Es decir, el hecho de que un médico nos recete algo que, según él, nos va a sentar bien y a reducir el dolor ya hace que notemos un cierto alivio, aun cuando nos haya dado una cápsula llena de agua.

El efecto placebo se ha usado desde la Antigüedad, bien en remedios que contenían desde veneno de serpiente hasta hojas y raíces, bien en rituales y ceremonias, y todos ellos consiguieron aliviar el dolor y el malestar físico de muchos enfermos. Se ha observado que en el efecto placebo se activan las mismas regiones cerebrales que en el consumo de opiáceos y además se ha asociado a una liberación de endorfinas. Nuestros pensamientos y emociones tienen la capacidad de modificar sensaciones físicas como las del dolor y pueden alterar incluso el funcionamiento del sistema endocrino y del inmunitario.

Por regla general, hay factores que aumentan el efecto placebo: por ejemplo, el prestigio del médico que nos trata, el condicionamiento basado en experiencias previas, la motivación, las características del medicamento recetado, etc. Pero, además, este efecto varía según el entorno sociocultural del paciente.

Los estudios sobre el efecto placebo de los medicamentos arrojan conclusiones tan curiosas como que las pastillas de color rojo se consideran más efectivas que las de color azul, excepto en Italia, donde sucede justo al contrario, probablemente porque la gente se siente más identificada con el color azul de la camiseta de la selección nacional de fútbol. También se piensa que dos píldoras hacen más efecto que una, aunque correspondan a la misma dosis, o que las inyecciones funcionan mejor que las pastillas.

El precio de los medicamentos es otro de los factores que influye en la percepción del efecto que nos causará. Un experimento realizado por investigadores del Centro Médico Universitario de Hamburgo-Eppendorf (Alemania) y publicado en la revista *Science* concluyó que cuanto más caro es un fármaco, mayor es el efecto placebo. Por tanto, un medicamento de precio elevado es considerado más efectivo que uno más barato. Pero, además, se tiene la percepción de que los efectos secundarios del medicamento más caro son más potentes que los del fármaco de menor precio. Esto explicaría por qué algunos pacientes experimentan un empeoramiento de sus síntomas en cuanto se fijan en el precio de su medicina.

Hoy sabemos que una de las regiones cerebrales implicadas en estos procesos es la correspondiente a la corteza prefrontal (más en concreto, la parte ventromedial). Esta es justamente una zona muy involucrada en los procesos de hipnosis y sugestión, así como en los ejercicios de meditación.

Pero hay algo mucho más accesible que las pastillas, ejemplo paradigmático del efecto placebo: los «placebesos». ¿Te habías parado a pensarlo? Todos los padres lo han experimentado alguna vez: basta un simple beso para que tu hijo pase en cuestión de segundos del llanto más inconsolable a su juego favorito. Y no hace falta ser padre para percibirlo. Los besos, a quienquiera que se den, pueden producir cambios y sensaciones fascinantes.

¿SABÍAS QUE...?

En salud mental existe una importante polarización en lo relativo a los fármacos: hay personas que los consideran una manipulación social o una conspiración de la industria farmacéutica, mientras que otras los ven como medios capaces de salvarles la vida. Pero no hay por qué compartir estas posiciones tan extremas. Los fármacos que se usan en psiquiatría tienen su utilidad y su función, y su uso dependerá de muy diversas variables (edad, diagnóstico, tipo de síntomas, aceptación del paciente, etc.). Estos fármacos siguen los mismos protocolos de aprobación que los de cualquier otra especialidad médica. Es más: muchos de los fármacos que usamos en psiquiatría para aliviar la ansiedad, como los antiepilépticos, son moléculas que usan los neurólogos para el tratamiento de epilepsia, pero que también usamos en psiquiatría para el alivio de la ansiedad. O los mismos antidepresivos son usados por neurólogos y anestesistas para el tratamiento del dolor, sin que por ello sean tan cuestionados.

Y no acaba aquí la historia. Muchas personas sostienen que los fármacos psicotrópicos no tienen ninguna eficacia porque, según ellas, es un simple efecto placebo: «Si funcionan, es por eso». Lo que muchos desconocen es que ese efecto placebo existe, pero se mide a la hora de aprobar un fármaco. Para ello se emplea el método de «doble ciego», en virtud del cual ninguno de los intervinientes —ni el paciente ni el médico— tiene conocimiento de si está suministrándose el fármaco real o un placebo (este es un método que no se puede aplicar a cualquier fármaco ni en cualquier situación, es decir, que solo se aplicará cuando el hecho de no recibir el fármaco prescrito no suponga un perjuicio para el paciente).

• • • • •

¿Y qué es el efecto nocebo?

A grandes rasgos, se podría decir que el efecto nocebo es el opuesto, «el lado oscuro» del efecto placebo. Sería algo así como el empeoramiento de los síntomas de una enfermedad por la expectativa, consciente o no, de los efectos negativos que puede tener una medida terapéutica.

En salud mental, este efecto se hace extensivo a la consulta y los profesionales intervinientes. Hay personas que en su primera cita ya entran diciendo que no creen en la psiquiatría, como si fuese un acto de fe (y a menudo añaden «que ellos no son de pastillas», como si los psiquiatras tuviésemos un interés perverso en medicar a los pacientes). En ese momento ya sabes que la evolución de esa persona, en caso de necesitar medicación, será tórpida. Un paciente que en condiciones normales respondería bien a un antidepresivo o a la terapia puede torpedear su recuperación simplemente porque no *cree* en el tratamiento. ¡Ojo! Lo mismo ocurre cuando *no se cree* en los analgésicos, pero estos casos son mucho menos frecuentes.

Por otra parte, la mayoría de los pacientes que acuden a nuestras consultas leen el prospecto de los fármacos en cuanto abandonan el centro sanitario. Sin embargo, no hacen lo mismo con la aspirina o el paracetamol, por lo que no se percatan de que esas pastillas que se toman como si fuesen caramelos tienen más efectos secundarios que muchas de las que se usan en salud mental. Y es que el estigma que rodea nuestra especialidad ya es un efecto nocebo *per se*. Aquí el efecto del «no creer» tiene un impacto directo en el cuerpo y muchos de los efectos secundarios pueden estar relacionados con la propia sugestión emocional. No quiero decir que los psicofármacos no tengan efectos secundarios, que los tienen como cualquier otro fármaco, solo que, en estos casos, el efecto nocebo añade otros tantos efectos secundarios que no encontraríamos en otros fármacos no tan estigmatizados.

¿SABÍAS QUE...?

El profesor de Fisiología y Neurociencia Fabrizio Benedetti, gran investigador de los efectos nocebo y placebo, hizo hace unos años un experimento para mostrar cómo afecta al cerebro la propagación de rumores relacionados con la salud; para ello se centró en la difusión de ideas malintencionadas o sin base científica suficiente, esas que mucha gente se cree a pies juntillas solo porque confían en la persona que las difunde.

El investigador se llevó a un centenar de estudiantes a los Alpes italianos, una cadena montañosa de más de tres mil metros de altura. Antes de iniciar el viaje, informó a uno de los alumnos de que la falta de aire allí arriba podría producirle migraña. El rumor se extendió rápidamente entre una parte de los estudiantes y, curiosamente, quienes sabían del efecto de la altitud sufrieron dolores de cabeza mucho más fuertes que los que ignoraban esa información.

Posteriormente, un estudio de la saliva realizado a los estudiantes sugestionados por el conocimiento de los supuestos efectos secundarios de la altitud mostró una reacción exagerada a la escasez de oxígeno, con una proliferación de enzimas asociadas a los dolores de cabeza provocados por la altitud. Es decir, el rumor había llegado a la bioquímica del cerebro, había tenido un efecto nocebo.

Al lector le resultará fácil ahora entender cómo el estigma de la salud mental, fomentado muchas veces por los medios de comunicación, puede impactar negativamente y actuar como nocebo en la evolución de nuestros pacientes o en los propios familiares y amigos de estos, que, influidos por los estereotipos en torno a la enfermedad mental, no sabrán proporcionar la ayuda adecuada.

· · · · ·

El miedo y la hipervigilancia respecto a los posibles efectos adversos son, precisamente, dos de los factores que más incrementan la sensación de malestar. De ahí la responsabilidad también de los propios profesionales a la hora de transmitir la información a los pacientes, ya que pueden generar expectativas negativas. Lo que le decimos al paciente, nuestras palabras mismas, puede hacer que el cuadro clínico empeore. El clásico «Te vas a quedar en silla de ruedas como no hagas tal cosa» puede tener un impacto muy negativo. No podemos ser tan categóricos porque, aunque la intención no sea mala, se puede causar más daño que beneficio a la recuperación del paciente. El poder del efecto nocebo sobre determinados individuos es muy potente.

A estas alturas, la mayoría ya os habréis dado cuenta de la importancia de nuestros pensamientos, de nuestro lenguaje y de los procesos mentales, que, si bien intuitivamente parecen algo abstracto e intangible, pueden convertirse en algo físico y definible. En el campo del placebo y el nocebo, «creer o no creer es, en parte, la cuestión».

CAPÍTULO 2

CONOCER EL CUERPO EN SUS COORDENADAS

. . . . . .

Lo que el cuerpo esconde

Un granjero y su esposa se encuentran con que una de sus gallinas pone huevos de oro. Pero en lugar de esperar a la puesta, deciden matar al animal, pensando que así podrán obtener rápidamente todo el oro de su interior. Cuando descubren que no es así, comprenden que hubiese sido mejor conservar lo que tenían.

Esta fábula infantil con enseñanzas importantes sobre la valoración de lo que se tiene y las nefastas consecuencias de la ambición debería servirnos de lección cuando pretendemos situar la mente, la psique, la conciencia, el self o el alma (según cómo lo entienda cada cual) únicamente en la cabeza. Si solo buscamos ahí, nunca llegaremos a conclusiones válidas. Primero, porque es probable que el ser humano jamás pueda llegar a capturar toda la subjetividad y complejidad de la psique, pero además, porque esta se halla entretejida por millones de «hilos invisibles» que se deslizan entre las células de nuestro cuerpo.

El cuerpo no solo es una importantísima fuente de información, sino el medio que nos trae al presente; de ahí lo de «tener los pies en la tierra». Porque a nuestra mente le encanta viajar del pasado al futuro y al más allá, pero es nuestro cuerpo el que, esté donde esté nuestra mente, nos trae continuamente de vuelta al presente.

La relación entre mente y cuerpo es como la de un padre o una madre con su bebé: uno y otro se sincronizan, se entienden, se comunican, se adivinan, se anticipan… En esos primeros meses de vida en que el niño es fundamentalmente «cuerpo», es decir, que no es consciente de sí mismo, no tiene construido un yo, una psique, sino que todo le viene de fuera a través de su progenitor (el que haga de cuidador principal); y no me refiero al alimento, me refiero a lo psicológico. La regulación emocional —por ejemplo, cuando el bebé llora— la suministran los padres desde fuera. Si esta comunicación entre el progenitor y el bebé se halla alterada, el sistema no funcionará bien.

El cuerpo en sus coordenadas: ¿cómo obtienes la representación mental de tu cuerpo?

¿Has pensado alguna vez cómo surge en tu mente la representación de tu cuerpo? ¿Cómo es posible que nuestros movimientos sean tan precisos, que seamos capaces de conocer en todo momento cómo está nuestro cuerpo?

Si nunca te has parado a reflexionar sobre ello, te invito a que conozcas un poquito más la fascinante maquinaria que alberga nuestro cuerpo. Las diferentes representaciones del ser corporal nos indican qué relación existe entre la persona y su cuerpo en un espacio y tiempo determinados. Integrando información proveniente del interior (la de nuestras vísceras y cambios fisiológicos) y del mundo exterior, recreamos una experiencia objetiva del cuerpo. En la apreciación externa también intervienen las personas de nuestro entorno —con las cuales interactuamos—, la estructura social y el medio en el que nos movemos.

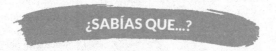

¿SABÍAS QUE...?

La información sobre lo que ocurre fuera y dentro del cuerpo se integra en la mente como si de un avatar se tratase y proviene de las siguientes vías:

- Información proveniente del exterior, de nuestro entorno:

  - **Percepción:** la proporcionada por nuestros sentidos (tacto, vista, olfato, audición y gusto). Lo que veo, toco o escucho, me ayuda a entender cómo está mi cuerpo.

- Información proveniente del interior, de nuestro cuerpo. Podemos distinguir tres tipos:

- **Propiocepción:** se refiere a los sensores que se distribuyen por nuestras articulaciones, músculos y tendones, y que nos informan de la posición del cuerpo. A esos sensores se les llama propioceptores y están especializados en proporcionar información sobre la velocidad, aceleración y posición ligada a los movimientos del cuerpo.

- **Interocepción:** aquí la información proviene de nuestras vísceras que nos avisan de su propio estado fisiológico (por ejemplo, dolor de estómago, latido del corazón, la expansión de los pulmones o el movimiento acelerado de los intestinos).

- **Información vestibular**: la que viene del oído, donde curiosamente se encuentra el principal sensor del equilibrio, el que nos permite mantener la posición corporal. ¿Has tenido alguna vez vértigos? Seguro que sabes de lo que estoy hablando.

——————————————— **Representación corporal**———————————————

Externa

Interna

Percepción
Conciencia del propio cuerpo a través de los sentidos

Propiocepción
El sentido de la posición del cuerpo o de las partes del cuerpo a partir de las señales de los músculos y de las articulaciones

Interocepción
El sentido del estado fisiológico del cuerpo a partir de las terminaciones nerviosas sensitivas

Información vestibular
El sentido del movimiento y de la posición del cuerpo a partir de la codificación del sistema vestibular de la posición y de los movimientos de la cabeza

• • • • •

Todas ellas hacen posible no solo que tengamos permanentemente un mapa mental de nuestro cuerpo en tiempo real, sino que intervienen en el estado de equilibrio conocido como homeostasis. El neurocientífico D. B. Craig describe esta como un conjunto de fenómenos organizados, interactivos y dinámicos que mantienen el cuerpo en estado de armonía en cualquier situación y en cualquier momento. En esta homeostasis participan funciones neurales, endocrinas y conductuales, así como diversas zonas del cerebro.

Además, disponemos de una memoria corporal que es principalmente innata y que nos permite integrar todo lo anterior. Ahora bien, esta memoria también puede verse modificada. Sería algo así como un disco duro externo que podemos ir actualizando.

La integración de toda la información anterior tiene lugar en diferentes estructuras cerebrales (ínsula, corteza premotora y corteza temporo-parietal, entre otras), las cuales se han ido conformando desde nuestra más tierna infancia: cuando somos bebés ejecutamos los movimientos más básicos (como mover las manos para comunicarnos), sucesivamente comenzamos a caminar y, a medida que crecemos, somos capaces de planificar y efectuar actos motores mucho más elaborados, como por ejemplo escribir. Asimismo, la experiencia y la observación de los demás desempeñarán un papel clave en todos estos mecanismos.

A la información proveniente del interior de nuestro cuerpo nos referiremos de ahora en adelante y de manera genérica como información interoceptiva. Es la que llega al cerebro desde todos los recovecos del organismo para informarle de cómo está nuestro sistema interno. Por regla general, solo le prestamos atención cuando algo no va bien (por ejemplo, un dolor de estómago), porque el resto del tiempo, todo este procesamiento de información que hacemos a cada segundo sucede a nivel inconsciente o automático.

Esta información no opera solo a nivel cuantitativo en forma de variaciones experimentadas en el ritmo cardíaco o en el sistema respiratorio, sino que en nuestras vísceras disponemos también de información emocional. Nos referimos a la información de nuestras experiencias pasadas, que ha quedado grabada en forma de cambios fisiológicos (por ejemplo, una aceleración del ritmo cardíaco), los cuales poseen su propio correlato o representación neuronal (es lo que António Damásio ha denominado *marcador somático,* como veremos en el capítulo 5). Cuando a la hora de tomar una decisión en una situación concreta decimos eso de que «hemos tenido una corazonada», nos estamos refiriendo precisamente a la información almacenada en nuestras vísceras.

Los órganos internos también nos hablan y, de hecho, nos guían en las más diversas situaciones de la vida, ya que actúan como caja de resonancia emocional. Quizás si escucháramos más al cuerpo y fuésemos más sensibles a él, nos regularíamos un poco mejor. Prestar atención a la información emocional y la proporcionada por nuestras sensaciones corporales, nos ayuda a vivir con mayor responsabilidad y satisfacción.

Intuitivamente, captamos la importancia de esta información si tenemos en cuenta que en nuestro día a día nos relacionamos con el mundo por medio de procesos mentales inconscientes; la información interoceptiva constituye el gran repositorio o banco de datos de tales procesos. Es una forma avanzada de ahorrar energía, pues no podríamos estar atendiendo y procesando constantemente toda la información que recibimos. De hecho, la mayor parte de esta información que fluye a nivel inconsciente no somos capaces de ponerla en palabras o de resumirla, porque es el resultado de lo aprendido a lo largo de la vida y ha quedado grabada en patrones fisiológicos ocultos en nuestro cuerpo, ha quedado inscrita en él.

También en nuestro cuerpo expresamos muchas emociones que no somos capaces de verbalizar: los «conflictos» psíquicos se nos «escapan» en forma de molestias (gástricas, cervicales, etc.) o, en los casos más extremos, traducimos ese conflicto interno en enfermedad (lo que se conoce como enfermedades psicosomáticas).

Nuestro cuerpo expresa lo que no somos capaces de poner en palabras.

Por eso, la conexión con estos flujos internos de actividad fisiológica y corporal puede proporcionarnos una experiencia sorprendente. Puede ayudarnos a aumentar la comprensión de nosotros mismos, del mundo y de los demás: no solo podremos entender y regular mejor nuestras emociones sino que podremos tomar mejores decisiones, presentar mejores capacidades adaptativas, responder a la adversidad de una manera más resiliente y hasta empatizar mejor con los demás.

Prestar atención a estas claves corporales implicará que somos capaces de reconocer el lenguaje del cuerpo, sea una sensación de escalofrío o una punzada en el corazón. Deberíamos atender mucho más a estos pequeños avisos físicos que a las notificaciones que recibimos en el móvil, que no hacen más que distraernos de lo realmente importante. Este modo de comprender la realidad implica también que estaremos dándonos cuenta de que no es el cerebro el amo y el cuerpo, su esclavo; que no es el cerebro ordeno y mando el que dice al cuerpo lo que tiene que hacer, sino que muchas veces esta relación se invierte y el cuerpo pasa a tomar el mando. La relación entre el cuerpo y el cerebro fluye de manera continua en ambas direcciones.

El proceso de integración de la información proveniente del interior y del exterior a nivel mental incluye la orientación del cuerpo, su forma y grosor (delgado o con sobrepeso), la sensación táctil, la orientación de la mirada (mirar con la cabeza hacia arriba o hacia abajo, estar en decúbito supino o prono...) y las diferentes posturas corporales, que influyen en nuestra forma de percibir el mundo. Si andamos encorvados, con los brazos caídos y la cabeza gacha, es posible que no tengamos disposición para hacer nada que requiera energía o motivación, o que no veamos las cosas con mucho optimismo.

A su vez, nuestra percepción del mundo influirá en la forma de percibirnos a nosotros mismos, así como en nuestro estado corporal. Es decir, la información viaja en todas las direcciones y se integra a varios niveles.

Son muchos los investigadores que han puesto el foco en la capacidad del cuerpo para procesar la información interoceptiva. Mediante técnicas de neuroimagen que permiten observar la actividad cerebral (como, por ejemplo, la resonancia magnética cerebral), se han observado diferencias importantes en la ínsula, una región cerebral encargada de recoger y procesar estos datos. Las personas con mayor capacidad interoceptiva presentan una mayor activación de esta región y, según algunos estudiosos del campo, las que tienen un mejor control juegan con ventaja frente a las personas que no son capaces de atender su cuerpo. La buena noticia es que la consciencia de nuestros procesos fisiológicos y corporales puede trabajarse, y el primer paso para ello es conocerlos un poquito más y saber cómo funcionan.

¿Por qué estoy en este cuerpo y no en otro? El sentido de agencia

Cuando mi hermana y yo éramos pequeñas, recuerdo haber tenido muy a menudo con ella la siguiente conversación: «¿Por qué estoy yo en este cuerpo y no en otro? A fin de cuentas, si la mente es como el alma, intangible e inmaterial, bien podría haber nacido en otro cuerpo y no necesariamente en este. ¿Qué misterioso azar determina que esa *mente* o concepto de *yo* pertenezca a un cuerpo y no a otro?». A mi corta edad no alcanzaba a entender que la mente se construía con el tiempo y que el sentido del yo, de pertenecer a un cuerpo determinado o de percibirse como el responsable de los propios movimientos era un proceso progresivo de «edificación». Es decir, la mente y el sentido del yo eran el fruto precisamente de esos andamios que se había construido el cuerpo. A este reconocimiento de las acciones propias, de las acciones ejecutadas intencionadamente por uno mismo, se le conoce como sentido de agencia, es decir, el hecho de ser consciente de que soy yo mismo el que dirige mis actos y movimientos, el ejecutor único de mis acciones y de sus consecuencias.

Cuando nacemos no tenemos control sobre nuestras acciones ni sentido de agencia. Las teorías clásicas del desarrollo sugieren que estas se van desarrollando durante los primeros meses de vida por medio del refuerzo y la comunicación afectiva con los cuidadores. Esto implica que los humanos aprenden a ser agentes de sus propios cuerpos y que la capacidad plena se alcanza pasada la adolescencia (algunos incluso lo sitúan en la mayoría de edad). Un caso que invita a la reflexión sobre este fascinante tema es el de Christy Brown, un chico que nació con parálisis cerebral y que solo era capaz de mover el pie izquierdo. El relato de la historia de Christy lo puedes encontrar en *Mi pie izquierdo*, un libro autobiográfico en el que describe su primera experiencia de agencia al realizar una actividad instrumental usando dicho pie.

Este sentido de agencia, sin embargo, también puede verse alterado, como ocurre en el síndrome de la mano ajena o alienígena o en la esquizofrenia, aunque cada uno de ellos presenta niveles diferentes de alteración. En el caso del primero, la mano afectada desempeña labores

> **El sentido de agencia implica ser consciente de que soy yo mismo el que dirige mis actos.**

bien ejecutadas y dirigidas a una meta que el sujeto no es capaz de controlar; es decir, no son intencionales. ¿Te imaginas que una de tus manos se moviese por sí sola? ¿Y si le diera por hacerle daño a alguien? ¿Y si de repente se pusiera a desabrocharte los botones de la camisa en mitad de una reunión de trabajo? Este síndrome tiene un origen neurológico y generalmente está asociado a accidentes cerebrovasculares. Aquí el paciente es consciente de que su mano se está moviendo, pero no es capaz de controlarla. Es decir, el sujeto no niega la propiedad de la mano (la reconoce como suya y percibe sus movimientos), sino su intencionalidad; por eso se considera un síndrome motor y no sensorial.

Esto es diferente a lo que sucede en los casos de esquizofrenia con delirios de control y fenómenos de pasividad. Estos pacientes tienen la vivencia de que sus pensamientos y acciones no son obra suya sino de agentes externos. El sujeto tiene el control motor sobre sus miembros corporales y vincula perfectamente la intención y la acción esperada: «Esta es mi mano y ahora va a tocar mi cuerpo». Sin embargo, en términos generales no reconoce este vínculo como suyo; en realidad, lo siente como algo externo, como si él fuese un mero espectador de sus acciones.[1]

En definitiva, el sentido de agencia nos define como sujetos autónomos y con responsabilidad. De hecho, las sentencias judiciales del tipo «culpable o no culpable» son juicios manifiestos sobre el sentido de agencia, sobre si la persona que ha cometido un acto punible es responsable o no de sus actos. Partimos de la asunción de que la mayoría de los individuos tienen sentido de agencia sobre sus acciones y sus consecuencias, pero a su vez este sentido puede estar alterado en casos de enfermedad.

Otros casos de aplicación del sentido de agencia que suponen un verdadero desafío los encontramos en los casos de implante de prótesis de miembros (por ejemplo, cuando una persona ha perdido un miembro y tiene que aprender a manejar la prótesis), ya que para ello necesita reconocer la prótesis como suya. Se están desarrollando interfaces cerebro-máquina para la rehabilitación y el control de prótesis a partir de la actividad cerebral. Un ejemplo de proyecto muy ambicioso lo podemos encontrar en el traje o exoesqueleto robótico controlado por la mente que intentó patentar Michael Nicolelis mediante el cual, a partir de los electrodos cerebrales, el pensamiento pudiera convertirse en acción y ello permitiese caminar a personas con parálisis.

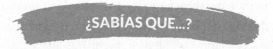

¿SABÍAS QUE...?

Existe un experimento conocido como «ilusión de la mano de goma», que parece más propio de ilusionistas, magos o mentalistas de la televisión. Este proviene del campo de las neurociencias y gracias a él hemos podido entender nuestra relación con el cuerpo y la sensación de autoconciencia.

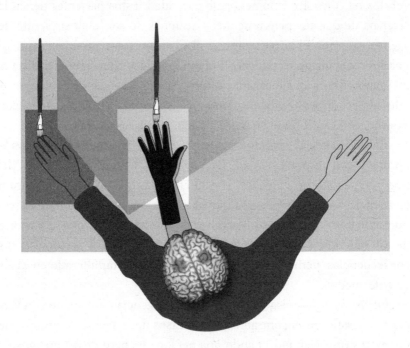

Volvamos a la pregunta que nos hacíamos antes: ¿por qué reconozco una parte de mi cuerpo como propia? Como decíamos, este reconocimiento se produce merced a la intervención coordinada de diversas funciones perceptivas que activan diferentes regiones del cerebro para generar una representación virtual del cuerpo que, si todo va bien, coincidirá con lo que observamos en la realidad.

Pues bien, esta representación o esquema corporal puede estar manipulada y eso es lo que ocurrió en el experimento de la mano de goma.[2] Este consiste en poner a la persona frente a una mesa con la mano por debajo u oculta en un lateral mientras se coloca una de goma encima de la mesa para aparentar que esta es parte del cuerpo. A continuación, el experimentador da unos toques en ambas manos (la falsa y la real) de manera simultánea y sincronizada durante varios minutos. Pasado un tiempo, el sujeto siente que tocan su mano cuando están tocando la de goma, lo cual significa que se ha generado la ilusión de sentir la mano falsa como propia. Es decir, el cerebro experimenta una contradicción entre lo que ve y lo que siente la mano de verdad (información propioceptiva sobre la posición de esta debajo de la mesa) y, como consecuencia, concede más importancia a la percepción visual (lo que ven nuestros ojos) que a la información propioceptiva o de localización de la mano.

Algo que desde el punto de vista físico parece imposible —ya que los nervios sensitivos que deberían percibir esta información no están actuando— muestra cómo nuestros sentidos (en este caso, la vista) pueden engañarnos. Sin embargo, los procesos de integración de la información sensorial son claves para nuestro cuerpo y nuestra psique. Es decir, solo a partir de la integración multisensorial (la vista, el tacto y la propiocepción, por ejemplo) podemos llegar a alcanzar la sensación de propiedad de nuestro cuerpo, que constituye el fundamento de la autoconciencia.

Este descubrimiento ha inspirado a muchos investigadores y se ha utilizado para la implementación de prótesis en aquellas personas que han perdido algún miembro, pues a través de ellas se puede potenciar la sensación de propiedad. Además, el éxito de las prótesis en la actualidad es debido a los cambios neuroplásticos ocurridos en el cerebro.[3]

Por último, este experimento se ha utilizado para el tratamiento de dolores como el del miembro fantasma, del que te hablaré a continuación.[4]

• • • • •

El cerebro representa al cuerpo incluso cuando no está: el miembro fantasma

Algo relacionado con nuestro esquema corporal y tan sorprendente como el experimento comentado en páginas previas es el fenómeno del miembro fantasma. ¿Te has planteado alguna vez qué ocurriría si perdieras un brazo o una pierna? Es posible que hayas pensado cómo te sentirías, cómo cambiaría tu vida, cómo sería tu adaptación si perdieras alguna extremidad. Pero ¿qué ocurriría en tu cerebro? ¿Se olvidaría este del brazo o la pierna perdidos?

El fenómeno del miembro fantasma aparece cuando una extremidad que ha sido amputada sigue estando presente y conserva sus sensaciones como si fuera verdaderamente funcional. El cerebro sigue trabajando con ella, conserva su representación mental y puede seguir teniendo sensaciones de dolor, ardor, hormigueo, frío, calambres y hasta parálisis del área afectada.

Las extremidades son las partes del cuerpo que más generan este fenómeno, que pueden experimentar entre el 50 y el 80 % de las personas que han perdido algún miembro. Se cree que es fruto de la reorganización cerebral producida por su propia capacidad neuroplástica,[5] es decir, por la capacidad del cerebro para cambiar tanto su estructura física como su organización funcional. La neuroplasticidad es la flexibilidad del cerebro para generar nuevas sinapsis y para reorganizarse. Esto es magnífico porque quiere decir que podemos establecer cada vez más conexiones sinápticas e incluso suplir y compensar la pérdida de determinadas funciones.

El miembro fantasma actúa en la corteza somatosensorial, la región del cerebro implicada en la representación corporal y que produce estímulos como el tacto, la temperatura, la propiocepción (posición del cuerpo) y la nocicepción (información de dolor). De hecho, esta parte del cerebro se ha representado en forma de un humanoide conocido como «homúnculo de Penfield». Es decir, que nuestro cuerpo está controlado las veinticuatro horas del día por unas neuronas cuyo objetivo es la percepción de señales sensoriales (tacto, propiocepción, etc.).

¿SABÍAS QUE...?

¿Tienes idea de cómo te ve tu cerebro por dentro? Pues si no lo sabes, seguro que te sorprenderá porque en tu interior eres bastante más feo de lo que pensabas. Para muestra, una foto:

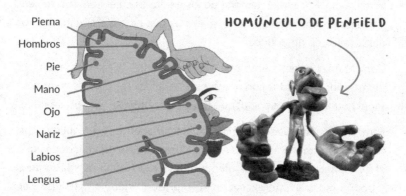

Pierna
Hombros
Pie
Mano
Ojo
Nariz
Labios
Lengua

HOMÚNCULO DE PENFIELD

Se trata de un curioso humanoide que habita en nuestro cerebro conocido como «homúnculo de Penfield». Esta imagen se la debemos al neurocirujano estadounidense Wilder Penfield; de ahí el nombre. La palabra *homúnculo* viene del latín y se traduce como «hombrecillo».

Esta representación del interior de nuestro cuerpo en 3D es como un «mapa» de la corteza somatosensorial pero también de la corteza motora (porque hay dos homúnculos, uno sensitivo y otro motor); y está realizado a escala, es decir, que es proporcional a lo representado y al papel desempeñado por cada parte del cuerpo.

Puede que en esta figura deforme te haya llamado la atención el tamaño desproporcionado de los labios, la lengua y las manos. Si se representan así es porque, tanto en el homúnculo sensorial como en el motor, estas zonas tienen una gran cantidad de receptores para captar la información sensorial discriminativa y porque además necesitan un complejo control motor, pues poseen muchos músculos que necesitan instrucciones precisas a diferencia de lo que ocurre en regiones como la espalda o el abdomen.

En esta representación, cuanto más intensa y compleja es la conexión entre una de ellas y el cerebro, mayor es el tamaño de la sección correspondiente en la corteza cerebral (es decir, mayor área de representación). Sin embargo, los homúnculos motor y sensorial, aunque se parecen mucho, no son idénticos. Para distinguirlos, solo hay que fijarse en los genitales, que están provistos de muchísimas terminaciones sensoriales, pero tienen mucho más limitados los movimientos voluntarios. Por eso, el tamaño de los genitales en el homúnculo sensitivo es el de un superdotado, mientras que en el homúnculo motor parecen los de un eunuco.

Conviene tener en cuenta que los homúnculos se realizaron a partir de estudios realizados con hombres. Penfield no se planteó representar el homúnculo femenino, que puede que hubiese variado un poco.

Este homúnculo puede, además, variar ligeramente según nuestra cultura. Así, no será exactamente igual el homúnculo de un japonés que el de un italiano, pues este último mueve muchísimo más las manos y podría mostrar diferencias en su representación somatosensorial. Esta representación nos aporta mucha información sobre la manera en que utilizamos el cuerpo. Quien sabe, igual algún día seamos capaces de distinguir a un italiano de un japonés por su homúnculo cerebral.

· · · · ·

Sin embargo, el fascinante proceso cerebral que se despliega en este caso tiene también su lado negativo y es que, en ocasiones, la experiencia puede ser desagradable. Sucede a menudo que la persona sigue teniendo dolor y precisa, por ello, de intervención y de ayuda médica, por ejemplo, mediante la administración de fármacos antidepresivos por su potencial acción antiálgica (para el dolor). El problema estriba en que estos fármacos no siempre consiguen el efecto esperado.

Antes de seguir avanzando en este maravilloso mundo que es nuestro cuerpo, abro un pequeño paréntesis para hacer un brevísimo repaso del funcionamiento de nuestro sistema nervioso central y periférico, que nos ayudará a comprender algunos de los conceptos que iremos presentando más adelante.

SNACKS DE NEUROCIENCIA

Si las palomitas amenizan una buena película, estos snacks te permitirán, como mínimo, aprovechar un poquito más el resto del libro. Te recomiendo que los leas y que vuelvas a ellos cuando lo necesites. No te quitarán mucho tiempo. A lo largo de los capítulos también incluiré algunos snacks de neurociencia más cortitos solo a modo de aperitivo. Quién sabe, igual así te dan ganas de comer más, digo ¡de leer más!

Se trata de una «neurociencia de bolsillo» para que la lleves siempre encima. Aunque la neurociencia pueda parecerte un campo hiperespecializado, alejado de la vida cotidiana o no muy esencial, en realidad es clave para el día a día: una ciencia fundamental o, mejor dicho, «elemental».

¿Dónde está la mente?

Como dice el catedrático de Fisiología Francisco Mora en *El reloj de la sabiduría*: «Conocer los códigos por los que los hilos del tiempo corretean y cosen las costuras del tejido cerebral que atrapa los procesos mentales y los hace conscientes es el gran desafío de la neurociencia moderna».

El debate sobre dónde se sitúa la mente, la psique o la conciencia ha evolucionado a lo largo de la historia. No siempre se la situó en el cerebro. En Mesopotamia se consideraba que el intelecto estaba en el corazón, las emociones en el hígado, la astucia en el estómago y la compasión en el útero. La cultura china también distribuía las funciones mentales por diversos órganos del cuerpo.

——————— Ubicación de las funciones mentales en la antigüedad ———————

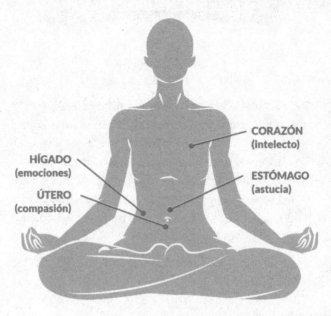

CORAZÓN
(intelecto)

HÍGADO
(emociones)

ESTÓMAGO
(astucia)

ÚTERO
(compasión)

Aristóteles fue un gran defensor del corazón como sede de la mente (cardiocentrismo). No es de extrañar si tenemos en cuenta que el corazón es el órgano que tenemos más presente, el que se hace notar con cada uno de sus latidos y el que se ha utilizado durante años como indicador principal de muerte (cuando el corazón dejaba de latir y mostraba un electrocardiograma plano). El corazón es el primer órgano que se muestra en la vida, es lo que vemos en la primera ecografía: «el latido», indicador de que hay un embrión creciendo en el útero.

De hecho, Aristóteles entendía que el corazón era el órgano de las pasiones y latía con más fuerza cuando se apasionaba, lo que llevaba a que la sangre se calentara y necesitara enfriarse: y esto lo hacía pasando por el cerebro. Aristóteles pensaba que el cerebro era un refrigerador. Una bonita metáfora que en realidad se acerca al equilibrio que mantenemos entre nuestros procesos más emocionales y racionales.

No será hasta el año 450 a. C. cuando aparece el primer ejemplo de encefalocentrismo (cerebro como sede de la mente) con Alcmeón de Crotona. Posteriormente, sostendrá esta teoría el propio Hipócrates (460-377 a. C.), pues, según él, las emociones y el pensamiento tienen su centro en el cerebro, el órgano de la sensibilidad. Posteriormente fue Luigi Galvani, médico fisiólogo italiano, quien observó que el cerebro funcionaba por electricidad y no por espíritus.

Como puede imaginar el lector, desde entonces ha evolucionado muchísimo el conocimiento en neurociencia gracias a la tecnología y los medios técnicos de los que disponemos, capaces de observar la actividad del cerebro prácticamente a tiempo real (por ejemplo, con la resonancia magnética funcional). Sin embargo, seguimos sin dar respuesta a una de las grandes cuestiones de la ciencia: el problema mente-cuerpo. Establecer los límites o la línea divisoria entre ambos todavía no es posible. Esta cuestión filosófica, que es objeto de debate desde hace siglos desde el dualismo cartesiano, ha pasado por teorías recientes como la de la mente extendida[6] (obra de Clark y Chalmers), que propone comprender la mente como algo no circunscrito al cerebro, ni siquiera al individuo mismo. Según esta teoría, los procesos mentales no solo se generan en el interior del cuerpo, sino también fuera de él, de manera que los ordenadores y algunos otros dispositivos tecnológicos podrían funcionar como una prolongación de la mente.

Desde este punto de vista, los psiquiatras y psicólogos también seríamos como una «mente extendida» de los pacientes que acuden a nuestra consulta y conformaríamos una mente común con la cual trabajaríamos e intentaríamos reorganizar el pensamiento.

La neurona como unidad funcional

El cerebro está constituido por 86.000 millones de neuronas, aunque todos conozcamos a más de uno que parece no tener ninguna. La neurona es la unidad funcional básica del sistema nervioso y su descubrimiento fue obra del médico y científico español Santiago Ramón y Cajal, premio Nobel de Medicina en 1906, junto con Camilo Golgi, justamente por su trabajo sobre la estructura del sistema nervioso.

En realidad, nacemos con muchas más neuronas, pero, en virtud de una especie de *harakiri*, estas se van «suicidando» cuando ya no son de utilidad. Es lo que se conoce como apoptosis, un mecanismo natural que permite al cerebro madurar y conformarse desde el momento en que nacemos. Lo que sucede es que este sufre una *poda* neuronal, como la poda que haría un jardinero en un seto para darle forma, eliminando las partes muertas o inútiles. El cerebro se guía por el lema *use it or lose it* (úsalo o deshazte de ello), por lo que va desechando las neuronas que menos se usan. Tendrá que mantener un cierto equilibrio, de manera que no se pierdan demasiadas y se pueda generar el mayor número de interconexiones posibles. Un mayor número de conexiones es lo que se ha asociado con la capacidad humana de buscar alternativas ante situaciones difíciles, es decir, nuestra capacidad de adaptación.

El cerebro tiene, además, muchos pliegues con giros, surcos y circunvoluciones, como si fuese una pasa gigante. Esto facilita la extensión de la materia cerebral y, por ende, su capacidad y conectividad. Las «arrugas cerebrales» son muy necesarias; de hecho, su ausencia —conocida como lisencefalia— provoca graves retrasos, tanto cognitivos como motores (hablaremos de ello en el capítulo 11).

El cableado neuronal del cuerpo

El sistema nervioso autónomo (SNA) es la parte del sistema nervioso que controla las acciones involuntarias y gobierna nuestro organismo, como una especie de cableado que recorre todo el cuerpo. El SNA está formado a su vez por dos sistemas: 1) el simpático (que hace de acelerador) y 2) el parasimpático (que hace de freno); ambos mantienen un fino equilibrio en la inervación de los órganos vitales (determinan, por ejemplo, la frecuencia cardíaca y respiratoria).

Este sistema está regulado por el sistema límbico, que sería el centro de mando (de hecho, se encuentra en el centro del cerebro). Una de las regiones más conocidas de dicho sistema es la amígdala, que en griego significa «forma de almendra». Esta estructura está localizada en el lóbulo temporal junto con otras estructuras que forman parte del sistema límbico: la corteza orbitofrontal, el córtex del cíngulo anterior, la ínsula y el hipocampo. Todas ellas se encargan de procesar e integrar la información afectiva y socioemocional proveniente del cuerpo.

Por último, es importante mencionar el sistema neuroendocrino asociado al SNA, que recibe el nombre de eje hipotalámico-hipofisario-adrenal (HHA) o sistema del estrés, ya que este es el responsable de las reacciones neuroquímicas que contribuirán a establecer los niveles hormonales bien al alza, bien a la baja.

El cerebro en capas

Las teorías neuroevolucionistas dividieron el cerebro humano en tres niveles para explicar cómo había evolucionado frente al de las demás especies.[7] Si bien actualmente se cuestiona la justificación que se quiso dar al desarrollo de las distintas capas cerebrales, lo cierto es que el modelo teórico de los tres niveles facilita mucho la comprensión del funcionamiento global del cerebro.

Para explicarlo de una manera sencilla, imaginemos las tres capas del cerebro como si fueran las de un aguacate.

El cerebro como aguacate, el «cerebracate»:
1. **Tronco encéfalo:** la semilla grande y dura del aguacate.
2. **Sistema límbico:** la parte blandita del aguacate.
3. **Corteza cerebral:** la piel del aguacate.

La primera, la más profunda y primitiva es el tronco encéfalo, que está situado en la base del cerebro y que es el responsable de funciones vitales como el ritmo cardíaco, la respiración o el metabolismo. Al igual que el hueso del aguacate, es la parte más firme de nuestro cerebro, la que es vital para la supervivencia, la que no se puede permitir un solo fallo, porque este puede ser mortal (de hecho, las lesiones en esta parte del cerebro suelen ser muy graves). Es el que tenemos en común con todas las especies que poseen sistema nervioso. Podríamos llamarle cerebro vital o primer cerebro, aunque también se le conoce como cerebro reptiliano porque es el mismo que tiene esta especie animal.

El segundo cerebro, el intermedio, es el correspondiente al sistema límbico, el de las emociones y el que metafóricamente podemos asociar a esa parte blandita del aguacate y que es la parte jugosa y precisamente la que nos comemos, la que nos da placer, como ocurre con estas regiones. Se trata del sistema que regula las emociones y cuyo principal representante es la amígdala, una región ligada a las funciones del aprendizaje y la memoria. Esta región se encuentra en todos los mamíferos; de ahí que a este segundo cerebro se le haya denominado también cerebro mamífero.

En él encontramos regiones como el córtex orbitofrontal y el hipocampo. Este último es el encargado del almacenamiento de los datos pero de una manera aséptica, en bruto, mientras que la amígdala pone el tono emocional. El hipocampo, pues, es el que hace que podamos reconocer un rostro, mientras que la amígdala sería la que proporciona el tono emocional, es decir, si me cae bien o mal esa persona.

A este segundo cerebro se le puede llamar también cerebro afectivo o límbico.

El tercer cerebro es el que se conoce como cerebro «superior» (neocórtex) o cerebro de las funciones cognitivas superiores (razonamiento, lenguaje, abstracción, asociación, etc.). Es el que correspondería con la piel del aguacate, el que nos protege de una manera más racional. Se trata del cerebro pensante y reflexivo, el que da sentido, asocia y establece valores, el que modula nuestra vida emocional; aunque en muchas ocasiones, en lo relativo a las emociones, el sistema límbico puede actuar por libre, sin que intervenga este cerebro.

Dentro del neocórtex debemos reparar sobre todo en el córtex prefrontal, pues esta es la región estelar, aquella en la que se están centrando un sinfín de estudiosos de la conciencia. Tanto la filosofía de la ciencia como la psiquiatría, la neurología, la biología, la psicología y otras muchas ciencias buscan respuestas en esta fascinante región del cerebro.

Se trata de una porción de la corteza frontal situada detrás de la frente y que se ha considerado que nos distingue como especie. Se le atribuyen funciones tan importantes como el ajuste de lo social, lo moral o lo ético.

¿SABÍAS QUE...?

Al córtex prefrontal se le atribuyen múltiples funciones, pero quizá las más conocidas sean las funciones ejecutivas, que son las que nos permiten organizar la información y el conocimiento, eliminar lo irrelevante para evitar interferencias, controlar e inhibir los impulsos, evaluar y supervisar las propias acciones, desarrollar y anticipar los planes, etc.

Partes del cerebro

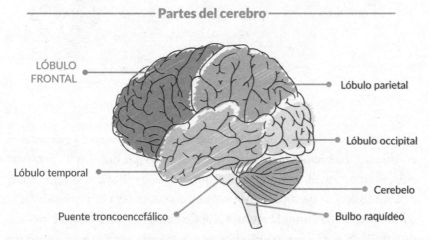

LÓBULO FRONTAL

Lóbulo parietal

Lóbulo occipital

Lóbulo temporal

Cerebelo

Puente troncoencefálico

Bulbo raquídeo

Aquí, la planificación merece especial atención. El neurobiólogo sueco David Ingvar asocia esta región cerebral con nuestra capacidad para tener «recuerdos del futuro». Qué frase más paradójica ¿verdad? ¿Cómo vamos a tener «recuerdos del futuro» si todavía este no ha ocurrido? Con esto quería decir que tenemos una capacidad para usar el pasado como base para proyectarnos y planificar el futuro. Conforme a esta idea, el futuro lo podemos imaginar y recordar como si fuese una proyección de nuestro pasado. Algunos estudios han demostrado que quienes recuerdan el pasado con mucho detalle también imaginan con más precisión el futuro.

Además, en un orden superior, el córtex prefrontal es el responsable de la formulación de conceptos abstractos y del pensamiento conceptual. Es, asimismo, el que nos permite interactuar con otras personas y tener conciencia ética y autoconciencia personal (es decir, conciencia de uno mismo, de que soy yo el que piensa y siente y el que reflexiona sobre sus propias emociones o estados mentales).

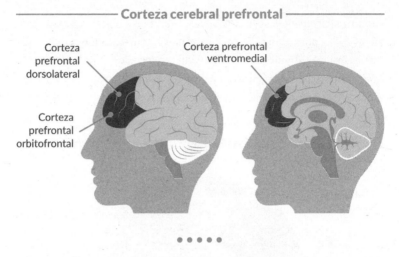

———— Corteza cerebral prefrontal ————

Corteza prefrontal dorsolateral

Corteza prefrontal orbitofrontal

Corteza prefrontal ventromedial

• • • • •

Como dice el neurólogo Elkhonon Goldberg, el córtex prefrontal es el «director de orquesta» del resto del cerebro, el que domina la planificación, el autocontrol, la inhibición, el orden... Una versión más actualizada de este concepto de director de orquesta podría ser el de considerar el córtex prefrontal como la «Marie Kondo cerebral», en honor al método desarrollado por la famosa escritora y empresaria que se sirvió del orden como fórmula o herramienta de bienestar emocional. Y es que esta fascinante región cerebral es la que pone orden en nuestra cabeza, la que se encarga de dar coherencia a los flujos de información, la que nos permite funcionar y trabajar de una manera comprensible, la que nos permite controlarnos. Desde la perspectiva localizacionista, esta región cerebral albergaría el superego o superyó de la teoría del psicoanálisis con la que Sigmund Freud intentó explicar el funcionamiento psíquico. El superyó se correspondería con nuestra parte moral, la que juzga la actividad del yo, la de la responsabilidad, el autocontrol y el freno de los impulsos más instintivos (los del ello).

> **El córtex prefrontal es como la «Marie Kondo cerebral».**

En realidad, es la guinda del pastel, pues, como ya se ha mencionado, se considera que esta región es la sede de la autoconciencia y la moral. De hecho, se dice también que es el órgano de la civilización, lo más próximo que existe al sustrato neural del ser social. Es la que nos permite representar nuestros propios estados mentales y los de los demás; en definitiva, lo que se conoce como teoría de la mente, de la cual hablaremos en el capítulo 8.

Asimismo, esta región se ha asociado a la capacidad para reflexionar sobre nosotros mismos (metacognición), cosa que no hacen otros animales. Un perro, por ejemplo, ¡no reflexiona sobre por qué está triste. Su nivel de conciencia se queda en la sensación corporal de la tristeza; podría decirse, pues, que se trata de una conciencia más primaria,[8] algo que ya han demostrado varios estudios.

Se ha asociado el desarrollo de la conciencia al de esta área cerebral. De hecho, es la última en desarrollarse (ya pasada la adolescencia, aunque sigue evolucionando durante toda la vida) y al mismo tiempo es la primera en sucumbir a la enfermedad mental.[9] En efecto, un porcentaje muy elevado de las patologías que atendemos en psiquiatría y psicología (esquizofrenia, trastorno obsesivo-compulsivo, entre otros) debutan o dan la cara en edades en las que está terminando de madurar esta región cerebral; de ahí que sea una de las principales áreas de estudio e investigación en el campo de la salud mental.

¿Y todo esto para qué?

El conocimiento sobre las diversas regiones cerebrales tiene más aplicaciones prácticas de lo que pensamos. A modo de ejemplo, aquellos que saben un poco sobre el cerebro y el córtex prefrontal son también más capaces de mantener la calma cuando su hijo tiene una rabieta; son capaces de decirse: «¡Calma!, no pierdas tú también los papeles, es un niño y no lo puede evitar». Porque, efectivamente, ese niño en pleno descontrol que grita y patalea porque no ha conseguido lo que quería está funcionando con su cerebro más emocional. Todavía no tiene desarrollado el cerebro racional, el del córtex prefrontal. Por tanto, no es capaz de razonar ni de autorregularse y por eso no sabe que su reacción es desproporcionada. De poco servirá razonar con él o ponernos a gritar en ese momento. Será mejor adoptar otro tipo de estrategias, como no prestar atención a esa conducta para no reforzarla, despistar al pequeño con otra cosa o esperar tranquilamente a que remita. Si sabemos que es cuestión de tiempo que la «Marie Kondo cerebral» les ayude a controlarse, nos será más fácil mantener la calma. Es decir, saber cómo funciona nuestra mente nos ayuda a vivir mejor.

¿Pensamiento racional o pensamiento emocional?

El dilema de la razón y la emoción nos tiene fascinados desde la antigua Grecia y todavía sigue siendo un misterio sin resolver. La toma de decisiones se define como un proceso de razonamiento en el que valoramos las consecuencias de una elección u otra. Esto es, la decisión requiere, por una parte, un conocimiento matizado y modulado por la intuición y, por la otra, procesos de reflexión que permitan sopesar las consecuencias de lo elegido.

Se trata, por lo tanto, de un proceso dual en el que intervienen el *sistema caliente* (el intuitivo y emocional) y el *sistema frío* (el racional y deliberativo). Desde un punto de vista evolutivo, las emociones han ido cambiando para adaptar el comportamiento a cada contexto. Por ejemplo, cuando una situación nos atemoriza, el miedo nos lleva a evitarla para garantizar nuestra protección. Si nos sentimos amenazados por una persona del trabajo, es posible que evitemos encontrarnos mucho con ella.

Cuando actuamos guiados por el sistema caliente, puede ser como consecuencia de una reducción del razonamiento (cognición), o por una exageración de lo emocional. Un ejemplo del primer caso serían aquellas situaciones sobre las que disponemos de una información incompleta o ambigua y en las que el tiempo cuenta o se ha producido una disminución de nuestra capacidad para inhibir nuestros impulsos (depleción del ego). Por ejemplo, si estamos muy agotados psicológicamente porque hemos tenido una discusión con alguien, hay una disminución de actividad de las regiones más racionales, las del autocontrol, y es más probable que nos dejemos llevar por las emociones. Es como si no nos quedaran fuerzas para inhibirnos o controlarnos porque eso nos supone un esfuerzo extra. En otras circunstancias hay una inclinación hacia lo emocional, porque este lado se encuentra tan potenciado que interfiere en la parte más cognitiva y racional y nos vemos inundados por la pasión, tal y como ocurre en situaciones tan relevantes como el enamoramiento.

Pero de todo esto hablaremos más adelante. Volvamos al cuerpo en su conjunto, incluida la mente.

CAPÍTULO 3

ENTENDER EL MAPA
DE LAS EMOCIONES CORPORALES

......

SNACKS DE NEUROCIENCIA

Las emociones se inscriben en el cuerpo, se manifiestan en todo nuestro organismo. Además somos capaces de entender las emociones de los otros y esto en parte lo hacemos reproduciendo esos estados emocionales mediante la activación de las mismas regiones cerebrales.

¿Qué importancia damos a las emociones y al cuerpo?

Al menos un 80 % del éxito en la edad adulta proviene de la inteligencia emocional.

DANIEL GOLEMAN

Tener al cuerpo en mente es muy importante para funcionar, ser felices, regularnos y conocernos. Me gusta decir que una cultura que nos impulsa a prestar atención al cuerpo es una cultura dueña de sus sentimientos.

Por lo general, no prestamos excesiva atención al cuerpo ni a lo emocional ni tampoco a lo social. Pongamos un ejemplo: ¿qué dos cosas les preocupa más a los padres cuando tienen un hijo? Cuando nace, su mayor preocupación es que coma bien, «que esté sanote», y, en cuanto empieza a cumplir años, lo que más les preocupa es que le vaya bien en el colegio, que saque buenas notas (es decir, sus capacidades cognitivas).

Una cultura que nos impulsa a prestar atención al cuerpo es una cultura dueña de sus sentimientos.

¿Y por qué no se le concede tanta importancia a lo emocional y a lo social? ¿Acaso los niños vienen de fábrica con estos conocimientos? Porque lo cierto es que la mayoría de los padres hablan muy poco de esto y, sin embargo, tienen mucho más que enseñar a sus hijos de lo que piensan. De hecho, en los planos emocional y social es donde solemos tener las principales dificultades a lo largo de la vida y en su adecuada gestión se encuentra la clave de una vida satisfactoria. Si un niño es capaz de hablar varios idiomas, hacer integrales complejas y conocer la geografía del mundo entero pero es incapaz de manejar sus emociones, de regularse y de comprender y empatizar con el otro, ¿qué importa todo lo demás?

Los padres de hoy somos capaces de estar horas explicando a nuestros hijos cómo hacer sumas y restas (si no nosotros personalmente, alguna persona a la que pagamos lo que haga falta) y, si podemos, acelerar los tiempos de aprendizaje pensando que «si aprenden antes, mejor». No respetamos los tiempos y, lo que es peor, dejamos de lado otros campos que son más importantes y adecuados para esas edades, como por ejemplo la explicación de los estados emocionales o la enseñanza de ciertas habilidades sociales. Y estos, al contrario de lo que pueda parecer, también se pueden enseñar. Invertir en el lenguaje emocional y en la interacción social es ayudarles a tener éxito porque, sin ello, tendrán mayores dificultades para comprender el mundo y el sentido de la vida. Porque hoy en día sabemos que ese triunfo (entendámoslo como felicidad) depende de lo social, pues, según mostró un conocido estudio de Harvard de la década de 1980, es lo que más felicidad nos proporciona. No se trata de dejar de lado las capacidades cognitivas, sino de dar a lo emocional la misma relevancia que a estas.

Venimos al mundo con dos sensaciones principales: el placer y el displacer. Así, un bebé llorará tanto si tiene sueño como si siente hambre o frustración porque no ha conseguido alcanzar un objeto. Todo ello se manifestará como displacer. Por otro lado, experimentará placer tanto por la satisfacción alimentaria como por el disfrute del juego. Los bebés solo conocen estos dos polos. Seremos nosotros como adultos quienes tendremos que acompañarlos en el largo camino de especificar o nombrar otro tipo de emociones para que sean capaces de distinguir la culpa, por ejemplo, de la rabia, la vergüenza o la tristeza. Porque lo que no se nombra no existe y nosotros debemos ayudarles a expandir ese lenguaje emocional y a entender su cuerpo, algo de suma importancia en su capacidad para regularse y para comprender a los demás.

No somos seres plenamente racionales hasta que el cerebro no está lo suficientemente desarrollado.

En realidad, no es nada difícil entender la trascendencia de todo esto, pues a fin de cuentas los niños manifiestan a través del cuerpo mucho más que los adultos. No pueden esconder la emoción: saltan, gritan, se agitan, dan vueltas sobre sí mismos. Son puro movimiento. Si llaman con tanta facilidad nuestra atención es porque nos hablan continuamente de sus emociones con todo su cuerpo, sin ningún «filtro».

Y esto también lo hacen cuando se trata de enfermedad. Es mucho más frecuente que un niño manifieste tristeza o ansiedad en forma de molestias gastrointestinales (dolor de vientre) o de dolor de cabeza a que venga a decirnos: «Papá, mamá, me he dado cuenta de que siento una gran tristeza por la culpa que me produce haber sido hostil con un compañero de clase a causa de la envidia que sentí porque él jugara mejor que yo». No; ciertamente, ninguno de nuestros hijos viene de serie con discursos tan elaborados. Precisamente porque su cerebro no está todavía lo suficientemente desarrollado, la mayor parte de sus emociones se manifiestan en el plano corporal y en un estado mucho más puro que cuando adquirimos el lenguaje para expresarlas.

Atlas de las emociones de nuestro cuerpo

En la era de la neurociencia, de los lóbulos frontales (los del autocontrol, la moral, la conciencia…), el cuerpo queda relegado a un segundo plano por ser algo material y de poca relevancia, algo que nos viene de serie y muy alejado de las grandes funciones cognitivas (lenguaje, memoria, atención, habilidades visoespaciales, funciones ejecutivas…), que tienen que ver con algo más elevado, ¡superior! Y, sin embargo, el cuerpo desempeña un papel tan crucial como el cerebro. Es más: sin cuerpo no hay cerebro. El cerebro ve, percibe, siente a través del cuerpo. Nuestro cuerpo es nuestra realidad y nuestra mente forma parte del cuerpo, aunque no estemos las veinticuatro horas del día pendientes o conscientes de él.

El cuerpo es visto como una simple estructura, como los cimientos de la casa, pura «roca» inerte, sin vida. Y olvidamos que todo nuestro organismo, incluidos los huesos, los tendones y hasta las uñas, están conformados por miles de células de distintos tipos. Todo el cuerpo está vivo y en continuo cambio. Ver el cuerpo como una estructura sin vida es caer en el dualismo mente-cuerpo, es decir, ver a la mente como una sustancia inmaterial y pensante, y el cuerpo como una sustancia material y sin capacidad para pensar.

Si prestásemos un poquito más de atención a nuestro cuerpo, nos daríamos cuenta de que este es el gran escenario de nuestras emociones y de nuestra psique, allí donde todo se transmite y actúa con la pureza y frescura más genuina.

Notar «mariposas en el estómago», tener un «nudo en la garganta», que algo nos siente «como una patada en la boca del estómago», que nos «rompan el corazón» o que pensemos que nos va a «estallar la cabeza» cuando nos enfadamos no son solo frases hechas. Se trata de sensaciones reales que se desencadenan en diferentes partes del cuerpo cada vez que experimentamos una emoción, sea esta miedo, tristeza, alegría, vergüenza, envidia, felicidad o sorpresa. Y son tan reales como el dolor de una pancreatitis.

¿SABÍAS QUE...?

Decir que nos «han roto el corazón» no es algo abstracto ni una simple metáfora. El rechazo de la persona amada puede ser dañino para la salud: provoca cambios fisiológicos en nuestro organismo y puede llegar a rompernos literalmente el corazón. El síndrome del corazón roto es una cardiopatía que se ha asociado a situaciones de intenso estrés físico o emocional que provocan una descarga masiva de catecolaminas como la adrenalina, la noradrenalina y la dopamina, las cuales intervienen en la respuesta al estrés, activan nuestro sistema de defensa y provocan reacciones tales como la vasoconstricción de los vasos sanguíneos, aumento de la tensión arterial, aceleración del ritmo de nuestro corazón, etc.

Es una disfunción del miocardio muy infrecuente que se da de manera repentina ante un trauma emocional o físico y cuyos síntomas son similares a los de un ataque cardíaco. A nivel estructural provoca una deformación del ventrículo izquierdo en el extremo apical y, debido a la forma que adquiere el corazón, similar a la de un jarrón, se denomina miocardiopatía de *tako-tsubo*, en referencia a la trampa que suelen utilizar en Japón para pescar pulpos, aunque los mecanismos exactos de esta miocardiopatía todavía están en investigación, los estudios vienen a resaltar el importante papel que desempeña la conexión cerebro-corazón.

Así que ya sabes: cuidado con aquellos catalogados como «rompecorazones», podrían no ser muy recomendables para tu salud.

• • • • •

Un estudio realizado hace unos años por un grupo de investigadores finlandeses arrojó datos muy interesantes sobre la estrecha relación que mantiene nuestro cuerpo con las emociones, hasta entonces muy cuestionada por algunos miembros de la comunidad científica. Estos investigadores de la Universidad de Aalto querían ofrecer una respuesta documentada a varios presupuestos sobre las emociones y el cuerpo que hasta entonces solo se habían abordado desde un punto de vista teórico. Se trataba de comprobar científicamente si existía un vínculo real entre lo que sentimos (cerebro) y dónde lo sentimos (cuerpo).

Los investigadores pidieron a más de setecientos voluntarios (de países nórdicos y asiáticos) que señalasen en una silueta corporal las partes de su anatomía donde notaban físicamente cada una de las catorce emociones que se les planteó, desde aquellas con las que lidiamos a diario como la rabia o la tristeza a otras más difíciles de identificar como la ansiedad o el disgusto.

En el estudio se intentaba inducir estados emocionales en los participantes mostrándoles palabras, historias, partes de películas y expresiones faciales con alta carga emocional sin hacer mención expresa a la emoción que reflejaban. Algunos de los asuntos mostrados en los vídeos que se les presentaron estaban relacionados con nacimientos y bebés, bodas y pedidas, muerte y sufrimiento, arañas y serpientes, actos sexuales, desastres naturales, etc. Después se pedía a los participantes que marcasen sobre unas siluetas las zonas del cuerpo donde sentían una mayor activación o desactivación.

Pese a que, como todo estudio, tenía sus limitaciones, los resultados fueron sorprendentes, pues casi todos los participantes en el experimento marcaron las mismas zonas de activación o desactivación, lo que permitió a los investigadores finlandeses elaborar lo más parecido a un «atlas corporal» de las emociones, algo así como la huella dactilar del cuerpo. El estudio ponía de manifiesto que la mayoría de las emociones básicas (enfado, miedo, tristeza, sorpresa) se localizan en la cabeza y en la parte superior del cuerpo, mientras que la felicidad y el amor, por ejemplo, recorren todo el cuerpo.

———— La activación del cuerpo según nuestras emociones ————

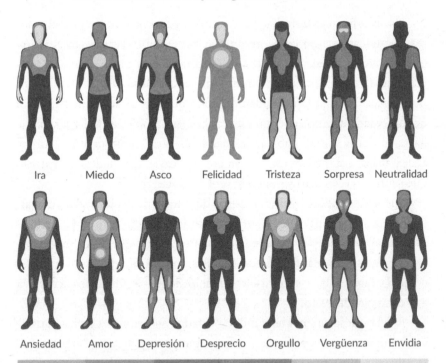

Ira	Miedo	Asco	Felicidad	Tristeza	Sorpresa	Neutralidad

Ansiedad	Amor	Depresión	Desprecio	Orgullo	Vergüenza	Envidia

DESACTIVACIÓN   ACTIVACIÓN

El desprecio es una emoción mucho más compleja que se nota sobre todo en la cabeza y en las manos y deja sin apenas energía la zona de la pelvis y las piernas. Algo parecido ocurre con la ansiedad, que se siente con muchísima intensidad en el tronco, mientras que brazos y piernas se desactivan, como si se quedasen sin fuerza. Por eso es muy frecuente que, durante un episodio de ansiedad, la persona que lo sufre sienta presión en el pecho y, al mismo tiempo, flojera en las extremidades.

De hecho, un estudio posterior realizado por los mismos investigadores reveló que la intensidad de las emociones está directamente relacionada con la intensidad de las sensaciones mentales y físicas. En otras palabras: cuanto más fuerte es la sensación en el cuerpo, más intensos son la emoción y el sentimiento experimentados (hablamos de sentimiento cuando la información se ha procesado a nivel mental).

Otro de los aspectos más llamativos del estudio es que pone sobre la mesa que la respuesta a las emociones es universal. Es decir, la sensación de tener mariposas en el estómago cuando estamos enamorados no es algo cultural. Es una sensación que sentimos todos los seres humanos, desde los japoneses hasta los venezolanos. Lo que cambia es la manera de expresar los sentimientos (por la cultura, el ambiente en el que hemos crecido, nuestra personalidad, etc.). Mientras que en la cultura nipona se tiende a ocultar, inhibir o minimizar la expresión de las emociones en público, en sociedades como las latinoamericanas la gran expresividad emocional podría incluso ser confundida con rasgos histriónicos de la personalidad si estos fueran sacados de su contexto y evaluados por un psiquiatra o un psicólogo europeo. De ahí la importancia de conocer los matices de cada cultura.

Y ahora te estarás preguntando: «¿De qué me sirve a mí este mapa emocional corporal? ¿No es más fácil decir cómo te sientes o que los demás te digan directamente cómo se sienten?».

Además de poder reconocer en nuestro cuerpo las señales que nos indican que el compañero de clase o del trabajo nos hace tilín o que no soportamos al vecino de al lado porque cada vez que nos cruzamos con él en las escaleras notamos cierta tensión en los hombros, el conocer cómo experimentamos estas emociones en nuestro cuerpo nos puede ser de gran ayuda en aspectos tan importantes como la toma de decisiones o el abordaje de algunos trastornos de salud mental.

Imaginemos por un momento que estamos decidiendo entre dos puestos de trabajo. La sensación que nos transmitan los entrevistadores, lo que nos cuenten y cómo nos lo cuenten, activará en nuestro cuerpo unas emociones que guiarán nuestra decisión final. En este caso, la de aceptar o no el trabajo en función de las sensaciones que hayamos experimentado (más allá de la información más objetiva de cada uno de los puestos) y que nos estarán proporcionando información relevante (por ejemplo, de confianza o desconfianza hacia lo que se nos está diciendo). Sentiremos, seguramente, un cosquilleo en el estómago, una punzada en el corazón, en definitiva marcadores somáticos, que guiarán nuestra toma de decisiones.

Por tanto, parece necesario reivindicar la importancia del cuerpo en el desarrollo físico, cognitivo y emocional de los individuos. El cuerpo desempeña un papel tan crucial como el cerebro. Es más, sin cuerpo no hay cerebro. Podríamos decir que el cuerpo es el satélite a partir del cual nos conocemos, conocemos a los demás y organizamos el mundo.

Cuando el atlas de las emociones se altera

La mayoría de las veces no reparamos en estos mapas emocionales corporales. Cuando todo va bien, no les prestamos atención o no somos conscientes de ellos. Sin embargo, la cosa cambia cuando enfermamos. Y no me refiero solo a las molestias físicas producidas por una enfermedad como la gastritis. Me refiero también a los momentos en que las cosas no van bien a nivel psicológico. Por ejemplo, en los sujetos que padecen depresión aparecen síntomas como la anhedonia (incapacidad para experimentar placer) y en algunos pacientes con esquizofrenia aparece el aplanamiento afectivo (dificultad o incapacidad para experimentar emociones y sentimientos, sean del tipo que sean).

En ellos, los mapas corporales pueden parecer distorsionados, ya que existe una alteración funcional en las regiones cerebrales encargadas de integrar y analizar toda esta información (la ínsula, la corteza cingulada anterior y el córtex prefrontal). Las personas con esquizofrenia sentirán que no pueden experimentar respuestas emocionales de ningún tipo y las que sufren depresión se sentirán incapaces de experimentar emociones positivas.

Otro tipo de alteración relacionada con la incapacidad para experimentar o distinguir las sensaciones corporales vinculadas a la activación fisiológica es la alexitimia.[1] Este término, acuñado hace más de cuarenta años por Peter Sifneos, designa la dificultad para poner en palabras lo emocional, que pudo observarse en pacientes con síntomas psicosomáticos que no respondían a la psicoterapia. La alexitimia se ha categorizado como factor de riesgo en afecciones como los trastornos de la conducta alimentaria, los trastornos afectivos y los de ansiedad. Por eso, algunos autores han planteado que, en pacientes con trastornos alimentarios, la comida sería una forma de lidiar con las emociones que no son capaces de poner en palabras, que no son capaces de distinguir de otras sensaciones corporales. Aquí el paciente estaría, literalmente «comiéndose las emociones».

Ejercicio de los mapas meteorológicos

Un mapa meteorológico, o mapa del tiempo, es una representación gráfica de las condiciones meteorológicas de una zona concreta del planeta a partir de la información proporcionada por satélites y estaciones meteorológicas. Las isotermas, por ejemplo, se utilizan para mostrar el gradiente de temperatura en una región determinada, lo cual permite localizar los posibles temporales.

Ahora imagina esto mismo sobre nuestro cuerpo. Imagina que dispusiésemos de una aplicación de móvil o de un filtro digital del estilo «aura corporal» que nos avisase de nuestro estado emocional y del de los demás (obtenido, por ejemplo, a través de medidas fisiológicas del organismo como la temperatura, la erección del vello, el cosquilleo en el estómago, etc.). ¡Piénsalo! ¿No sería una buena idea revisar la aplicación por la mañana y decirnos: «Hoy mejor esquivo a mi jefe porque veo que viene algo subido de temperatura y de tensión muscular»?

Imagina que estás volviendo a casa y que en la *app* puedes comprobar los gradientes de temperatura del cuerpo de tu pareja y ese día encuentras un «aumento de gradiente», que traduce en sentimientos de vergüenza y de culpa porque ha estado criticándote con sus compañeros de trabajo. ¡No pierdas tiempo! Es posible que esté deseando compensarte. Es el momento de dejar caer que estás deseando que te den un masaje o salir a comer a un buen restaurante.

Haciendo un paralelismo con los mapas meteorológicos, el cuerpo podría ser el plano sobre el que experimentamos diferentes estados atmosféricos, desde una borrasca en nuestra cabeza hasta un huracán en el estómago o una ciclogénesis explosiva en ambos brazos.

Se ha insistido mucho en la importancia de reconocer nuestras emociones y de ponerlas en palabras. Sin embargo, se ha hecho poco hincapié en su representación corporal, aun cuando es muy relevante. Es más, según algunos autores, primero tiene lugar la emoción en el cuerpo y luego la experimentamos conscientemente, cuando procesamos la información a nivel cerebral. El psicólogo norteamericano William James, fundador de la psicología funcional, decía que no sentimos miedo porque veamos a un depredador, sino que sentimos miedo porque se nos acelera el corazón y la respiración. Es decir, primero se activa el cuerpo —y por eso corremos— y luego pensamos y sentimos realmente el miedo.

Saber reconocer las emociones corporales y poder representarlas es una forma de saber ventilarlas. Por eso te invito a que las explores. ¿Qué «fenómenos atmosféricos» alberga tu cuerpo que nos hablan de ti mismo y de cómo experimentas las emociones? ¿Te has parado a pensar en ellos? Hagamos un pequeño ejercicio.

RETO DEL MAPA METEOROLÓGICO CORPORAL

Coge papel y lápiz y dibuja una silueta corporal como esta:

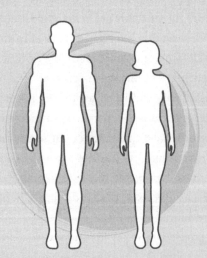

Trata de representar en ella las emociones primarias y las secundarias. Utiliza una gradación de amarillo-naranja-rojo para cuando quieras indicar un aumento de activación y el azul claro-azul marino-negro para cuando quieras indicar desactivación. Puedes distinguir entre:

Emociones primarias: tristeza, ira, alegría, sorpresa, miedo, asco.

Emociones secundarias: vergüenza, odio, celos, envidia, curiosidad, deseo, aburrimiento, desconfianza, preocupación, orgullo, etc.

Puedes también usar la tabla que te pongo a continuación sobre muy diversos estados emocionales.

——————————— 40 estados emocionales ———————————

1. Aburrimiento	15. Entusiasmo	29. Nostalgia
2. Aceptación	16. Envidia	30. Odio
3. Admiración	17. Euforia	31. Orgullo
4. Alegría	18. Felicidad	32. Placer
5. Alivio	19. Frustración	33. Remordimiento
6. Amor	20. Gratitud	34. Satisfacción
7. Asco	21. Hostilidad	35. Serenidad
8. Asombro	22. Ilusión	36. Soledad
9. Compasión	23. Incomprensión	37. Tensión
10. Confusión	24. Inseguridad	38. Ternura
11. Culpa	25. Ira	39. Tristeza
12. Decepción	26. Irritación	40. Vergüenza
13. Desaliento	27. Melancolía	
14. Deseo	28. Miedo	

Puedes tratar de expresarlas en forma de fenómenos atmosféricos: marea, ráfaga, tempestad, rayos, truenos, centellas, etc.

Si tienes hijos, te invito a que hagas este ejercicio con ellos. Además de ser divertido, les estarás proporcionando una gran herramienta para manejarse en la vida.

Usa tu imaginación para darle un toque divertido con tus familiares.

Por ejemplo, si convives con tu pareja y te has levantado con mal pie, cuelga tu mapa meteorológico de la nevera por la mañana temprano para avisarle de que ese día necesitas «un poco de calma en casa». El solo hecho de hacer este ejercicio disminuirá la intensidad de las emociones negativas y te ayudará a disiparlas.

¿En qué partes de tu cuerpo sientes las emociones del otro?

Para complicar más las cosas, nuestro cuerpo no es una entidad individual e independiente, sino que baila al son de la música que pone el cuerpo del otro, conectando con él para reproducir sus estados emocionales. Se ha observado que, cuando presenciamos un estado emocional, nuestro cuerpo reproduce ese mismo estado a nivel fisiológico y conductual e incluso se activan las mismas regiones cerebrales que en esa emoción. Es decir, cuando vemos a alguien sentir dolor, se activan las mismas regiones cerebrales que cuando lo experimentamos nosotros mismos. Son procesos automatizados de mapeo de los estados emocionales de los demás, que nos permiten comprender rápidamente cómo se siente la otra persona. Se da, pues, una sincronía entre nuestro estado emocional y el del otro.

Además, se ha comprobado que tener una mayor sincronía interoceptiva con nosotros mismos (capacidad para identificar nuestro estado corporal interno) está relacionado con una mayor capacidad para interpretar las emociones de los demás, para simpatizar y para experimentar más intensamente las emociones del otro.

Los profesionales de la salud mental también usamos esta información, de manera consciente o inconsciente, para entender lo que siente el paciente. Es lo que llamamos contratransferencia, un fenómeno psicocorporal inherente a la psicoterapia. Es un término que viene del psicoanálisis pero que seguimos utilizando hoy en día y que describe la respuesta emocional del profesional que atiende a los estímulos que vienen del paciente. Es decir, el propio paciente evoca o despierta una serie de estados emocionales en el clínico en forma de cambios corporales, que traducen una relación con este (por ejemplo de sentirse aceptado y visto como un padre cuidador o sentirse amenazado y cuestionado). Es decir, el paciente despierta sentimientos inconscientes en el médico (en este caso terapeuta) que reproducen relaciones similares relevantes que hemos podido tener en la vida y que nos proporcionan información muy provechosa (por ejemplo, que el paciente nos posicione como una figura de cuidados o más bien como una figura amenazante, nos habla indirectamente de cómo se relaciona con otras personas relevantes de su vida).

El cuerpo del terapeuta actuaría por tanto como un «diapasón corporal», habría una resonancia somática con el paciente, una información valiosísima que, si bien en la práctica clínica es considerada subjetiva y no es anotada en la historia, influye en la evaluación global que hacemos del cuadro clínico y la analizamos conscientemente. De ahí que nuestra disciplina también sea un arte y requiera de mucho conocimiento de sí mismo y de su relación con los demás. Este tipo de elementos son los que nos permiten individualizar el caso y evaluarlo con mayor precisión, dejando de lado cualquier posible subjetividad.

De hecho, muchos de los profesionales que se dedican a la terapia utilizan esta valiosísima información para devolvérsela al paciente y ayudarle a comprender lo que su yo racional quizá no es capaz de entender. Es decir, ayudamos al paciente a digerir o desentrañar lo que no es capaz de poner en palabras.

Sin embargo, los profesionales no tenemos por qué saber conectar con todas las experiencias con las que nos encontramos al otro lado de la butaca o la mesa. Por ejemplo, en algunos casos de esquizofrenia no podemos reproducir la experiencia interna del sujeto. Es decir, no podemos experimentar la angustia psicótica, como la derivada de escuchar voces internas que se dirigen a uno mismo y que nos insultan, pero podemos llegar a entenderla racionalmente.

En resumen, la interacción de nuestro cuerpo con otros cuerpos produce emociones sociales y no únicamente procesos musculares, nerviosos y celulares provocados por nuestra mente. Además, estos estados corporales vienen a su vez modulados por la cultura en un tiempo y espacio determinados.

Las emociones del cuerpo: el afecto

Volvamos al cuerpo. ¿Sabías que el afecto es el término utilizado para referirse a la representación somática (corporal) del estado del organismo? Es decir, una representación sensoriomotora y fisiológica, que viene de nuestros sentidos y vísceras a través de los receptores que se extienden por todo el cuerpo. Es la representación no verbal del estado del cuerpo y puede presentarse como un estado negativo o positivo, con hipo o hiperexcitación, que finalmente nos proporcionará una sensación global (de placer o displacer, por ejemplo).

Se trata de una expresión del cuerpo leída, captada y representada por la mente, en la que esta actúa como una máquina que procesa sistemas complejos de manera organizada. El sistema límbico será el que mapeará de forma continua el interior de nuestro organismo (nuestros órganos vitales). Así, nos informa de manera automatizada e inconsciente del estado de excitación de nuestros órganos vitales, de una aceleración del ritmo del corazón o de los pulmones, etc. (la información interoceptiva que mencionábamos en capítulos anteriores).

Por otro lado, tenemos la capacidad de regular este afecto o estado corporal que hemos descrito. Es decir, somos capaces de calmar ciertas sensaciones viscerales cuando estas se descontrolan (por ejemplo, ante un sobresalto). Regular el afecto es regular el cuerpo y la mente.

Cuando estamos regulados experimentamos un bienestar general. Nuestro organismo está en equilibrio (estado de homeostasis) y podemos funcionar de manera óptima. Nuestra atención y nuestros demás recursos cognitivos están en pleno funcionamiento. Somos capaces de reflexionar y nuestra experiencia personal aparece integrada, con sentimientos de presencia y de autenticidad. Sabemos que somos los responsables de nuestras propias acciones (sentido de agencia), lo cual nos proporciona un yo integrado (self unitario). Un afecto regulado facilitará nuestra capacidad de adaptación a situaciones cambiantes y demandantes.

Así, ante un estado de excitación alta o baja conseguimos no llegar a disregularnos. Por ejemplo, podemos estar enfadados con un compañero del trabajo (hiperexcitación) sin llegar a perder los papeles y salir dando gritos o dando un portazo. También podríamos experimentar tristeza (hipoexcitación) por haber recibido una mala noticia sin llegar a deprimirnos y siendo capaces de recuperar eficazmente un estado regulado. Pero cuando no conseguimos compensar los estados anteriores, nuestra facultad de pensamiento queda mermada y puede dar paso a la disregulación por hiper o hipoexcitación.

Entraríamos entonces en un estado disregulado en el que todas las funciones anteriores se verán mermadas e, incluso, desintegradas. ¿Qué ocurre entonces? La espontaneidad propia del estado de equilibrio deja paso a la reactividad o conducta no reflexiva. Algunos ejemplos de estados disregulados los vemos en los fenómenos de despersonalización y desrealización, en los cuales tenemos la sensación de estar desconectados de nosotros mismos (despersonalización) y vivimos la situación con extrañeza, como si no fuese real (desrealización). En estos casos, la información que surge del cuerpo no puede ser procesada ni integrada con la procedente del exterior (del entorno) ante un estado de disregulación. Lo que sucede es que la sensación experimentada por nuestro organismo no la sentimos al mismo tiempo que las reacciones afectivas que produce el mundo externo en nuestro cuerpo y, como consecuencia, puede aparecer esa sensación de distancia, de vernos o experimentarnos desde fuera, o de sentirnos como autómatas, como si no fuésemos responsables de nuestro cuerpo, de nuestros movimientos o de nuestro discurso.

La capacidad de regulación es esencial para nuestra supervivencia: mantenernos regulados ante factores estresantes y poder recuperar eficazmente un estado homeostático (de equilibrio) es fundamental para nuestra adaptación.

La teoría de la regulación del afecto sostiene, en definitiva, que la regulación es esencial para la organización del cuerpo y la mente y, por lo tanto, para el funcionamiento adaptativo y la experiencia subjetiva. El estado regulado se ha asociado a la sensación de seguridad. Para entender esto, es necesario hablar de apego, es decir, de las relaciones de vinculación que establecemos con nuestros padres desde la infancia, ya que ellos van a influir enormemente en nuestra forma de regularnos en la vida adulta. Pero esto lo trataremos más extensamente en los capítulos 6 y 10.

Todos nuestros órganos están conectados con el cerebro

El sistema nervioso autónomo (simpático y parasimpático) se encarga de controlar las acciones involuntarias del cuerpo, como el latido del corazón, la respiración o el ensanchamiento o estrechamiento de los vasos sanguíneos. Desempeña un papel clave en la regulación de nuestras emociones y en la adaptación al ambiente. Es un sistema que recorre todo el cuerpo y que conecta todas nuestras vísceras con el cerebro.

Esta extensa e intensa interconexión modula nuestras emociones y pensamientos. No podemos abstraernos de esta información que fluye de manera continua y que desempeña un papel fundamental en nuestro funcionamiento cotidiano. De hecho, la mayor parte del tiempo funcionamos con una información más bien inconsciente que «está almacenada» en nuestro cuerpo y que llamamos intuición. De ahí que utilicemos esas metáforas de las que hablábamos antes —«he tenido una corazonada»— para explicar esa información no explícita pero que está grabada en el organismo y nos ayuda a decidir.

De hecho, deberíamos dejarnos llevar más por el corazón, confiar en nuestros intestinos y usar mucho el cerebro; todo al mismo tiempo.

El sistema digestivo reúne el mayor número de terminaciones nerviosas y suele ser uno de los sistemas que más percibimos en situaciones emocionales. Todos hemos sentido alguna vez esa necesidad imperiosa de ir al baño justo antes de una cita amorosa o un examen, o durante una reunión importante de trabajo. En realidad, estas terminaciones nerviosas no son las únicas que tienen una vinculación importante con nuestros estados de ánimo; también la flora intestinal muestra la misma influencia.

El corazón, por su parte, está profusamente inervado y conectado con el cerebro: a través de la inervación actúa sobre el cerebro. Cuando se contrae el músculo cardíaco se liberan diversas sustancias, como el péptido natriurético atrial, que desempeñan un papel clave en la homeostasis o equilibrio fisiológico y que influyen asimismo sobre las hormonas del estrés.

Deberíamos dejarnos llevar más por el corazón, confiar en nuestros intestinos y usar mucho el cerebro; todo al mismo tiempo.

Esa conexión es tan importante que, según algunos estudios, enfermedades neurodegenerativas como la del párkinson provocan cambios en otros órganos antes de que se inicien los conocidos temblores y el resto de síntomas motores. Así ocurre en el caso del corazón, donde puede observarse una alteración de la inervación simpática,[2] que actualmente se utiliza para el diagnóstico de la enfermedad de Parkinson.

Además, el corazón, en sincronía con los pulmones, mantiene el ritmo del cuerpo, que acelera o desacelera en función de la situación. Cuando hacemos ejercicios aeróbicos, especialmente de resistencia, el control de la respiración es fundamental. Ahora bien, esto no solo tiene una explicación física (la necesidad de controlar y garantizar la llegada de oxígeno a los demás órganos), sino también psicológica.

La respiración afecta al ritmo y flujos de la actividad cerebral; de hecho, influye en las funciones cognitivas —particularmente, en la atención, la representación espacial y la memoria— y en el control emocional. La clave está en mantener un fino equilibrio entre el ritmo respiratorio y el mental. Esto lo saben muy bien los atletas, que lo utilizan a su favor en pruebas de gran exigencia física y mental (como, por ejemplo, una maratón). Si nuestra respiración está descontrolada, también lo estarán nuestro cuerpo y nuestra mente.

Ejemplos cotidianos de todo esto los encontramos en las respiraciones profundas que hacemos cuando queremos afrontar una situación difícil, en la necesidad de mantener una respiración calmada y pausada para controlar un ataque de pánico y en el ritmo lento de inspiración y espiración cuando queremos relajarnos o acelerado cuando lo que pretendemos es activarnos. Cada vez hay más estudios que indican que nuestra forma de respirar es capaz de modular la actividad cerebral, lo cual constituye la base de técnicas de control y relajación como la meditación.

La práctica de la respiración consciente nos permite relacionar cuerpo y mente, conectar con el momento presente, regular mejor las emociones y las reacciones conductuales (por ejemplo, la impulsividad) y minimizar la dispersión mental.

Las conexiones entre el cuerpo y el cerebro se establecen y afianzan durante los primeros años de vida

> **Nuestra forma de respirar es capaz de modular la actividad cerebral.**

gracias a nuestros cuidadores. A medida que va madurando el sistema nervioso gracias a la ayuda de estos, que van anticipando e intuyendo sus necesidades, el niño irá integrando las necesidades fisiológicas con su estado emocional. Como veremos en los siguientes capítulos, esa integración no dependerá solo de la satisfacción alimentaria y de las necesidades fisiológicas básicas, sino de la transmisión de afecto a través de abrazos, caricias, miradas, etc.

La ausencia de este contacto o la vivencia de experiencias traumáticas en edades tempranas impiden la integración y terminan provocando una desconexión con el cuerpo, porque el sujeto nunca aprendió a sentirlo o porque las señales que recibía de este eran tan intensas que se hacían intolerables. Lo que ocurrirá en estos individuos es que, cuando sean adultos, ese malestar seguirá estando ahí, pero no serán capaces de detectarlo. ¿Consecuencia? Que tampoco harán nada para modificarlo, salvo que este se convierta en un problema. También puede ocurrir que tengan esta desconexión con el cuerpo y que, si bien son capaces de detectar el malestar, no alcancen a entender lo que les sucede, ni la conexión con experiencias pasadas.

Si, además, lo que nos tocó vivir en el pasado estaba directamente relacionado con nuestro cuerpo (por ejemplo, burlas o abusos de cualquier índole), podremos sentir un importante rechazo a todo lo que tenga que ver con él. Tendremos la necesidad de desconectarnos del cuerpo y, cuando intentemos restablecer la conexión, nos resultará muy difícil, ya que eso implicará volver a conectar con el miedo, la vergüenza, la culpa, el asco, etc.

¿Cómo vives tu cuerpo?

Intuitivamente, podemos distinguir dos tipos de cuerpos: el cuerpo físico (*Korper*) y el cuerpo vivido (*Leib*),[3] los cuales están en constante interacción. El primero es el que valoramos como «objeto», el que vemos desde fuera, el de la anatomía y la fisiología, que puede ser examinado mediante instrumentos médicos. Es el que tiene especial interés para los cirujanos, el valorado por la moda o el deporte, por ejemplo, o por las empresas que buscan cuerpos «esculturales» acordes con la época.

El cuerpo vivido es el que percibimos desde dentro, el de la experiencia subjetiva del cuerpo en relación con el mundo. Sería algo así como el «cuerpo psíquico». Este último interesa más a psicólogos, psiquiatras y otros estudiosos del campo, ya que su alteración nos permite explicar experiencias tan diversas como la despersonalización y las alteraciones perceptivas que observamos en cuadros psicóticos en los que el sujeto siente que unos bichitos le recorren el cuerpo (delirio dermatozoico) o que alguien externo controla sus movimientos (delirios de pasividad).

¿Y qué implica esto? La vivencia del cuerpo actúa como un elemento organizador de la experiencia, que adquirimos a través del movimiento, la percepción y la interocepción.

Generalmente, la vivencia del cuerpo está silenciada y no reparamos en ella. Sin embargo, una alteración de la corporalidad (*disembodiment*), una perturbación de esa vivencia suele captar nuestra atención o la de los demás. Por ejemplo, cuando sentimos taquicardia por una crisis de ansiedad, un vértigo o un dolor, toda nuestra atención vuelve al cuerpo.

La intrincada relación del cuerpo físico y el vivido pone de manifiesto la profunda complejidad del ser humano. Pensemos en la distorsión o magnificación de defectos físicos que se da en personas con anorexia (las que sienten, por ejemplo, que tienen unas caderas excesivas). Esta distorsión no responderá únicamente a una alteración en la percepción del cuerpo, sino que será la manifestación externa de algo más profundo. Es decir, se trata de algo que va más allá de los defectos estéticos objetivos, algo que implica al sujeto en su conjunto. Tales alteraciones son a veces solo la punta del iceberg, bajo el cual hay otras dificultades que tienen que ver con el yo interno de la persona. Batallas que se libran en el interior pero que no son siempre plenamente conscientes.

Será por tanto clave integrar el cuerpo físico con el vivido de una manera equilibrada, porque, como decíamos, el bienestar personal depende asimismo de esa homeostasis (equilibrio del cuerpo), que no solo se basa en factores físicos, sino también en los psicológicos. Si, por ejemplo, rechazo continuamente mi cuerpo físico y estoy en perpetuo conflicto con él, esto tendrá un impacto inevitable sobre la vivencia de mi cuerpo y sobre su equilibrio interno, hasta el punto de que puede producirme síntomas físicos como dolores o molestias diversas.

Se trata de comprendernos como un todo en relación con nuestro cuerpo y con el de los demás, ya que estamos sometidos a una persistente transformación en nuestra interacción con el mundo.

PARA TOMAR NOTA

Hay algunas pautas que pueden sernos útiles para vivir con mayor conciencia de nuestro cuerpo:

- **Dedicarse tiempo a uno mismo.**
- **Tomar conciencia de nuestra respiración**, de la posición de nuestro cuerpo.
- **Cuidar el cuerpo:** con la alimentación, el descanso, el ritmo diario, etc.
- **Reflexionar sobre el cuerpo cuando sientes emociones intensas** (observa tu cuerpo, por ejemplo, cuando te enfadas o cuando estás muy contento: ¿cómo son tus movimientos?, ¿qué sensaciones tienes? ¿qué postura corporal adoptas?, ¿cómo están tus brazos o tus piernas?, etc.).
- **Haz ejercicio o meditación:** te ayudarán a poner a prueba los límites del cuerpo y a tenerlo más presente.

• • • • •

Imagen corporal en tiempos de redes sociales

La imagen corporal es la representación mental de nuestro cuerpo: cómo nos percibimos, nos imaginamos, actuamos y sentimos con respecto a él. Se trata de una experiencia personalizada y subjetiva que tiene tres componentes fundamentales:

- **Perceptual:** sería el elemento más directamente relacionado con la silueta, con cómo percibimos el tamaño, forma y peso de nuestro cuerpo. También con el componente interoceptivo que hemos visto más arriba.

- **Afectivo-cognitivo:** se refiere a cómo pensamos, sentimos y valoramos las características anteriores. Son los sentimientos y actitudes que tenemos hacia nuestro cuerpo.

- **Conductual:** las conductas derivadas de la percepción, pensamientos o sentimientos generados por nuestro cuerpo.

Si bien estos factores suelen mantener una relación armónica, también pueden variar o desequilibrarse. Esto explicaría por qué un día me siento bien y cómodo con mi cuerpo y al siguiente me siento incómodo y percibo mis nalgas como excesivas o flácidas y me resultan molestas, aunque físicamente siga siendo el mismo. ¿Cómo es posible que se modifique la percepción de nuestro cuerpo de un día a otro si a uno no le da tiempo a cambiar? Estas sensaciones vienen muchas veces mediadas por nuestras emociones y no por un cambio físico real. Por ejemplo, una situación estresante o generadora de un afecto negativo puede hacer que mi vivencia interna del cuerpo se vea modificada. Un ejemplo típico puede ser el derivado del sentimiento de culpa por no haber cumplido con una dieta que me había propuesto (he comido todo tipo de dulces o alimentos precocinados y no he hecho el ejercicio que había planificado). Esto influirá en el hecho de que prestemos más atención a las molestias del vientre o a unas nalgas excesivamente flácidas, lo cual puede generar desasosiego y malestar psíquico.

Algunas personas tienen una imagen negativa de su cuerpo mucho más generalizada, ya que su percepción no está ajustada con la realidad. Me refiero a las subestimaciones o sobreestimaciones que se dan en algunas personas con trastornos de la conducta alimentaria o en la dismorfofobia o trastorno dismórfico corporal. En estos sujetos aparece una insatisfacción que les provoca ansiedad, vergüenza y rabia, entre otras cosas. Ponen una atención excesiva en la imagen corporal, sobre la cual sustentan su valía personal, y esta imagen negativa les termina limitando en la vida diaria (no van a la playa, no se ponen determinados tipos de ropa, etc.). A esta imagen son especialmente vulnerables los adolescentes porque, en esa etapa, el cuerpo es una fuente importante de identidad y de autoestima.

La imagen corporal negativa tiene consecuencias en nuestra salud física y mental.

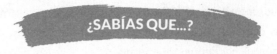

¿SABÍAS QUE...?

Existen diversos factores que influyen en la imagen corporal:

- Factores **culturales**: el concepto de «cuerpo ideal» varía según la época y la cultura que nos haya tocado vivir. Si en la antigua Grecia se valoraba a la mujer robusta y al varón atlético, y en el siglo XVIII se consideraba que la mujer debía tener caderas anchas y brazos carnosos, en el XX esta imagen ideal cambia por completo (aunque con matices según la cultura) a raíz del contexto socio-político (lucha por los derechos civiles, igualdad, emergencia de la estética, etc.).

- La **familia**: en el seno de esta es donde aprendemos a comportarnos y relacionarnos, donde recibimos la primera imagen de nosotros mismos a través de la mirada, las palabras y la atención de nuestros cuidadores.

- Las **amistades**: la comparación con los del propio grupo será una fuente de refuerzo positivo o negativo de la imagen corporal.

- La etapa en la que nos encontremos: por ejemplo, la **adolescencia** es un período complejo en el que concurren los cambios físicos y la necesidad de buscar la propia identidad a través de la identificación grupal.

- La **autoestima**: una valoración positiva de nosotros mismos, una buena autoestima, nos ayuda a poner en contexto esa imagen corporal y ajustarla a nuestros ideales y valores.

- Los **medios de comunicación**: la expansión de las redes sociales ha aumentado los estereotipos sobre el ideal de belleza.

• • • • •

Diversos estudios han mostrado que la imagen corporal negativa tiene consecuencias en nuestra salud física y mental, así como en nuestra calidad de vida en general. El problema es que un porcentaje muy elevado de la población se preocupa en exceso por su imagen corporal y, más específicamente, por la percepción del componente externo, es decir, el de la forma del cuerpo, sus medidas, su grosor, etc. Además, a gran parte de la población estos le producen ansiedad e insatisfacción, aunque es algo más frecuente en mujeres que en hombres,[4] puesto que está relacionado con los cánones de belleza establecidos y con la creciente presión de los medios de comunicación y de las redes sociales.

La preocupación por el peso y la imagen corporal está tan extendida, especialmente entre las mujeres, que en la actualidad se considera algo normal en la experiencia femenina; de ahí que se hable de una preocupación normativa. En cualquier caso, sea por un exceso de atención al cuerpo o por un déficit, podemos experimentar dificultades en la relación con nosotros mismos, con nuestro medio y con los demás.

Los estudios ponen de manifiesto que el 90 % de las personas que evalúan positivamente sus características físicas (apariencia, forma física o de salud) cuentan con una buena adaptación psicológica (autoconcepto positivo, satisfacción general con su vida, ausencia de soledad y de depresión, etc.), contrariamente a lo que ocurre en las personas que las evalúan negativamente. Ahora bien, en esta evaluación positiva tiene mucho que ver la percepción de nosotros mismos, el componente afectivo, factores que deberíamos anteponer siempre al componente estético de un cuerpo perfecto según los cánones de belleza. En definitiva, se trata de tener un cuerpo saludable, un cuerpo que no se reduce a la simple apariencia física.

El espejo de las redes sociales y la satisfacción corporal

Las redes sociales constituyen una influencia muy importante en todo lo relativo a la imagen corporal, porque estas se enfocan en gran medida en la figura o el rostro «perfecto», lo que aumenta las comparaciones sociales, sea con conocidos, con desconocidos o con personajes famosos que tienden a mostrar versiones idealizadas de sí mismos usando todo tipo de retoques y filtros. Esto supone un riesgo especial para los más jóvenes porque, en su afán por pertenecer e identificarse con los demás, no dejan de compararse con otras personas.

«Espejito, espejito, ¿quién es la más bella?»

La preocupación por la belleza no es ninguna novedad. En realidad, existía mucho antes de que Cleopatra se cuidara la piel con leche de burra. Los seres humanos nos miramos en el espejo de nuestra casa y en nuestros familiares y compañeros de clase, que a través de sus miradas o comentarios nos devuelven un reflejo de nosotros mismos. En otras épocas existía también presión mediática, pero ahora se ha disparado de una manera exponencial. Los «espejos» del siglo XXI son las redes sociales: estas resaltan la importancia del aspecto corporal por medio de contenidos visuales que permiten una monitorización constante.[5] Además, con los filtros que permiten editar y manipular fácilmente las imágenes, se altera lo que presentamos de nosotros mismos, se esconden las imperfecciones y se muestra una imagen idealizada y distorsionada que parte de estereotipos cada vez más alejados de la realidad.

Los seres humanos tendemos a compararnos con las personas de nuestro entorno para evaluar si nuestras habilidades, creencias y actitudes son correctas (es la teoría de la comparación social planteada por Festinger en 1954). Tendemos a buscar referentes físicos y, en caso de no encontrarlos, acudimos a otras fuentes sociales. Los individuos persiguen la autovaloración en diversos ámbitos e intentan cumplir con las normas culturales de valía que les permiten obtener la aprobación de los demás.

Asimismo, tendemos a compararnos con personas semejantes, que nos resultan atractivas o con las que nos podemos sentir identificados. Por ejemplo, en el ámbito laboral no solemos compararnos con el jefe, sino con trabajadores con un puesto similar al nuestro.

En la era de las redes sociales, la comparación se da en cualquier momento y lugar y, además, en unos minutos se puede observar a una enorme cantidad de personas. Es como si tuviéramos miles de espejos para mirarnos. ¿Podremos anticipar las consecuencias de esto? Si el reflejo de los rayos de sol en un espejo permite dirigir calor hacia un punto determinado, cincuenta espejos que reflejasen la luz solar sobre el mismo lugar, ¿no podrían llegar a hacer fuego? Es lo que ocurre en las redes sociales: tanto lo bueno como lo malo se ve multiplicado y amplificado y, si no lo supervisamos con sentido común, corremos el riesgo de «quemarnos».

Según las investigaciones, existe también una íntima relación entre estas plataformas y el aumento de la insatisfacción con nuestra propia imagen y de la baja autoestima. Una de las razones principales es la perpetuación del ideal de delgadez en las mujeres y de la musculación en hombres, lo cual produce una internalización de la imagen de estos cuerpos como modelo de perfección. Estas comparaciones pueden dar resultados negativos, ya que, al compararse con los ideales de belleza transmitidos por los medios, mujeres y hombres pueden encontrarse con una constante discrepancia entre su cuerpo y el prototipo transmitido que les produce insatisfacción corporal. Es la discrepancia existente entre la imagen corporal de uno mismo y la imagen que se tiene como arquetípica.

La insatisfacción corporal es uno de los factores de riesgo más claros en los trastornos alimentarios.

En general, las mujeres están sometidas a más presiones sociales y culturales sobre su aspecto físico, cosa que provoca en ellas una mayor insatisfacción con su imagen corporal. Es un proceso importante, pues la insatisfacción corporal es uno de los factores de riesgo más claros en los trastornos alimentarios.

La imagen corporal forma parte del autoconcepto, que es el conjunto de percepciones que tiene de sí misma la persona, y que incluye juicios de valor sobre comportamientos, habilidades y apariencia corporal.

La autoestima, por otro lado, está determinada por las valoraciones, positivas o negativas, que realiza la propia persona sobre ese conjunto de percepciones y por los sentimientos que le producen. Sería algo así como el componente emocional.

El grado de aceptación de la imagen corporal propia tiene consecuencias en el desarrollo de la autoestima; de ahí que una mala imagen corporal de uno mismo se asocie a una autoestima baja.

En este sentido, el uso de las redes sociales se ha vinculado a la disminución de la autoestima y la exposición continuada a contenidos de internet relacionados con la apariencia correlaciona positivamente, es decir, se asocia a la insatisfacción del cuerpo. Si bien las redes sociales usadas de manera adecuada y responsable pueden ser de gran utilidad, es muy posible que tengan un impacto negativo en los jóvenes si no se supervisa o se se regula de alguna manera. De hecho, ya ha habido alguna iniciativa en países como Suiza donde se ha prohibido a las *influencers* utilizar filtros.

Lo que parece claro es que si lo que más se ensalza en redes son los cuerpos perfectos desde el punto de vista estético y esto no va acompañado de otros valores, corremos el riesgo de quedar sometidos a lo externo de una manera desproporcionada, sin tener en cuenta lo interno. A fin de cuentas, los estándares que marcan la sociedad y nuestra cultura son las referencias que les estamos dando a los jóvenes…

Salud mental sin filtros de Instagram

Vivir sin filtros, dejar de compararnos, centrarnos en lo que tenemos y pensar en lo que realmente podemos y queremos cambiar son notas distintivas de una buena salud mental. Sabemos que, con el paso de los años, la importancia y preponderancia que se le da al aspecto físico en general tiende a disminuir. A medida que nos hacemos mayores, hombres y mujeres aceptamos más o menos nuestro cuerpo y este deja de ser una fuente de preocupación y de comparación continua.

También sabemos que una autoestima alta es más determinante en la satisfacción y relación que mantenemos con nuestro cuerpo que la forma, el grosor o altura de este. Es decir, aunque las comparaciones afectan a nuestra autoestima, no hace falta estar delgado y tener un cuerpo escultural o acorde a los cánones de belleza de la época para estar satisfechos con lo que tenemos. De hecho, todos conocemos a muchas personas que no por tener un «cuerpo perfecto» tienen mejor autoestima o son más felices.

Una autoestima alta es determinante en la satisfacción y relación que mantenemos con nuestro cuerpo.

¿Y si fuésemos capaces de hacer esto desde la juventud? ¿Y si nos centrásemos en cuidar de nuestra salud física y mental en lugar de maltratarnos y castigarnos para alcanzar estereotipos poco realistas que la propia industria de la moda quiere que sigamos potenciando?

Aunque la comparación con los demás es un proceso normal y sano y puede actuar como motor de cambio, cuando resulta excesiva o adopta formas poco realistas, puede llegar a ser patológica. Así, muchos vivirán insatisfechos toda la vida porque sentirán que «el césped del vecino siempre luce más verde». Vemos en otras personas lo que creemos que queremos tener y lo anhelamos con desespero. Nos olvidamos de lo que nosotros mismos tenemos y llegamos incluso a confundir el sentido de nuestra propia vida. Vemos a alguien muy musculado, sin un gramo de grasa y delineado hasta en la última fibra de su cuerpo, y aspiramos a lo mismo sin plantearnos siquiera las implicaciones de dicho objetivo; o vemos al vecino con un descapotable y de repente creemos que nosotros también necesitamos uno, cuando nunca antes nos lo habíamos planteado. Estábamos satisfechos y felices con un coche acorde a nuestras necesidades hasta que nos comparamos con el otro.

Como consecuencia, pasamos de una vida que nos colmaba del todo, en la que disfrutábamos de las pequeñas cosas y de los pequeños momentos, a una en la que empezamos a exigirnos más y más, a trabajar sin parar para conseguir cosas cuya necesidad real es posiblemente cuestionable. Pero, una vez que tienes lo que pensabas que tanta felicidad te iba a dar, esta se esfuma. Toca subir al siguiente escalón, ya que siempre hay un escalón al que subir, porque siempre nos compararemos con aquellos que estén «a nuestro nivel». En este caso, empezaremos a compararnos con los que tienen el mismo tipo de coche, pero aspiraremos a alcanzar a los que tienen una casa de tres plantas con jardín y piscina. Podríamos estar subiendo escalones toda la vida sin parar y no estar nunca satisfechos.

Vivir de espaldas a estos pequeños engaños de la comparación puede llevarnos por mal camino. Cuando la comparación es excesiva o nada sincera, o emana de la inseguridad y la baja autoestima, hace que nos minusvaloremos y frustremos y genera ansiedad. Y es que no podemos medirnos con la regla del otro, simplemente porque no somos iguales, ni nosotros, ni nuestras circunstancias. Pero es que, además, ¡la mente nos tiende trampas! Es más fácil pensar en lo que tienen o quieren nuestros congéneres que ponernos a reflexionar sobre lo que queremos nosotros mismos. La clave está en compararse con uno mismo y saber hasta dónde podemos o queremos llegar.

PARA TOMAR NOTA

Preguntas que debes hacerte cuando te veas comparándote con alguien:

- ¿Por qué te comparas con esa persona?
- Revisa tu «regla de medir». ¿Estás usando la tuya propia o la del vecino?: ¿quieres, por ejemplo, tener un cuerpo perfecto para gustarte más a ti o a los demás? ¿Cuánto tiempo puede requerir alcanzar ese cuerpo? ¿A qué vas a quitar tiempo para destinarlo a este objetivo?
- ¿Cuáles son tus fortalezas?
- ¿Qué es lo que te gusta hacer? ¿Con qué disfrutas cuando te sientes bien?
- ¿Te compensa el esfuerzo que te requiere obtener lo que quieres?

• • • • •

CAPÍTULO 4

IR CON TACTO
POR LA VIDA

• • • • • •

Nuestro primer yo es sensorial. El contacto físico
es imprescindible para el neurodesarrollo y uno de
los mejores calmantes para el dolor psíquico.

El vestido del cuerpo: la piel como escenario de las emociones

Si tuvieras que elegir un solo sentido con el que quedarte, ¿cuál sería? ¿La vista?, ¿el olfato?, ¿el gusto?, ¿el oído?, ¿el tacto? Qué decisión tan difícil, ¿verdad? Si uno se para a repasar los sentidos corporales, posiblemente consideraría que todos son imprescindibles, aunque, quizás en un primer momento, el tacto podría parecer el menos necesario. Sin embargo, con la pandemia de la COVID-19 (SARS-CoV-2), en la que el contacto físico ha quedado proscrito, muchos se han dado cuenta de la importancia que tiene este sentido tan especial. Si, además, te digo que algunos hablan de la piel como el nuevo punto G de nuestra sexualidad, puede que me prestes un poquito más de atención.

Además la piel es fundamental para el desarrollo del cerebro. Desde las primeras caricias que recibimos al nacer, el contacto físico con la madre o el abrazo de un familiar, el sentido del tacto desempeña un papel primordial en el desarrollo del cerebro. De hecho, es posible que este se desarrolle normalmente sin otros sentidos (la visión, por ejemplo), pero la privación del contacto físico en los primeros años de vida limita de manera grave el desarrollo neurocognitivo (no solo en el plano intelectual, sino también en el emocional y el social). Su carencia provoca importantes retrasos en el desarrollo físico y psíquico e, incluso, la muerte.

Más allá de la importancia en nuestro desarrollo como seres humanos, el tacto es el último sentido que se pierde cuando la persona se queda inconsciente o en coma. Es lo que nos permite responder a estímulos dolorosos mediante un quejido o la retirada del miembro herido. Además, es el último sentido en atrofiarse; por eso es tan importante acariciar a nuestros mayores, abrazarlos, cogerles la mano, etc.

Deja que te cuente cómo es este apasionante sentido, el que corresponde a la piel: el órgano más grande del cuerpo, que tiene dos metros cuadrados de superficie, el equivalente a una toalla de baño grande, y unos cinco kilos de peso.

El sentido del tacto

El tacto es similar a una pantalla táctil pero todavía más inteligente que esta. Es la que nos orienta en el espacio físico que habitamos. ¿Te has parado a pensar en todas las señales que tu piel está detectando sin que seas consciente? Probablemente ahora mismo te está contando que la temperatura de la habitación es agradable, que estás cómodamente apoyado en una silla o tumbado en la cama, y que la presión ejercida sobre tus nalgas ya empieza a ser excesiva y pronto habrá que cambiar de postura.

Pero no solo eso, el sentido del tacto es vital, porque actúa como un sistema de alarma: envía señales al sistema nervioso cada vez que se produce una agresión mecánica, térmica o química. Sin él correríamos importantes peligros. Está basado en un cúmulo de receptores repartidos por la piel, generalmente especializados en una clase de sensaciones o en varias simultáneamente. Es lo que nos permite percibir el calor, el frío, el dolor, la presión o cualquier otra sensación. Gracias al tacto nos orientamos tanto en el espacio exterior como en el interior; es la información que recibe el cerebro y que repercute en nuestro ser «consciente». De hecho, cuando nos describimos como seres sensibles, lo que queremos decir es que somos seres conscientes. El significado más literal de la expresión es que tenemos percepción sensorial. La piel, entonces, constituiría uno de los niveles más básicos de la conciencia.

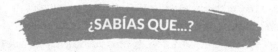

Aunque existen diversos modelos de estudio de la conciencia, el aquí presentado distingue básicamente tres niveles de conciencia. Conociéndolos podremos entender que existen también diferentes niveles de complejidad en la conciencia de las distintas especies de la naturaleza, pero que hay una que es casi exclusiva del ser humano, aquella que nos permite tener conciencia de tener conciencia (conciencia autonoética).

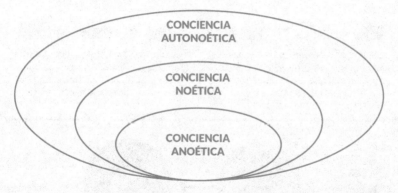

- **Conciencia anoética:** es la que se da sin conocimiento reflexivo; es decir, la que se presenta en el sujeto ante respuestas automáticas o implícitas en las que no tiene conocimiento de la información previa ni de su contexto (el latido del corazón).

- **Conciencia noética:** aquí el sujeto sí tiene conocimiento pero no sabe que esa información se ha presentado en un momento determinado de su pasado. Se tiene conciencia de la información, pero no de su contexto. En este nivel estaría la información que obtenemos de las señales corporales. Por ejemplo, que se nos ponga la piel de gallina cuando nos toca alguien que nos atrae; las molestias gástricas que nos produce una situación que nos atemoriza.

- **Conciencia autonoética:** sería el nivel más elevado, en el cual hay conocimiento reflexivo. Aquí tenemos conciencia de tener conciencia, reflexionamos sobre nosotros mismos. Por ejemplo, cuando pensamos en los motivos por los que nos sentimos tristes (metacognición).

Aunque son varios los autores que han intentado abordar el problema de la conciencia desde una perspectiva neurocientífica, este modelo teórico, ideado por E. Tulving en 1985, resulta muy ilustrativo y fácil de entender.

• • • • •

Tacto con «tacto» y con mucho contacto

La piel y el cerebro están fuertemente conectados y comparten origen embriológico.

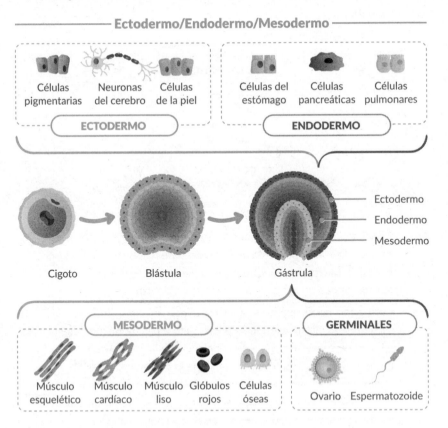

——————— Ectodermo/Endodermo/Mesodermo ———————

Células pigmentarias — Neuronas del cerebro — Células de la piel

ECTODERMO

Células del estómago — Células pancreáticas — Células pulmonares

ENDODERMO

Cigoto — Blástula — Gástrula

Ectodermo
Endodermo
Mesodermo

MESODERMO

Músculo esquelético — Músculo cardíaco — Músculo liso — Glóbulos rojos — Células óseas

GERMINALES

Ovario — Espermatozoide

El embrión se forma a partir de un montón de células que se organizan en tres capas: endodermo, mesodermo y ectodermo. De las dos primeras surgen la mayor parte de los órganos, pero de la última solo emergen dos, concretamente la piel y el cerebro. ¿Te haces idea de lo conectadas que están y del poder que tiene la mente sobre nuestra piel y viceversa?

La piel ha sido descrita como la primera realidad consciente antes de la adquisición del lenguaje. Lo sensorial sería la primera huella mnémica (primer recuerdo) de nuestra psique, incluso antes de nacer. El primer «yo» es corporal, sensorial, y sobre este se desarrollará y estructurará el «yo psíquico», es decir, nuestro sentido de identidad, de realidad y de nosotros mismos.

Quién nos iba a decir que durante los primeros años de vida, el desarrollo cerebral depende en gran medida de los estímulos propioceptivos (alimento, respiración, etc.) y sensitivos (cutáneos, visuales, etc.). Pero ahora lo tenemos claro, por eso, los pediatras, psiquiatras y psicólogos insistimos tanto en esos primeros contactos con el bebé «piel con piel», en las caricias y masajes continuos. Es a través del tacto como se desarrollan y estimulan las regiones cerebrales más profundas del cerebro, como por ejemplo el sistema límbico, que está en plena ebullición en estos primeros años de vida.

¿SABÍAS QUE...?

¿Los abrazos son tan importantes como los alimentos? Los Beatles lo tenían claro: «All you need is love» (todo lo que necesitas es amor).

Hasta que **Harry Harlow** no realizó su experimento en los años sesenta, muchos psicoanalistas consideraban que las necesidades emocionales del niño quedaban cubiertas indirectamente al tener satisfechas necesidades fisiológicas como la alimentación. Además defendían que no se acunara en exceso a los bebés. Ahora sabemos, en parte gracias a este estudio, que el contacto físico en los primeros años de vida es vital para ellos.

¿En qué consistió el experimento de Harlow? Es uno de los estudios más conocidos sobre la relación madre-hijo en animales, que puede aplicarse a las relaciones humanas. Para realizarlo se seleccionaron varias crías de mono a las cuales se apartaba de sus progenitores y se las mantenía aisladas para poder estudiarlas (resulta doloroso solo de pensarlo, ¿verdad?).

Dentro de una jaula se colocó a dos supuestas «progenitoras»: una de alambre que sostenía un pequeño biberón lleno de leche y otra de trapo y blandita pero sin leche. Lo que se observó es que las crías de mono pasaban la mayor parte del día agarradas a la mamá de trapo, la blandita, la que aportaba contacto físico, sensaciones de seguridad y afecto.

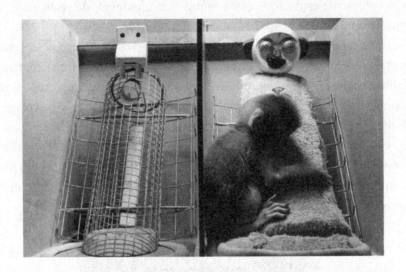

Solo se soltaban unos minutos de ella para obtener alimento de la otra. Es decir, estos monitos buscaban el contacto físico antes que su propia comida. Además, cuando aparecía una especie de monstruo diseñado por Harlow (un objeto metálico en forma de humanoide), el monito corría a abrazarse y refugiarse en la mamá de peluche, la que le hacía sentirse seguro.

Este famoso experimento no solo resaltó la importancia del contacto físico en la más tierna infancia, sino que verificó el impacto de la relación de apego que las crías tienen con sus madres.

Las teorías del apego desarrolladas por J. Bowlby, M. Ainsworth y M. Main entre otros, nos explican que los bebés que no han recibido el afecto necesario (por ejemplo, porque han sido rechazados) tendrán dificultades importantes a la hora de desarrollar relaciones saludables. En la edad adulta, las carencias afectivas pueden desembocar en una necesidad de buscar «a cualquier precio» lo que no tuvieron en sus primeros años de vida (dependencia emocional).

La forma de relacionarnos con nuestras figuras de apego (cuidador principal, padres o sustitutos de estos) tendrá una influencia importante en nuestro modo de relacionarnos con los demás.

A partir de ahora, cada vez que escuches eso de que «no es bueno coger demasiado a los bebés en brazos», acuérdate de contar este famoso experimento. Si quieres que tu hijo sea autónomo, asegúrate de que le has abrazado lo suficiente.

Por último, tenemos que puntualizar que este estudio se realizó en unas condiciones que no cumplían los principios éticos que se exigen hoy en día. Sin embargo, como lo tenemos a nuestra disposición, no podemos ignorar la relevancia de sus resultados.

• • • • •

A la luz de todo lo anterior, no debe sorprender que se hayan realizado estudios científicos que muestran cómo los abrazos de quienes conviven con nosotros pueden reducir los niveles de ansiedad o disminuir la incidencia de enfermedades cardiovasculares.

Contacto físico y desarrollo cerebral

Durante los primeros meses de vida, la comunicación es fundamentalmente no verbal. Las experiencias interpersonales en la primera infancia tendrán una importante repercusión en el desarrollo posterior de la persona, ya que en ese período hay un crecimiento neuronal enorme.

En los primeros meses de vida, los padres o cuidadores son los encargados de cubrir todas las necesidades del bebé, incluidas las afectivas, y esto implica regularlos emocionalmente. La disponibilidad emocional y las interacciones recíprocas activarán el crecimiento del cerebro, que a lo largo de la vida estará en un proceso de reorganización constante.

Sin embargo, cuando estos cuidados afectivos no están garantizados, como ocurre en los casos de abuso físico o sexual, de negligencia o de privación afectiva, se inhibirá el desarrollo correcto del cerebro.

Ya hemos visto que las primeras regiones cerebrales en madurar son las profundas, las relacionadas con las funciones vitales y las emocionales. Una vez consolidadas las regiones profundas del cerebro, se irán desarrollando regiones más relacionadas con funciones superiores, como el córtex prefrontal. Esta es la última en desarrollarse —la «Marie Kondo cerebral» que mencionamos en el primer capítulo—; es la que pone orden en el resto del cerebro y desempeña un papel fundamental en la regulación emocional.

¿SABÍAS QUE...?

De manera resumida y si pudiésemos expresarlo en flechas, el cerebro se desarrolla de atrás hacia delante, de abajo arriba y de derecha a izquierda.

¿De atrás hacia delante? Sí, el tronco del encéfalo es la estructura que conecta la médula espinal con el cerebro superior; se encarga de ejecutar las funciones básicas y de acciones involuntarias como la respiración y el ritmo cardíaco (es el equivalente al hueso del «cerebracate» del que hablábamos). Detrás de él se encuentra el cerebelo, implicado en el equilibrio y la coordinación. Todas estas regiones situadas en la parte posterior del cerebro, esto es, en la zona de la nuca, aparecen de manera inmadura en el recién nacido, pero se irán desarrollando de manera constante y la maduración irá progresando hasta llegar a las áreas frontales del cerebro, situadas en el córtex y detrás de la frente. En estas regiones, pero sobre todo en el córtex prefrontal —también conocido como «cerebro frío»—, tienen lugar funciones superiores como la planificación, la resolución de problemas, el aprendizaje o la toma de decisiones.

Casi en paralelo a la maduración de las regiones posteriores se desarrollan también las regiones profundas del cerebro, el mágico sistema límbico, donde se encuentran la amígdala y el hipocampo. Este sistema es el que dirige el ámbito emocional y que, como si de un volcán se tratase, se encuentra en plena erupción hasta los seis años. Es el llamado cerebro caliente. De hecho, las famosas rabietas de los dos o tres años, o enfados desproporcionados que podamos tener en la edad adulta, tienen mucho que ver con la hiperactivación de esta región. Episodios impulsivos, reactivos o en cortocircuito, exagerados, de los que luego nos arrepentimos pero que por unos momentos no hemos sido capaces de controlar, han sido descritos como «secuestro emocional o secuestro de la amígdala» (*amygdala hijack*), es decir, un tipo de reacción emocional incontrolable, en la que esta región asume el mando.

Conocer cómo madura el cerebro nos ayuda, pues, a comprender muchas cosas del comportamiento humano.

● ● ● ● ●

Por eso, intentar razonar con un niño de dos o tres añitos en plena rabieta será una pérdida de tiempo. La región de su cerebro encargada del autocontrol —el córtex prefrontal— todavía no está madura y, por ende, tampoco su capacidad para razonar. Así, la educación tiene que ir en paralelo al desarrollo del cerebro. Una máxima basada en el conocimiento neurocientífico del desarrollo cerebral de tus hijos que siempre debes tener presente es la siguiente:

Los bebés necesitan atenciones. Los niños necesitan limitaciones. Los adolescentes necesitan razones.

Sí, los bebés necesitan toda nuestra atención. Durante los primeros meses de vida, el bebé no tiene siquiera capacidad para reconocerse como un ser independiente de su madre y, de la misma manera, tampoco es capaz de autorregularse. Es decir, no es capaz de calmarse por sí mismo, de dejar de llorar él solito. Necesita que esa regulación le venga de fuera: con el abrazo, con el contacto, con el balanceo de sus padres... Es lo único que su pequeño cerebro está preparado para entender: el movimiento, el contacto físico, el calor... De ahí que eso de «dejar llorar» a un recién nacido para que se duerma solo no resulte adecuado. Puede ser efectivo, en tanto que el bebé finalmente acabará dormido. Pero no habrá sido porque haya aprendido a autorregularse, sino por un exceso de estrés y por la consiguiente liberación de neurotransmisores, entre ellos las endorfinas, que habrán acabado por relajar su cuerpo. Por eso, si hay algo importante durante esos primeros meses de vida es la provisión de suficiente contacto físico, pues no solo les dará seguridad a nuestros hijos, sino que les ayudará en su desarrollo.

Los bebés necesitan atenciones.

Los niños necesitan limitaciones.

Los adolescentes necesitan razones.

Sin embargo, a partir de cierta edad, el exceso de atención puede ser contraproducente. «Poner límites», por tanto, empieza a cobrar importancia. Pero límites no quiere decir falta de contacto. Los límites servirán para a distinguir entre lo que está bien y está mal, para enseñarles que su libertad acaba donde empieza la del otro, para enseñarles a respetar. Los límites les ayudan a estructurarse y actuarán por tanto como zancos desde los cuales los niños pueden alzarse para explorar el mundo, para desarrollarse y aprender. Poner límites es para el niño un «organizador» y un ámbito de seguridad desde el que observar otros menos seguros. Pero no debemos confundir el poner límites con el autoritarismo. Se trata de saber decirle a nuestro hijo lo que está bien y lo que está mal (por ejemplo, si un día ha presentado una conducta empática hacia otro amiguito y le aplaudimos la conducta, pero otro día se pone a jugar con la comida y se dedica a lanzarla contra la ventana, será importante transmitirle que eso no es lo correcto), de establecer rutinas... Poner límites es ser constantes cuando les decimos cómo se hacen las cosas. La repetición y la generación de hábitos facilitan muchísimo el aprendizaje de nuestros hijos. Es una forma de darles estabilidad emocional y esto les permitirá ponerse a explorar.

Aunque la adolescencia es la etapa más temida, si previamente hemos hecho las cosas bien, no resultará tan complicada. Más de una vez he oído decir: «Mis hijos han tenido un buen modelo en casa y, sin embargo, han hecho lo que les ha dado la gana» (en referencia a chicos y chicas con alteraciones de conducta). Y es posible que haya algunos casos así, pero, como decimos en medicina, primero hay que pensar en lo más frecuente; si hemos proporcionado a nuestros hijos las herramientas adecuadas, lo más probable es que sigan ese modelo. En esta etapa ya no se trata de poner límites «porque sí, porque soy tu padre y punto», sino de razonar con ellos. Esta será la pieza clave del puzle.

Una vez dicho todo esto, volvamos a la piel y a su fascinante relación con el cerebro.

Metáforas de la piel y aspectos psicológicos

La piel se utiliza en ocasiones para referirse a ciertos rasgos de la personalidad. Por ejemplo, cuando decimos que una persona «tiene la piel muy fina», nos referimos a que es especialmente susceptible y a que puede interpretar mal cualquier palabra. Un comentario desafortunado puede ser para ella una gran ofensa y provocar su deseo de venganza por el daño supuestamente sufrido (cosa que expresará mediante una discusión inmediata y acalorada, o bien mediante la retirada y el silencio para transmitir al otro su enfado). Generalmente, se considera que son personas menos empáticas; sin embargo, son muy hábiles generando culpa en los demás.

En cambio, las personas que «tienen la piel gruesa o dura» son las que afrontan más fácilmente los imprevistos de la vida y no se toman los comentarios de forma personal ni se enojan con facilidad. Este estilo de conducta es mucho más saludable desde el punto de vista psíquico y físico, ya que la ira y la rabia suelen ir acompañadas de cambios importantes en nuestro organismo y, si se despiertan de manera repetida, pueden estar en la base de ciertas afecciones médicas (gastritis, úlceras de estómago, etc.). Ahora bien, como siempre, llevado al extremo puede ser también la traducción de algún déficit emocional.

Los términos *piel fina* y *piel gruesa* se han utilizado también para aludir al narcisismo[2] recogido en las distintas clasificaciones de la literatura clínica. En los sujetos con narcisismo de piel fina predomina la vulnerabilidad y la sensibilidad a la crítica, son muy frágiles. Sin embargo, el narcisista de piel gruesa o grandioso, si bien presenta igualmente un sentido interno de insuficiencia, actúa con arrogancia y con una búsqueda continua de atención.[3]

Lo que sucede en la mente lo sabe la piel y viceversa: caricias, cosquillas y piel de gallina

La belleza está en el ojo del observador.

DAVID HUME

Lo que sucede en la piel lo sabe el cerebro y lo que sucede en la mente se puede manifestar en la piel. Para entender una caricia, hay que usar el cerebro.

Nuestra mente viaja por todo el cuerpo. Y este viaje lo hace gracias a la inervación de nuestros órganos (incluida la piel), en forma de neuropéptidos, hormonas, y enzimas (moléculas que participan en las reacciones de nuestro organismo) que son los mediadores de esa maravilla que catalogamos como sentidos. El tacto, el gusto, el olfato, el oído y la vista establecen una relación de doble sentido, donde la piel informa al cerebro, pero a su vez el cerebro prepara y modula la piel para que esa información tenga un determinado «sabor emocional».

Por tanto, la magnífica melodía sinfónica que podemos sentir en una caricia se produce porque el cerebro prepara y modula la piel. Por poner un ejemplo, imaginemos que nos reunimos con una persona que nos gusta. En este encuentro, nuestra mente ya habrá preparado la piel para que, ante el más leve roce o contacto con la suya, las señales se multipliquen y la excitación sea máxima. Lo cual será muy diferente al contacto que sentiremos cuando un médico nos explora durante una consulta clínica. En este segundo caso, nuestra mente no habrá preparado la piel para ninguna excitación (aunque nunca se sabe: dependerá del médico que nos toque.

Si la belleza está en los ojos de quien mira, las caricias se hallan en la mente del que las recibe.

Si es uno de los de *Anatomía de Grey*, igual nos llevamos una sorpresa). El diálogo piel-cerebro es algo mágico y fascinante. Como decíamos antes, la piel sabe lo que sucede en el cerebro y viceversa. Por eso, si por ejemplo tenemos estrés, nuestra piel lo va a comunicar (mediante un aspecto cansado, acentuando afecciones como la dermatitis o la psoriasis, etc.).

Las cosquillas son otro ejemplo curioso de la intrincada relación que mantienen la mente y la piel, como demuestra el hecho de que no podamos hacernos cosquillas a nosotros mismos. La estimulación táctil autogenerada se atenúa porque el sistema sensorial predice internamente las sensaciones que van a crear nuestros movimientos y esta predicción se produce en el mismo momento en que el sistema motor da la orden de ejecutarlos. Para entenderlo, basta pensar en una circunstancia que se presenta muchas veces: nuestra pareja decide organizarnos una fiesta sorpresa y nosotros nos enteramos porque un amigo o un familiar mete la pata. Cuando llega el momento de la fiesta, disminuye el efecto sorpresa y puramente emocional porque ya sabíamos lo que iba a ocurrir. En el caso del cosquilleo sucede algo similar: si no hay sorpresa, tampoco hay cosquillas. Aunque se ha visto que algunos sujetos que padecen esquizofrenia, sí que son capaces de hacerse cosquillas a sí mismos. Sin embargo, todo es fruto de los complejos mecanismos que subyacen bajo las alteraciones funcionales cerebrales que vemos en estos pacientes.

Queda hablar, por último, de las erecciones. Pero no de las que estás pensando. Hay una erección que surge en nuestro cuerpo y que es la más generalizada que podemos tener a nivel corporal. No obstante, muchas veces se produce sin que apenas la percibamos. Se trata de la «piloerección» (erección del vello corporal). «Se me ha erizado el pelo» o «se me han puesto los pelos de punta» son algunas metáforas que traducen este maravilloso fenómeno. Y es justo eso lo que sucede: la piel de gallina es una «piloerección», un vestigio evolutivo que heredamos de nuestros ancestros como reacción a situaciones que nos causan emociones intensas. Nuestra piel adopta la forma de unos pequeños granitos o bultitos que, visualizados al microscopio, no son más que ese vello completamente verticalizado por el músculo erector del pelo, que se contrae y lo estira.

Muchos animales comparten este rasgo con nosotros. Por ejemplo, a los gatos se les eriza el pelo cuando se enfrentan o cuando se sienten amenazados. Es decir, emociones y sensaciones tan distintas como el miedo, la cercanía de una persona que nos gusta, el frío de un cubito de hielo sobre nuestra piel o la escucha de una canción que nos emociona pueden llevarnos todas a lo mismo: a la «erección dérmica».

¿Está el punto G en la piel?

No hay fármaco que actúe más rápido que una caricia o un abrazo.

Todo esto es para recordar que tenemos que prestar más atención al cuerpo y, más en particular, a la piel, ya que esta última es un órgano social y de relación con el mundo.

El tacto, las caricias y los abrazos producen bienestar, tienen un efecto relajante y ansiolítico. Apoyar nuestra mano sobre la mano o el hombro del que está sufriendo es uno de los mejores acompañamientos. El simple contacto físico alivia las respuestas fisiológicas y psicológicas del estrés. De hecho, la ciencia no ha sido todavía capaz de producir un fármaco para el dolor psíquico que actúe más rápido que una caricia o un abrazo.

Y, ¡ojo!, que estas caricias y abrazos no solo debes dedicárselas a los demás, sino también a ti mismo. Ser amable con tu cuerpo es tenerlo presente, es contar con él, es estar abierto al mundo.

La piel como punto G o punto E

Alguno se habrá saltado todo lo anterior para venir a leer directamente aquí. Es posible que se trate de un lector curioso y adelantado, que primero quiere ir al meollo, a la parte sustanciosa, al punto G sin ningún rodeo. A lo mejor se trata de alguien que necesita frenar un poco, leer despacio y tomar conciencia de las maravillas del cuerpo, algo que a veces se pasa por alto.

Si eres de los que ha ido leyendo detenidamente, quizá puedas anticipar ya un poco esta parte y, quién sabe, saborearla en todos los sentidos. Que la piel tiene tradicionalmente un papel preliminar en el sexo lo sabemos todos, pero las investigaciones que lo han corroborado y le dan un papel protagonista quizá no sean tan conocidas.

«Deje de buscar el punto G porque lo tiene delante de usted», nos advierten los investigadores. La piel es el órgano sexual más grande del cuerpo, y aunque no es exactamente el nuevo punto G tal como lo entendemos, lo que sabe bien la ciencia es que la piel está llena de muchísimas zonas «E». Sí, has leído bien, E de erógeno, porque a lo largo de su extensión la piel presenta áreas donde se acumulan una gran cantidad de terminaciones nerviosas, zonas donde el más mínimo roce nos puede hacer enloquecer. ¿Te viene alguna a la cabeza? La lista es casi infinita: los labios, la piel del cuello, la cara interna de los muslos, la cintura… Es lo que se conoce como zonas erógenas, porque su estímulo tiene como resultado la excitación sexual. Con frecuencia se nos olvida que una de las principales razones por las que mantenemos relaciones sexuales es porque necesitamos el roce piel con piel, las caricias y abrazos sinceros, el olor, y la presión y el contacto del cuerpo desnudo del otro.

Con frecuencia la estimulación de la piel a través del tacto queda relegada a «puro trámite», a mero intermediario… Tenerla más presente nos ayudará a multiplicar y extender exponencialmente la sensación de placer. Centrarnos en exceso en el orgasmo circunscrito a la penetración o la estimulación clitoriana es tratar de alcanzar el pico de dopamina (neurotransmisor del placer) a la máxima velocidad, pero este se esfumará con la misma rapidez con la que ha aparecido. Si entran en acción otros neurotransmisores, como la serotonina y oxitocina, que se activan en los pasos previos (caricias y abrazos), las sensaciones que experimentaremos serán mucho más ricas y variadas. No hacer uso de ellos es como cocinar todos los días arroz con pollo olvidándonos del resto de los ingredientes que podemos utilizar para disfrutar de una buena comida.

Para acabar

En la época de entreguerras que les tocó vivir a nuestros padres y abuelos, la frase que más se repetía era «tú come, que nunca se sabe». Sin embargo, los que hemos pasado por la pandemia de la COVID-19 (SARS-CoV-2) con la nevera llena pero con el «alimento del corazón» dañado, falto de contacto físico y limitado por la distancia social, repetiremos algo más parecido a «abrázame, que nunca se sabe».[4]

Es posible que el movimiento Abrazos Gratis, que consiste en ofrecer abrazos a desconocidos con el afán de regalar afecto en un mundo globalizado pero tendente a la desconfianza, los prejuicios y la distancia emocional, cobre todavía más fuerza cuando acabe la pandemia. Una forma natural de relajarnos, recargarnos y compartir con el otro.

PENSAR
CON EL
CUERPO

DECIDIMOS
CON EL CUERPO

· · · · · ·

«El cuerpo tiene razones que la razón no conoce»: el marcador somático

¿Qué ocurre realmente cuando decimos que sentimos mariposas en
el estómago? Siguiendo con el tema de las emociones corporales y sus
correspondientes metáforas, esta no es una simple figura retórica, sino
que designa algo real. Es decir, sentimos ese cosquilleo en el estómago
como resultado de la actividad de las neuronas intestinales, que han sido
estimuladas por neurotransmisores y ponen el cuerpo en estado de alerta. De la misma manera, la diarrea es fruto de la acción de la serotonina
(como respuesta a situaciones de estrés), la cual aumenta la movilidad intestinal y el dolor. Es más, se ha comprobado que las bacterias intestinales
intervienen en la producción de serotonina y dopamina, las cuales modulan la forma de comunicarse entre sí las neuronas. Todo esto refuerza
la concepción del sistema digestivo como factor clave en las emociones.
De ahí que sea considerado como el segundo cerebro. Pero, sin embargo,

esos cambios digestivos son inespecíficos: lo mismo pueden deberse a un estrés emocional (por enamoramiento, por ejemplo) que a una simple indigestión que acaba provocando diarrea.

Entonces, las emociones corporales, que son tan reales como otros procesos físicos, ¿tienen un correlato cerebral? Sí; cuando estas tienen lugar, se activan simultáneamente varias regiones cerebrales. Es lo que el neurólogo y reconocido neurocientífico António Damásio ha llamado marcadores somáticos. Se trata de una de las teorías neurocientíficas más influyentes desde principios de la década de 1990 y la formuló este mismo investigador en *El error de Descartes*.

¿Qué es lo que nos dice la teoría del marcador somático? Esta plantea que las experiencias generan sentimientos, que son almacenados como marcadores corporales junto con la memoria y las experiencias específicas que las generaron. Sería como la información inscrita en nuestro cuerpo a partir de las experiencias pasadas y que puede actuar como «brújula» y guía en nuestras decisiones futuras. Pongamos un ejemplo: un compañero de clase o del trabajo te prometía de manera repetida algo que nunca cumplió. Aquella situación hizo que sintieras rabia y frustración, dos emociones que estuvieron acompañadas de una serie de cambios fisiológicos (aumento del ritmo cardíaco, sudoración, molestias gástricas…). Tales cambios habrán quedado a su vez grabados y asociados a cambios neurales en determinadas regiones cerebrales. De este modo, una situación futura que evoque una escena parecida (por ejemplo, durante una negociación laboral con una persona que actúa de una manera muy similar) reactivará los marcadores somáticos en forma de cosquilleo en el estómago o sensación de escalofrío en la cabeza, los cuales actuarán como un sistema de alarma interno que nos ayudará a tomar las decisiones más favorables.

> La intuición no es ni un capricho ni una especie de sexto sentido, sino una forma de inteligencia que opera a nivel automático o inconsciente.

Estas impresiones corporales, que aparecen incluso antes de que seamos conscientes de lo que está ocurriendo y de que podamos reflexionar sobre ellas, nos permiten actuar con rapidez ante situaciones de amenaza. De esta manera, si veo a alguien corriendo con cara de miedo y oigo gritos en la calle, dichas señales de alarma automáticamente harán que se me acelere el corazón, se me dilaten las pupilas y se me contraigan los músculos. Se trata de huellas emocionales en el cuerpo que nos permiten reaccionar de manera automática y veloz. Esta respuesta precede al sentimiento, el cual aparece más tarde, cuando reflexionamos y pensamos sobre lo sucedido.

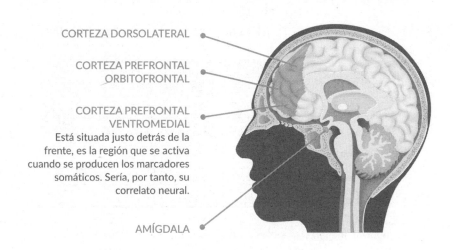

CORTEZA DORSOLATERAL

CORTEZA PREFRONTAL
ORBITOFRONTAL

CORTEZA PREFRONTAL
VENTROMEDIAL
Está situada justo detrás de la frente, es la región que se activa cuando se producen los marcadores somáticos. Sería, por tanto, su correlato neural.

AMÍGDALA

Podría decirse que estas teorías son la base de la intuición o de la inteligencia inconsciente de la que habla el psicólogo Gerd Gigerenzer, quien sostiene que «la intuición no es ni un capricho ni una especie de sexto sentido, sino una forma de inteligencia inconsciente».

En otras palabras, los cambios fisiológicos (frecuencia cardíaca, tono muscular, expresión facial, etc.) se producen en el cuerpo e informan al individuo de la emoción y el estímulo que tiene ante sí. Con el paso del tiempo, las emociones y los cambios corporales correspondientes quedarán asociados a situaciones particulares y a resultados específicos de experiencias del pasado. El papel que desempeña esta información interoceptiva lo cuenta muy bien António Damásio en un experimento de apuestas realizado por él mismo y que puedes leer en el siguiente recuadro.

¿SABÍAS QUE...?

El experimento utilizado fue el juego de azar de Iowa,[1] una tarea psicológica diseñada para simular la toma de decisiones en la vida real. El sujeto debía elegir entre cuatro montones de cartas etiquetadas como A, B, C y D.

	CARTAS MALAS		CARTAS BUENAS	
	A ●——● B		C ●——● D	
	A	B	C	D
Ganancia por carta	$ 100	$ 100	$ 50	$ 50
Pérdida por cada 10 cartas	$ 1.250	$ 1.250	$ 250	$ 250
Total por cada 10 cartas	-$ 250	-$ 250	+$ 250	+$ 250

El jugador iniciaba el experimento con dos mil dólares (ficticios) y se le indicaba que debía intentar perder lo menos posible y ganar el máximo. Para ello tenía que ir levantando cartas de cualquiera de los cuatro montones y, según la que escogiera, obtendría más dinero, o bien sería él quien pagase con el suyo. Lo que desconocía es que los montones A y B proporcionaban beneficios altos pero también grandes penalizaciones, lo que suponía mayores pérdidas a largo plazo que si levantaba cartas de los montones C y D (los mazos «buenos»). En estos últimos, tanto las recompensas como las penalizaciones eran menores, así que la elección continuada de cartas pertenecientes a tales mazos generaba a largo plazo muchos más beneficios que las de los montones A y B (los mazos «malos»).

A los jugadores, mientras participaban en el experimento, se les ponía electrodos en la piel que permitían registrar su estado fisiológico y obtener información de la activación electrodermal, una manera indirecta de medir la activación del sistema nervioso.

Lo que se observó es que, cuando el jugador se decidía por alguna carta de los montones malos (A y B), la activación dérmica aumentaba.

A medida que avanzaba el juego y los participantes iban inclinándose cada vez más por los montones buenos (C y D), su piel les enviaba señales antes de que ellos mismos fueran conscientes de esta inclinación. Podríamos decir que su cuerpo lo había intuido antes que su cerebro. Es el mismo proceso que se da cuando pensamos que «algo no cuadra».

Este estudio nos muestra, además, que cuando nos encontramos ante una información amplia y compleja que nuestra mente racional y consciente no puede procesar de manera rápida y ágil, es muy posible que nuestra mente inconsciente juegue con ventaja. Diríase que, allá donde nuestra razón no llega por sí sola, la maquinaria de nuestro cuerpo y nuestro cerebro es capaz de procesar toda esa información como si se tratase de un proceso de minería de datos.

• • • • •

Así, estos marcadores somáticos (señales fisiológicas) y sus correspondientes emociones evocadas y/o aprendidas actuarán como guía de nuestras decisiones futuras. Las experiencias del pasado, sean positivas o negativas, siempre cuentan e influyen en nuestro proceder futuro no solo a través de nuestros recuerdos, sino también por medio de nuestro cuerpo.

Se ha observado que las personas con daños en el córtex prefrontal tienen mayores dificultades para evocar estos estados corporales y, por ende, un mayor impedimento en algunas funciones; por ejemplo, en la toma de decisiones. Quien es capaz de detectar las señales de su cuerpo presenta una mayor capacidad de juicio y de deliberación. ¡Y, ojo, que esto puede aplicarse hasta en la economía! Ello explicaría por qué los que toman las mejores decisiones no son los que poseen un grado mayor de inteligencia o de formación, sino los más sensibles a las señales interoceptivas de su cuerpo. Y, como decíamos en el capítulo anterior, esto es algo que puede entrenarse. Prácticas como el *mindfulness* o la meditación permiten estimular la conciencia del cuerpo.

De hecho, se ha visto que quienes la practican no solo presentan una mayor sensibilidad a los avisos corporales, sino que además puede observarse en ellos un correlato cerebral, tal como demuestra el aumento de actividad en la ínsula, el área del cerebro encargada del procesamiento de esta información.

¿SABÍAS QUE...?

António Damásio resumía su teoría diciendo que «la emoción asalta al cuerpo, precede al sentimiento más privado y racional». Las emociones y sus correlatos o cambios fisiológicos quedarán todos almacenados en el cerebro vinculados a una situación y emergerán cuando dicha situación se reproduzca. Facilitan, por tanto, las reacciones de aproximación o retirada.

El psicólogo William James ya había dicho en 1884 algo similar, pues, según él, la emoción es la consecuencia de los cambios fisiológicos ocurridos en el cuerpo y no el antecedente, origen o causa de tales alteraciones. Así fue como retó a la visión clásica de que los cambios corporales eran consecuencia de lo que ocurría en el cerebro. Es decir, si nos sentimos tristes, el cerebro envía esta información al cuerpo para que se active en consecuencia (con lloros, por ejemplo). James invierte esta visión y lo que viene a decir es que la emoción aparece como consecuencia de la percepción de los cambios corporales que experimentamos de un modo casi reflejo ante ciertos estímulos ambientales. Desde este prisma, podríamos decir que sentimos miedo porque se nos acelera el corazón, se nos contraen los músculos y echamos a correr; o que sentimos pena porque lloramos y sentimos una punzada en el corazón. Hoy en día esta visión ha sido actualizada por estudios recientes que indican que, además, estas señales generadas por el sistema interoceptivo están influidas por nuestra cultura y ambiente.

De ahí que la frase «Si sonríes, la vida te sonríe» tenga una buena explicación. Hablaremos más de esto en el capítulo 8 donde trataremos las neuronas espejo.

• • • • •

Los marcadores somáticos, aunque se activan a partir de experiencias previas, no son estáticos ni inmodificables, sino que pueden «actualizarse» o modificarse con nuevas experiencias. Esto es muy importante, puesto que nos habla de nuestra capacidad de cambio y adaptación a nuevas circunstancias.

Los marcadores somáticos son, en definitiva, «atajos» para el cerebro que nos permiten funcionar sin tener que manejar toda la información que recibimos de manera constante y sin tener que razonar todas y cada una de las decisiones que tomamos a lo largo del día. ¿Te imaginas tener que estar reflexionando y analizando todo lo que haces? ¡Sería agotador! Al disponer de toda esta información interoceptiva podemos ahorrar mucha energía.

Sesgos cognitivos en la toma de decisiones

Cada día parece más claro que nuestras decisiones no son tan racionales y sesudas como se pensaba. Que no son una evaluación de datos cognitivos, de análisis y cálculo de las diversas opciones a secas, sino que las emociones (inscritas en nuestro cuerpo) y la intuición tienen un papel protagonista.

Hablar de toma de decisiones implica hablar de sesgos cognitivos. Sí, volvemos a los atajos que adopta la mente. Nos referimos con esto a un efecto psicológico que provoca una desviación en el procesamiento mental, un juicio inexacto de la información disponible. Proviene de nuestra parte más instintiva y supone desviaciones automatizadas que impactan en los resultados de nuestras decisiones sin que nos demos cuenta o que, incluso dándonos cuenta, no somos capaces de evitar.

La noción de sesgo cognitivo surgió al observar la incapacidad de las personas para razonar sobre órdenes de magnitud muy grandes. Para resolver un problema complejo de la manera más fácil, tendemos a resumir y simplificar la información que recibimos conforme a reglas que seguimos de una manera automatizada e inconsciente. Un ejemplo típico es el de las elecciones. Cuando nos planteamos a qué partido político votar, lo correcto sería intentar hacer un trabajo de reflexión profunda escribiendo en un papel los factores a favor y en contra de los diversos puntos del programa electoral de cada partido: política sanitaria, educativa, medioambiental, propuestas contra el terrorismo, etc.

Pero ¿quién hace eso? ¿Alguien es capaz de sentarse en la mesa y hacer un resumen de las propuestas de cada partido sin dejarse influenciar por su situación personal, sus creencias o su profesión? Es posible que un sanitario, un profesor o un militar den especial peso a las políticas que afecten a su campo (que ya será lo suficientemente complejo y variable dentro de cada programa). Pero, además, también es posible que nos inclinemos hacia el partido político con cuyos representantes empaticemos más o que nos resulten más atractivos o acordes a nuestro estilo personal. Aunque la mayoría intentamos abstraernos de estos aspectos que podemos considerar banales, lo cierto es que no somos capaces de desprendernos de ellos tan fácilmente.

Los sesgos pueden ser muy útiles y, de hecho, tienen una explicación evolutiva: gracias a ellos sobrevivimos y adoptamos respuestas rápidas ante situaciones de riesgo que así lo requerían. El problema es que, si no los usamos adecuadamente, también nos pueden llevar a conclusiones y decisiones erróneas.

Por eso, los sesgos se han definido como errores en el procesamiento (aunque yo, más que «errores», prefiero considerarlos «desviaciones»). Son muy bien conocidos por los que trabajan en neuromarketing y, de hecho, son utilizados como estrategias elaboradas de venta destinadas a captar nuestra atención y consiguen de forma hábil que nos convirtamos en consumidores de un producto determinado.

Los sesgos cognitivos apelan también a los marcadores somáticos de los que hemos hablado antes. Decíamos que la hipótesis del marcador somático propone una importante conexión entre la emoción, el sentimiento y la toma de decisiones. Por tanto, una alteración, fallo o defecto en el componente emocional puede afectar a nuestra toma de decisiones. Ahora bien, no podemos entenderlos solo como «errores» de procesamiento, ya que pueden aportarnos una ventaja importante en ciertas situaciones (no solo a nosotros mismos, sino también a los comerciantes que los usan en su propio beneficio).

Como en todo, se trata de conocerlos, de tenerlos presentes y de ver cuáles nos afectan más y en qué sentido. Los efectos más típicos tienen que ver con el consumo. Para que los recuerdes bien, vamos a hacer un poco de culturilla sobre el «consumidor responsable» (me refiero a la responsabilidad contigo mismo, a que seas consciente de las trampas que te tiende la mente). Si los vendedores lo saben, ¡tú también debes saberlo! Tal vez así evites compras innecesarias. Y si terminas comprando, hazlo al menos siendo consciente de todo esto. Quizá así, si luego te arrepientes, duela un poco menos.

Pongamos algunos ejemplos. Uno de los sesgos más conocidos es el sesgo de confirmación, el número 1 en el ranking de los más utilizados. Este sesgo nos lleva a buscar informaciones nuevas que confirmen nuestras ideas previas y a conceder menos consideración a las posibles alternativas. Eso explica por qué prestamos más atención a lo familiar, a lo conocido, a lo que andamos tratando de verificar. Así, por ejemplo, si eres de un determinado partido político, cada vez que leas la prensa o veas la tele, tu atención se desviará con mayor intensidad hacia todo lo que vaya en consonancia con tus ideas. Es como decirte a ti mismo: «Lo sabía, así es» y, de esta forma, te reafirmas y ratificas tus propios argumentos. Tu cerebro, en cambio, prestará menos atención a lo que va en contra de tus ideas o no te es familiar. A todos nos gusta pensar que estamos en lo cierto y los sesgos de este tipo son una forma de disminuir la disonancia cognitiva o la tensión o disarmonía interna que nos supone tener dos pensamientos que están en conflicto.

Es un sesgo al que también apelan las estrategias de neuromarketing cuando nos presentan un anuncio mientras navegamos en internet. Si eres de los que se consideran muy racional, igual crees que esto no te pasa a ti, que tú no caes en esas trampas mentales. Sin embargo, si este método tan simple y burdo en apariencia se sigue usando es porque funciona.

Escena típica: el anuncio de un bolso determinado aparece de manera repetitiva en tu teléfono móvil o en el ordenador. Piensas que a ti no te van a seducir con esos mensajes, ya que ni necesitas ese artículo ni te interesa. Además, «Qué tontería que me enseñen eso. Yo soy superracional y no me voy a comprar ese bolso».

Un año después te surge la necesidad de comprar un bolso para una amiga o familiar y resulta que el primer bolso cuya imagen te viene a la mente es ese que tantas veces te ha mostrado la publicidad virtual. No quiere decir que vayas a comprarlo, pero sí es mayor la probabilidad de que lo elijas frente a otro que te resulte menos familiar. De entre las miles de personas que hayan recibido este estímulo, un tanto por ciento acabará comprándolo y la estrategia habrá funcionado.

Otro sesgo muy interesante es el del descuento hiperbólico, que hace referencia a las grandes dificultades que tenemos para ponderar los escenarios hipotéticos que podrían darse en un futuro. A la hora de tomar decisiones, valoramos mucho más el momento presente que el futuro. Por ejemplo, si a un grupo de personas les hicieran elegir entre cobrar mil euros dentro de un año o setecientos euros en este mismo momento, la mayoría elegiría la cantidad más baja. La explicación es que al menos este dinero lo tenemos asegurado, mientras que el que nos ofrecen para un futuro hipotético lo vemos como una incertidumbre y, por ese motivo, pierde valor. Así de simple. Cuanto más se retrasa la recompensa en el tiempo, más valor pierde y los humanos queremos gratificación inmediata, ¡ya mismo!

Un último ejemplo: el sesgo anclaje. Este es otro de los sesgos estrella en los que se apoyan muchos comerciantes cuando quieren inducirnos a comprar algo. Se basa en el hecho de que la primera información que recibimos actúa como «ancla» o referencia con respecto a nuestras impresiones posteriores. Se aplica mucho en las rebajas, cuando se muestra el precio rebajado frente al original. El precio inicial que nos presentan es el que actúa como ancla. Este hará que pensemos que llevarnos esa prenda u objeto rebajado es una buena inversión, sin plantearnos si el precio inicial era justo o no. Además, este sesgo puede tener consecuencias en otros planos. Porque ¿estás seguro de que te llevas realmente una ganga o es una trampa mental? Imagina que encuentras un producto al 70 % del precio original. Se trata de algo que no necesitas, pero con ese precio no puedes dejarlo pasar. Te lo acabas llevando y te vas pensando que has ahorrado un 70 %. Pero ¿y si lo piensas al revés? ¿No será que te has gastado un dinero que no tenías? El «cazador» pasa a ser «cazado».

Es muy difícil evadirse de este sesgo cognitivo, pero tenerlo presente nos ayudará a minimizarlo. A continuación ofrecemos algunas observaciones al respecto que pueden serte de utilidad a la hora de comprar.

- Cuando compres algo, establece tu propio anclaje o referencia para que no lo hagan por ti.
- Piensa, por ejemplo, cuánto quieres gastar en un jersey antes de lanzarte a mirar.
- Pregúntate si necesitas el producto.
- Haz listados de las cosas que necesitas.
- Asegúrate de haber dormido bien; disminuirá tu impulsividad y tu tendencia a la compra.

Por cierto, para seguir haciendo un poco de culturilla de consumidor, déjame que te cuente otra curiosidad sobre nuestro impulso de compra. Se trata del efecto Diderot o nuestra tendencia a adquirir más y más cuando compramos algo nuevo.

¿SABÍAS QUE...?

Seguro que alguna vez has ido a comprarte unas mallas o un pantalón para correr y has acabado comprándote unas deportivas, calcetines, camisetas y hasta un reloj. Pues bien, has sido víctima del efecto Diderot.

Este efecto explica cómo adquirir una nueva posesión puede dar lugar a la compra de muchas otras. Esto ocurre por la disonancia que puede producirse si la nueva adquisición es muy diferente del resto de lo que poseemos, lo cual nos hace sentir muy incómodos.

Ejemplo típico: adquirimos un nuevo complemento deportivo y, al compararlo con el resto de las prendas de deporte que poseemos, consideramos que estas últimas son de peor calidad o aspecto, por lo que tomamos la decisión de renovarlas. De este modo, acabamos comprando no solo algo que necesitábamos, sino otros muchos complementos. Es lo que podríamos denominar en plan divertido ir al ya que...: «Ya que estoy de compras», «Ya que mis otras prendas están desgastadas», etc. Esto nos meterá en una espiral de gasto innecesario y a la larga puede desencadenar una tendencia excesiva a comprar.

Este efecto fue descrito en el siglo XVIII por el filósofo francés Diderot, quien cuenta cómo el regalo de un precioso albornoz color escarlata le trajo consecuencias inesperadas. Al verlo, se dio cuenta de que el resto de sus pertenencias distaban mucho de ser tan elegantes, por lo que se vio obligado a hacer una serie de compras que le llevaron a la ruina.

He aquí algunas conclusiones que podemos extraer del efecto Diderot:

- Tener este efecto en mente y ser más consciente de él nos permite actuar de manera más eficaz y, ya de paso, de una forma más respetuosa con el medio ambiente.

- Reducir este tipo de compras nos permite ahorrar dinero y tiempo y nos invita a adoptar hábitos de vida más saludables.

- La clave estará en comprar por necesidad y utilidad, no por estatus.

- «Menos es más» es un principio que hay que tener siempre en mente.

• • • • •

Toma de decisiones

No hay viento favorable para el que no sabe dónde va.

SÉNECA

Si tuviésemos que establecer una metáfora entre la vida y algún juego de mesa, más de uno pondría el ejemplo del tablero de ajedrez ahora que está tan de moda, como si no fuésemos más que un sistema lógico en una partida de ajedrez. Sin embargo, el ajedrez dista mucho de parecerse a la vida real, ya que deja más bien de lado el componente emocional e intuitivo que tan fundamental es en la vida vista como un juego. Como dijo un día Jaime Rodríguez de Santiago hablando de Annie Duke, una exjugadora de póquer: «En realidad, la vida es más póquer que ajedrez». De hecho, hoy sabemos que una máquina es capaz de superar al mejor de los jugadores de ajedrez, especialmente si incluimos la variable de la velocidad. Todas las fórmulas y jugadas posibles del ajedrez podríamos reducirlas a cálculo matemático. No obstante, en el caso del póquer, no se puede reducir todo a matemática y estadística, pues es un juego en el que la información de la que disponemos es incompleta (hay una parte de la baraja que desconocemos), se toman decisiones en condiciones de incertidumbre e incluye un factor de suerte o de azar. Es entonces cuando los códigos no verbales del resto de los jugadores se tornan claves. En la vida cotidiana utilizamos expresiones procedentes de este juego, como la de «poner cara de póquer», que hace referencia a situaciones en las que escondemos las emociones bajo una expresión imperturbable que no revela nada, como una estrategia de juego y de autocontrol.

Sin duda, la vida tiene mucho de póquer: estamos tomando decisiones de manera continua, en condiciones de incertidumbre, con más o menos aprendizaje y sometidos al factor suerte. Y una cosa más: necesitamos un plan. Si no tenemos ninguno, es probable que no encontremos «ningún viento favorable».

¿Y en qué consiste realmente una toma de decisiones? ¿Qué factores intervienen en ella? Según el Diccionario de la RAE, una decisión es un acuerdo o resolución final de cualquier persona, organismo o establecimiento. Nos referimos al acto de sopesar y evaluar en un tiempo concreto las condiciones y características de una situación para finalmente escoger entre una serie de opciones.

Las decisiones son un elemento constante de nuestra vida. Se trata de actos complejos que en salud mental evaluamos dentro de lo que se conoce como funciones ejecutivas, te hablo de ello en el «¿Sabías que…?». Pero estas funciones no se producen de manera estanca o alejadas de otros procesos mentales, sino que dependen de otras funciones que nos permiten captar, sintetizar y trabajar la información.

¿SABÍAS QUE...?

Las funciones ejecutivas constituyen un conjunto de capacidades y habilidades cognitivas a través de las cuales podemos resolver situaciones diversas. Son las que nos permiten controlar y autorregular nuestra propia conducta. Las usamos a diario y son las que nos posibilitan establecer acciones dirigidas a una meta, ya sea la preparación de una receta de cocina (una paella, por ejemplo) o la organización de la agenda de trabajo.

Como ya habrás imaginado, una de las regiones cerebrales más relacionadas con las funciones ejecutivas es el famoso córtex prefrontal, la zona que está justo detrás de la frente. Entre las funciones ejecutivas que desarrolla destacan las siguientes:

- **La memoria de trabajo:** es un tipo de memoria a corto plazo que nos permite manejar y manipular la información con el fin de realizar tareas cognitivas complejas. Un ejemplo típico sería el tener varias categorías en mente mientras clasificamos unos documentos.

- **Planificación:** capacidad para pensar en el futuro y anticiparnos para alcanzar una meta específica.

- **Fijación de metas:** capacidad para establecer objetivos concretos.

- **Toma de decisiones:** capacidad para decantarse por una opción entre diferentes alternativas.

- **Resolución de problemas:** habilidad para llegar a una conclusión lógica ante ciertos planteamientos.

- **Inhibición:** capacidad para controlar respuestas automáticas e impulsivas.

- **Monitorización:** supervisión de la conducta mientras ejecutamos un plan de acción.

- **Flexibilidad cognitiva:** capacidad para modificar nuestro pensamiento y conductá ante situaciones cambiantes o novedosas.

● ● ● ● ●

La toma de decisiones comprende actos complejos referidos a las siguientes funciones:

- Barajar en la memoria las opciones disponibles.
- Prestar atención a todas las opciones.
- Calcular en virtud de experiencias y conocimientos previos.
- Percibir las propias sensaciones y los estímulos ambientales.

- Hacer predicciones.
- Tener motivación para llevar a cabo una acción.

Además, intervienen la autoestima y el locus de control, ya que será más fácil que tomemos una decisión si creemos que nuestros actos pueden influir en el desenlace de la situación (locus de control interno) y si, por añadidura, creemos ser perfectamente capaces de tomar esas decisiones y de llevar a cabo las acciones que de ellas se derivan.

Las emociones también influyen, pues no será lo mismo tomar una decisión si estamos pasando por un período de desánimo o ansiedad que si estamos tranquilos y en un estado de equilibrio y bienestar.

A nivel cognitivo y emocional pueden aparecer los sesgos cognitivos de los que hemos hablado. El sesgo de confirmación hará que vayamos buscando elementos que nos permitan justificar nuestra elección. Son los atajos mentales que el psicólogo y premio Nobel de Economía Daniel Kahneman relaciona con el sistema 1.[2]

También desempeñarán un papel importante el ambiente y lo aprendido a lo largo de la vida y en nuestra familia, el modelo que hemos tenido en esta, la idiosincrasia de nuestra cultura, nuestra red social, etc. Por ejemplo, si nos estamos planteando trabajar en el extranjero, esos factores harán que lo veamos como algo más o menos deseable.

Por último, algunas enfermedades también pueden limitar la capacidad de tomar decisiones, como ocurre en las lesiones del lóbulo frontal (más en concreto, del córtex prefrontal) o en consumidores de tóxicos que tienen alterada la capacidad para inhibir las respuestas y presentan un déficit en la flexibilidad cognitiva que puede hacer que se vuelvan más impulsivos.

¿Y qué ocurre a nivel cerebral? Ya te habrás hecho una idea de las partes del cerebro que intervienen en este proceso. La principal región implicada es el córtex prefrontal, la Marie Kondo cerebral de la que tanto te he hablado. Sin embargo, también están implicadas otras zonas del cerebro más profundo, como la amígdala, la ínsula y los ganglios basales, que son las responsables de esa parte más automática, intuitiva y emocional. Pero, ojo, que no podemos olvidarnos del resto del cuerpo, que interviene a través de los marcadores somáticos comentados, ni de regiones cerebrales tan importantes como la ínsula y el córtex orbitofrontal.

¿Y qué ocurre cuando no decidimos? Reconozco que soy de las que piensan que cada vez que no tomamos una decisión estamos decidiendo. Como decía William James: «Cuando tienes que tomar una decisión y no la tomas, eso es en sí mismo una decisión».

Toma de decisiones y marcador somático

Bajo este prisma en que los marcadores corporales adquieren tanta importancia, ¿podríamos decir que el cuerpo es tan racional como el cerebro? Si nos preguntaran esto en frío, es posible que digamos que las decisiones racionales son las tomadas por nuestro cerebro y no por nuestro cuerpo. Pero ¿acaso la información inscrita en nuestro cuerpo no es información «racional»? A fin de cuentas es información que se ha conformado sobre la base de datos concretos en un momento determinado de nuestra vida. Reactivar y ser sensibles a estas claves corporales es traer al presente nuestras vivencias y nuestro conocimiento previo.

Algunos estudios indican que aquellos sujetos que prestan atención al cuerpo y tienen un gran dominio interoceptivo toman mejores decisiones, se organizan y planifican mejor y actúan menos impulsivamente. Es posible que no podamos afirmar con rotundidad que las decisiones racionales o las emocionales sean las correctas, pero lo que parece innegable es que tanto la información de un tipo como la de otro es imprescindible: ambas van de la mano en la toma de decisiones. Se trata de procesos complejos, fruto realmente de una relación físico-emocional-racional.

La mayoría de nosotros nos consideramos plenamente racionales e incluso nos han hecho creer que guiarnos por nuestras emociones y sensaciones corporales nos lleva inevitablemente a la equivocación. Pero sucede justo lo contrario: la mayor parte del tiempo funcionamos bajo nuestro sistema más emocional y automático y este, las más de las veces, nos hace jugar con ventaja. Especialmente si nos dejamos guiar por emociones sanas, pues estas nos pueden ayudar a dilucidar mejor y a depurar las distintas opciones cuando desde lo cognitivo no somos capaces de avanzar. Se trata de escuchar «lo que nos pide el cuerpo». Dejar de demonizar el cuerpo y escucharlo más puede ser de gran utilidad.

No hay toma de decisiones sin que intervengan las emociones, pero tampoco sin conocimiento previo, es decir, sin experiencia, ya que, de alguna manera, esta parte más racional dependerá a su vez de cómo haya quedado almacenada en términos emocionales. Por esta misma razón, tampoco es igual la toma de decisiones en una persona de mediana edad que en un adolescente. En este último la tarea se dificulta, puesto que, por regla general, cuantos menos años se han vivido, menos experiencias se tienen. Aunque al principio esta diferencia está muy marcada, se va acortando cuando se llega a cierta edad. Por eso, las elecciones de un adulto joven pueden ser, quizá, menos precisas y acertadas, pero, a medida que pasan los años, la experiencia se convierte en un factor que contribuye a tomar mejores decisiones.

La información que nos llega de nuestro estado interior, que se genera en nuestras vísceras y se integra en la ínsula, se fusionará con la proveniente del exterior. Toda esta información nos enviará un mensaje global sobre «cómo nos sentimos» que nos guiará en la constante toma de decisiones que caracteriza a la vida. De hecho, los grandes estrategas son expertos en el conocimiento «interoceptivo».

Algunas formas de escuchar al cuerpo pueden ser de gran ayuda en este sentido: por ejemplo, los ejercicios de relajación, el *mindfulness*, la expresión corporal y todo lo que suponga una conciencia plena del cuerpo. Aprender a reconocer las señales corporales es clave, como lo es también aprender a ponerles nombre, ya que sabemos que el simple hecho de etiquetar una emoción, de ponerla en palabras tiene un impacto profundo en nuestro sistema nervioso, lo cual facilita su regulación.

¿Por qué nos mantenemos en la indecisión?

Aunque este capítulo no pretende analizar en profundidad nuestra determinación a la hora de tomar decisiones, sí que vamos a hacer un breve recorrido por las experiencias más comunes implicadas en estos procesos, especialmente cuando nos mantenemos en la indecisión. Y es que, efectivamente, hay disyuntivas especialmente difíciles. Sobre todo, cuando tenemos que elegir entre opciones que chocan con nuestros propios valores. Nos cuesta decidirnos por diversas razones:

1. Nuestra escasa tolerancia a aceptar el azar en la vida; buscamos desesperadamente la opinión de los demás, alguien que decida por nosotros. No nos gusta la incertidumbre. Sin embargo, en muchas ocasiones, y después de haber consultado hasta con el taxista, acabamos eligiendo la opción que ya habíamos decidido inconscientemente. Solo buscábamos a alguien que la corroborara o reforzara.

2. El miedo a equivocarnos, a no poder tolerar la culpa o el malestar derivado de una supuesta «mala decisión»; nos atemoriza pensar en lo que renunciamos al decantarnos por una de las opciones. Podemos llegar a no hacer nada, a la «parálisis por análisis». Es cierto que, en ocasiones, el no precipitarnos en la elección puede resultar eficaz y hasta nos puede permitir abrirnos a alternativas que no contemplábamos inicialmente, pero, en términos generales, resulta más beneficioso tomar una decisión que no hacerlo.

3. Nuestra tendencia a considerar las decisiones como binarias, buenas o malas, en función del resultado, cuando son más bien fruto de una escala de grises. Una decisión que a priori nos parece mala, con el paso del tiempo, la suerte podría presentárnosla como una enorme oportunidad.

4. Nuestra tendencia a conceder más peso al presente y al futuro inmediato que a los resultados en el largo plazo. Es decir, nos cuesta tomar perspectiva. ¿Sabes que tendemos a la miopía cuando se trata de mirar al futuro? Además, generalmente consideramos las situaciones estáticas en lugar de dinámicas, es decir, no tenemos en cuenta que las circunstancias cambian y la misma decisión no es la misma hoy que dentro de un año. Para ayudarte en este sentido, puedes aplicar la regla del 10-10-10.

PARA TOMAR NOTA

La regla del 10-10-10 (diez minutos, diez meses, diez años) nos hace reflexionar sobre el impacto que tendrá una decisión a los diez minutos, a los diez meses y a los diez años. Esto nos ayuda a relativizar, a poner en contexto y a ver con perspectiva nuestra toma de decisiones. ¿Cuántas veces has echado la vista atrás y te has percatado de que «no era para tanto» aquella decisión que tanto te angustiaba y que te causaba tanta desesperación?

—————— ¿Qué pensaré acerca de esta decisión en... ——————

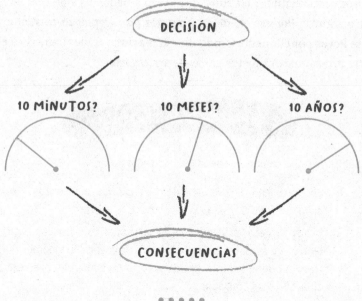

DECISIÓN

10 MINUTOS?   10 MESES?   10 AÑOS?

CONSECUENCIAS

• • • • •

¿Sabías que cuanto más te cuesta decidir entre dos decisiones parecidas es porque probablemente ambas son igualmente válidas, buenas o acertadas? Pongamos un ejemplo: tienes que elegir entre dos puestos de trabajo (trabajo 1 y trabajo 2). El trabajo 1 te apetece más por el ambiente, por la localización y por las posibilidades laborales a largo plazo. El trabajo 2 te gusta también porque se ajusta más a tu formación profesional, pero el ambiente laboral está más enrarecido y te atrae menos. Haces un listado de pros y contras y te das cuenta de que el primer empleo tiene unas ventajas y el segundo, otras. Sencillamente, son diferentes, así que tendrás que renunciar a algunas cosas. Esto, posiblemente, ya lo sabías. Pero hay algo que tendemos a olvidar con facilidad y es el hecho de que esas características que has anotado como pros y contras son relativas y no estáticas. Por ejemplo, has considerado negativo el «ambiente» del trabajo 2, pero no has tenido en cuenta que, con los años (o meses), ese ambiente puede cambiar (porque se vaya parte del personal, porque se jubilen algunos trabajadores, etc.). En el trabajo 1 puede ocurrir lo mismo. Es decir, que no solo se trata de dos empleos muy buenos, sino que, además, sus características no son estáticas y no sabemos cuándo pueden producirse cambios en ellos (a mejor o a peor). Es algo que escapa a nuestro control. Por eso, es mejor empezar por aceptar lo existente y no dejarse llevar por el miedo. Como dice la máxima: «Que tu miedo a equivocarte no sea mayor que tus ganas de arriesgarte».

PARA TOMAR NOTA

Diez claves que te pueden ayudar en la toma de decisiones:

1. Haz una lista de pros y contras, y otorga una puntuación a cada ítem (no tienen que valer todos lo mismo).
2. Incluye en esa lista variables relacionadas con aspectos emocionales o sociales (por ejemplo, si estás decidiendo sobre un trabajo puede ser interesante valorar en qué ambiente te encuentras más cómodo).
3. Aplica la regla del 10-10-10 para tomar perspectiva.
4. No tomes decisiones en caliente. Déjalo para mañana o para después de unos días. Recuerda: «No tomes decisiones permanentes ante emociones transitorias».
5. Asume que no hay decisiones equivocadas sino miedo a decidir. Cuanto más indeciso estés, más probable es que las dos opciones que valoras sean igualmente acertadas.

6. Trata de identificar tus marcadores somáticos para guiarte. Como decíamos antes: confía en tu intestino, cree en tu corazón y utiliza la razón.

7. Procura no dar vueltas a las decisiones tomadas para no entrar en bucle con el pasado.

8. Huye del «¿y si...?»: será tu peor compañero.

9. No tomar una decisión es también una forma de decidir.

10. Y, por último, recuerda: tomar decisiones abre puertas, mientras que la indecisión las cierra.

• • • • •

De las decisiones hormiga al minimalismo mental

Ya sabemos que nos cuesta tomar decisiones, que las disyuntivas nos estresan y bloquean. Pero también decíamos que no todas las decisiones tienen la misma importancia; existen también decisiones menores, a las que, por hacer un paralelismo con los «gastos hormiga» (esos que, pese a ser muy pequeñitos, se van acumulando y suponen una fortuna), a mí me gusta denominarlos decisiones hormiga.

Estas decisiones, las cotidianas, las del día a día, pese a su aparente intrascendencia, sumen a muchas personas en auténticos bucles de indecisión. Desde elegir qué comer en un restaurante o qué camiseta comprar, no hay decisión que no les suponga un auténtico desafío. Es más: en ocasiones continúan dándole vueltas al tema durante mucho tiempo; es lo que llamamos rumiación: «¿Y si hubiese escogido lo otro?»; «No hice bien: la merluza con patatas era más económica y me venía mejor para la salud»...

De esta manera, una decisión aparentemente banal se habrá convertido en un auténtico quebradero de cabeza. Dos o tres decisiones diarias bastarán para dejarte sin energía.

A lo largo del día tomamos centenares de microdecisiones que consideramos nimias, pero que no por ello serán menos dolorosas. Si llevamos, además, una agenda muy cargada, es posible que lleguemos al final del día agotados, sin ganas de nada, cosa que tiene hasta nombre:

fatiga de decisiones o (según Roy F. Baumeister) agotamiento del ego. Básicamente, se refiere a la pérdida de fuerza de voluntad y de energía psíquica, lo cual nos hará caer en las pequeñas trampas de los planes incumplidos. Por ejemplo, si había planeado hacer deporte al final de día, entonces ya no me sentiré con fuerzas. Si tenía que tomar alguna decisión importante al final de la tarde, es posible que lo haga de manera impulsiva. Son las consecuencias que tiene la disminución del rendimiento al término del día.

La teoría del agotamiento del ego viene a decir que no solo existe el agotamiento físico, sino también el psíquico. Explica por qué cuando pasamos por un conflicto mental nos sentimos bloqueados, incapaces de realizar otras tareas, sin competencia para tomar decisiones importantes. Ojo, que eso no quiere decir que siempre tenga que ser así, de hecho hay estudios científicos que han puesto en tela de juicio las teorías de este autor. Todos nos hemos sentido agotados muchos días y, sin embargo, hemos sido capaces de compensar ese agotamiento psicológico con motivación y fuerza de voluntad. Pero ahora bien, quizá se trate de eso, de que el esfuerzo que tenga que hacer sea muy superior. Así que es mejor minimizar el impacto de ese desgaste energético, es mejor prevenirlo.

Una persona tan conocida como Steve Jobs (desarrollador de la marca Apple y, posiblemente, consciente de las limitaciones de la energía psíquica) optaba por utilizar siempre los mismos modelos de ropa: pantalón vaquero, camisa blanca, deportivas y jersey negro. Así no tenía que dedicar tiempo y energía a decidir cada mañana qué ropa ponerse. ¿Te habías parado a pensar lo cómodo que puede llegar a ser simplificar un poco estas cosas de la vida? Ejemplos como este hay muchos: desde trabajar por lotes (batch work) y cocinar varios platos a la vez hasta planificar tus labores, citas y tareas profesionales. Una forma de funcionar más sencilla y saludable en la época que nos ha tocado vivir: la era de la multitarea, el rendimiento, la productividad, etc.

¿Y por qué no poner horario también al mundo emocional? Suena paradójico ¿verdad? Pues de eso se trata. A veces, la paradoja es uno de los recursos más útiles que tenemos, muy por delante de tratar de vencer ciertos pensamientos rumiativos con más pensamientos (estrategias cognitivas): «Voy a dejar de pensar en esto, ya no le dedicaré más tiempo» y «¡zas!», cuanto más te lo dices, más te sucede. Poner horario a las preocupaciones, reservar un tiempo para ellas (por ejemplo, todos los días treinta minutos en un horario predeterminado), escribirlas y tratarlas como si de cosas se tratasen (con unas dimensiones, tamaños y texturas concretas) nos ayuda a vencerlas. Prueba a hacerlo y cada vez que te asalte una preocupación nueva, la anotas en una libreta o en el móvil y le dedicas «el tiempo que se merece en su horario preestablecido».

Como decía un meme que leí una vez:

—¿Y tú, qué haces para mantener la calma?

—Pongo todas mis preocupaciones en una caja y así ya solo tengo que preocuparme por la caja.

—¿Y dónde está la caja?

—¡Quién sabe! ¡Ya la perdí!

Podríamos llamar a todo esto minimalismo mental, es decir, se trataría de eliminar lo innecesario para centrarse en lo importante, eliminar los pensamientos que no nos valen y dejar de complicarnos la vida, porque menos es más. Un minimalismo que, si echamos la vista atrás, ya se practicaba en sociedades más austeras del pasado reciente, las cuales posiblemente tenían menos, pero vivían mejor. Porque eran más capaces de disfrutar y apreciar las pequeñas cosas de la vida. En realidad, este «minimalismo mental» ya lo practicaban los filósofos estoicos.

PARA TOMAR NOTA

Para dosificar tu energía mental, te recomiendo que hagas lo siguiente:

- Planifica: por ejemplo, la noche anterior decide la ropa que te vas a poner al día siguiente, lo que vas a desayunar, lo que vas a cocinar, etc.
- Toma las decisiones más importantes por la mañana.
- Organízate por prioridades: que tu primera tarea del día no sea el móvil, el correo electrónico o las redes sociales.
- Deja para el final del día las decisiones más mecánicas.

- Busca espacios para la meditación (reposo mental), así como para el ejercicio físico.
- Crea rutinas y hábitos para minimizar la toma de decisiones.
- Trabaja por lotes (*batch work*), es decir, selecciona un horario para contestar mails, otro para llamadas y otro para pensar en tus preocupaciones. Sí, poner horario a las preocupaciones y problemas ¡funciona!
- Lleva agenda o anota las tareas pendientes.
- Empieza ya y no lo demores más.

PLANIFICADOR SEMANAL

LUNES

MARTES

MIÉRCOLES

JUEVES

VIERNES

SÁBADO

DOMINGO

NOTAS

Cuando la indecisión se convierte en patológica: de los indecisos lavadora a los indecisos centrifugadora

Es posible que entre los lectores de este libro haya personas muy decididas que ya ponen en práctica muchas de las recomendaciones anteriores, pero también alguna tan indecisa que no sepa siquiera si ha de seguir leyendo el libro. ¿Y tú? ¿Te consideras indeciso? Aunque tendemos a repetir patrones que terminan por definirnos como personas más o menos decididas, todos podemos encontrarnos en un polo u otro según las circunstancias y el tipo de decisión ante la que nos encontremos.

En el mundo de las personas decididas, podríamos decir que existen dos tipos fundamentales:

- **Los decididos asertivos:** personas de ideas claras y sopesadas, buenas comunicadoras, las de «todo en su justa medida» y en equilibrio perfecto.

- **Los «decididos plus»:** los que no solo deciden por ellos, sino también por los demás. Son emprendedores, competitivos, con un estilo verbal altivo y fanfarrón pero a la vez afectuoso; una mezcla de simpatía y chulería afable. Son los Ferrari de las decisiones.

Dentro del mundo de los indecisos, esos que ante cualquier decisión se bloquean, se atascan, rumian y se quedan en la más pura «masturbación neuronal»[3] sin pasar al acto, podemos observar también grados. Estos sujetos tienden a valorar continuamente las diferentes opciones a nivel cognitivo y son incapaces de salir de su propio atasco mental.

Sí, me refiero a los dubitativos, a los que iban para ingenieros agrónomos y acabaron en Filosofía o a los que proyectaron hacer Medicina y acabaron trabajando en la cocina. Indecisos como yo, que iba para bioquímica y acabé en Psiquiatría. Bienvenidos al club de los indecisos decididos.

Pues bien, dentro de los indecisos, distinguiremos dos tipos:

- **Los indecisos tipo I:** estilo lavadora.
- **Los indecisos tipo II:** estilo centrifugadora.

Tanto unos como otros se ven sobrepasados por las decisiones, hasta por las decisiones hormiga. De hecho, estas deberían convertirse en el test de medida y diagnóstico de la indecisión. ¿Te atascas en más de dos o tres decisiones hormiga al día? Pues ya lo tienes: perteneces a esta categoría, eres indeciso tipo I o estilo lavadora. ¿Y, además, sufres mucho por tu indecisión y te atascas en más de tres decisiones hormiga al día? ¿Eres de los que eligen el blanco y piensan: «Error», pero eligen el negro y se dicen: «¡Aún peor!»? Entonces eres un indeciso del tipo II, el indeciso centrifugadora.

Para ver si eres uno de ellos, revisa el «decálogo del indeciso centrifugadora» o «los siete hábitos de la gente altamente indecisa»:

1. Cambian de opinión más rápido que un adolescente haciendo un TikTok.

2. Si eligen el color blanco, piensan: «¡Error!», pero si eligen el negro piensan: «¡Todavía peor!».

3. Piden a todos su opinión, pero luego tomarán su propia decisión.

4. Evalúan sus decisiones en función de los resultados (buenos o malos). El problema es que siempre las consideran malas y se arrepienten nada más tomarlas. Cuando por fin creen que ven la luz y que han conseguido decidirse, surge algo inesperado... y de nuevo ¡ya no les cuadra! y vuelta a empezar.

5. No tienen objetivos, tienen conflictos.

6. No analizan los pros y contras; van a la parálisis por análisis.

7. No reflexionan sobre su decisión, sino que le dan más vueltas que una centrifugadora.

Te habrás percatado de que esto está escrito en clave de humor y que no corresponde a ninguna clasificación oficial, ni «psiquiatricopsicológica» ni psicopatológica. Lo que seguramente intuyes es que, como en todo, existen grados (variaciones de magnitud) y que, cuando nos movemos en los extremos, nuestros patrones de funcionamiento empiezan a no ser tan funcionales, nos cuesta mucho más adaptarnos y pasan a afectarnos como síntoma. Es decir, existe una fina línea entre lo normal y lo patológico.

Y es que lo patológico no es muchas veces más que una desviación de la media que nos limita en nuestro día a día.

La indecisión puede convertirse en síntoma, en «pesadilla», y hacer que entremos en un estado de bloqueo y malestar que nos lleva a la ansiedad. Se puede tratar de un rasgo de la personalidad o estar asociado a algún tipo de psicopatología, como sucede en los trastornos obsesivos.

Lo que suele observarse en personalidades muy indecisas es una falta de confianza y de seguridad, así como una excesiva autoexigencia. Estas personas suelen centrar su atención en los aspectos negativos de cualquier circunstancia, pues por su mente circula siempre la idea de fracaso. Tienden a rumiar los aspectos negativos en lugar de poner los medios para la recuperación o para alcanzar el éxito.

Se asemeja a la «enfermedad de la duda», nombre que se le daba antiguamente al trastorno obsesivo compulsivo. Estos pacientes viven en un estado de ambivalencia constante y esto se manifiesta en su gran preocupación por las cosas cotidianas: «¿Habré cerrado bien la puerta?», «¿Habré apagado el fogón de la cocina?», «¿Me he dejado la luz encendida?». Y a partir de ahí entran en una sucesión de repeticiones y compulsiones irrefrenables para calmar la angustia de esa duda o incertidumbre.

En cualquier caso, ser excesivamente decidido tampoco es siempre bueno y, de hecho, tiene sus desventajas. La gente que tiene las ideas muy claras también es probable que reciba menos alternativas o *feedback* por parte de los demás. ¿Para qué molestarnos en dar nuestra opinión a alguien que no la quiere o no la necesita? Así, las personas excesivamente decididas terminan por recibir menos información alternativa, tienen menos oportunidades de escuchar a los demás y de conocer otros puntos de vista. Podríamos concluir, entonces, que los extremos nunca son buenos.

Te dejo por aquí una pequeña regla que suele ser muy útil en la toma de las decisiones más cotidianas.

—————— Utiliza esta brújula de las decisiones como guía ——————
(cosas, actividades, relaciones...)

Pero seguro que alguno estará pensando: «¿Y las malas decisiones?». Sabemos que una mala decisión «duele» aproximadamente el triple que una buena. Ahora bien, necesitamos tomar malas decisiones para poder calibrar las buenas, para tener referencias y poder contrastar.

Hay muchos tipos de decisiones y es cierto que no todas implican decidir entre una cosa y otra. En ocasiones se trata de decisiones que pueden tener consecuencias negativas, no solo en el corto plazo, sino también en el largo.

Sin embargo, en este capítulo nos vamos a referir a decisiones más cotidianas, a esas en las que las consecuencias negativas son más bien fruto de nuestros propios miedos. En estas decisiones malas o, en apariencia, desafortunadas, se da un gran malestar, que por un lado es psíquico y se expresa en forma de miedo, anticipación, culpa o arrepentimiento; y, por el otro, es también físico (corporal). Estas decisiones nos pueden llevar a la rumiación constante y a mecanismos mentales engañosos que nos hacen magnificar y sobredimensionar las consecuencias de lo decidido, por lo que aumenta nuestro malestar.

PARA TOMAR NOTA

He aquí algunas pautas que te pueden ayudar a afrontar la indecisión:

1. Evita la rumiación de los errores. Procura que el tiempo que dediques a ellos sea para avanzar, no para empeorar la situación.

2. Retira la atención de los pensamientos negativos: les arrebatarás toda la fuerza que tienen.

3. La responsabilización nos permite progresar, mientras que la culpa nos bloquea, así que procura no dejarte abatir por ella.

4. Deja que pase el tiempo, podrás analizar el asunto con perspectiva. El tiempo permite que la intensidad de nuestras emociones baje.

5. Trata de identificar los errores. Básicamente, se trata de transformar el error en aprendizaje. Emprendiste, por ejemplo, un nuevo proyecto, pero no salió como esperabas. Sin embargo, el camino que has recorrido será una vía importante de aprendizaje que te permitirá ir más rápido en el próximo. Porque de los errores viene la mayor parte del aprendizaje.

6. Recuerda que es más importante tomar decisiones, aunque sean malas, que no tomarlas, porque al menos en el primer caso habremos tenido la oportunidad de aprender, mientras que en el segundo ni tan siquiera eso.

7. Prueba y practica la toma de pequeñas decisiones a diario. Por ejemplo, el día anterior anota algunas de las pequeñas decisiones que debes tomar al siguiente, como puede ser decirle algo a un compañero de trabajo. A continuación evalúa si tu decisión ha sido más o menos acertada en función de su reacción y aprende a lidiar con la emoción emergente. Te ayudará a perderle el miedo a las pequeñas decisiones.

• • • • •

Y recuerda: cuando pienses en personas que supuestamente han tomado decisiones muy acertadas, plantéate si lo han conseguido porque se equivocaron muchas veces.

Fuerza de voluntad

Hay una fuerza motriz más poderosa que el vapor,
la electricidad y la energía atómica: la voluntad.

ALBERT EINSTEIN

La fuerza de voluntad podemos definirla como una función o impulso interno que nos permite vencer obstáculos y alcanzar nuestros objetivos a pesar de las dificultades. Pero no es una capacidad fija (inalterable), sino voluble y cambiante.

Curiosamente, podemos perderla con relativa facilidad y aparece claramente alterada en cuadros de salud mental como la depresión mayor o la esquizofrenia, en los que, además, suele ir acompañada de apatía (falta de motivación) y anhedonia (dificultad para experimentar placer).

Hablar de fuerza de voluntad es también hablar de autocontrol, de ser capaz de esperar o demorar una gratificación. Este aspecto ha sido muy estudiado con resultados muy interesantes; te lo explico en «¿Sabías que…?»,

¿SABÍAS QUE...?

En la década de 1970, el equipo de Walter Mischel realizó el test de los *marshmallows* (nubes de azúcar), que consistía en poner a un niño frente a un plato con una sola nube, al tiempo que se le decía que, si era capaz de esperar, recibiría dos como recompensa, pero que, si se la comía, no recibiría nada más que esa.

A continuación se dejaba al niño a solas durante unos quince minutos, que a esa edad es una eternidad. La parte más emocional y rápida del cerebro impulsará al niño a abalanzarse sobre el dulce sin pensar. En cambio, la parte más racional, fría y reflexiva (el córtex prefrontal) tratará de poner freno (autocontrol, fuerza de voluntad).

Con los años se observó que los niños que se resistieron y supieron demorar la gratificación mostraron mayor competencia y éxito en la edad adulta.

• • • • •

Es frecuente escuchar en consulta a personas que dicen que «no tienen o les falta fuerza de voluntad». Conviene recordar que esta capacidad la tenemos todos, solo que para desarrollarla tenemos que entrenarnos y trabajar. Es decir, del mismo modo que entrenamos la forma física, hay que poner los medios o la intención para poner en práctica la fuerza de voluntad.

Para ello es importante conocer qué nos hace perderla. Si antes veíamos que el agotamiento psicológico podía debilitarla, a continuación te cuento otros casos muy interesantes.

Phineas Gage: un caso traumático de pérdida de fuerza de voluntad

Un caso paradigmático de pérdida repentina de la fuerza de voluntad adquirida lo constituye el de Phineas Gage, un joven capataz que trabajaba en las vías férreas. Se trataba de un chico de veinticinco años, diligente, respetable, moderado y admirado por sus compañeros. Todo cambió un día de septiembre de 1848 en el que, durante una explosión, una barra de hierro de un metro de longitud salió disparada y le entró por la mejilla izquierda atravesándole el cráneo por la región de la corteza frontal. Gage cayó al suelo de inmediato, pero, sorprendentemente, no falleció.

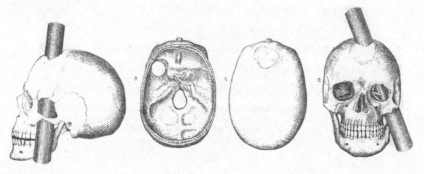

Fue asistido por un médico del pueblo y, dos meses después, ya estaba recuperado y listo para volver al trabajo.

¿Cómo era posible? ¿Cómo podía estar vivo? Y algo todavía más sorprendente: ¿por qué no tenía secuelas de ningún tipo, ni motoras ni sensitivas ni lingüísticas? Es posible que muchos médicos de la época dieran una respuesta rápida y fácil a tan sorprendente caso. «Es normal, el lóbulo frontal no desempeña ninguna función —afirmarían muchos—. Es una parte del cerebro que no utilizamos, a diferencia de lo que ocurre con otras regiones cerebrales.»

Si eres de los que se ha leído el capítulo 1 y no te lo has saltado, entonces serás capaz de darte cuenta de lo equivocados que estaban. El lóbulo frontal no solo tiene sus funciones, sino que es la sede y zona de control del resto del cerebro.

Este fascinante caso revolucionó el conocimiento neurocientífico, el psiquiátrico, el psicológico y hasta el filosófico. Es más, gran parte de la investigación gira en torno a esta increíble región cerebral, que es también la sede de nuestra conciencia.

¿Qué pasó entonces? ¿Cómo acabó la historia? Gage podía moverse perfectamente, no había perdido sensibilidad en ningún miembro y su capacidad para comunicarse parecía intacta. Sin embargo, sus familiares y amigos coincidían en que su «esencia» había cambiado. Phineas Gage ya no era el mismo, su personalidad se había modificado.

El doctor Harlow describe los cambios sufridos por Gage en el informe médico del accidente:

El equilibrio [...] entre sus facultades intelectuales y sus inclinaciones animales parece haber desaparecido. Es voluble e irrespetuoso y a veces de lo más grosero (antes no solía blasfemar), mostrando muy poca consideración por sus compañeros, y, cuando algo va en contra de sus deseos, no se contiene ni escucha los consejos de los demás [...]. Hace muchos planes sobre futuras operaciones, pero en cuanto los fragua, los abandona [...]. En este sentido su mente ha cambiado tanto que sus amigos y conocidos aseguran que Gage ya «no es el mismo de antes».

Se pudo comprobar que la región fundamentalmente afectada se correspondía con las cortezas prefrontales y que esto afectó su capacidad para planificar, inhibirse o modularse y para mantener su fuerza de voluntad o para tomar decisiones. Pasó de ser una persona tranquila a ser alguien desinhibido, sin autocontrol, inadecuado, grotesco, movido por sus impulsos... No era capaz de postergar la gratificación, lo cual demuestra el desequilibrio existente en su cerebro entre las regiones más reflexivas y las emocionales.

Desde entonces se han hecho innumerables estudios para profundizar en las funciones de esta fascinante región cerebral. Por ejemplo, se trató de analizar si había alguna diferencia entre quienes habían sufrido una lesión en esta área del cerebro en las primeras etapas de la vida y los que presentaban la misma lesión en edades más tardías (por ejemplo, como consecuencia de un accidente o un golpe). Se evidenció que las personas con la lesión cerebral temprana tenían dificultades para poner en práctica reglas sociales complejas que requerían análisis de sus consecuencias en el medio y largo plazo. Aparecía, además, una limitación para activar estados somáticos asociados al castigo o la recompensa que previamente habían estado vinculados a situaciones específicas. Es decir, había una limitación para leer el cuerpo por dentro, para procesar la información interoceptiva basada en experiencias previas y disponer de esta información más intuitiva.

Por otro lado, cuando la lesión aparecía en etapas adultas, esto es, cuando el sujeto ya había consolidado y asimilado las reglas sociales, las diferencias con el grupo control no eran tan marcadas. A la hora de adoptar respuestas adecuadas no había tantas diferencias, pero sí que había un déficit en los juicios morales personales (no en los interpersonales). Sería algo así como mantener inalterados los juicios que tienen que ver con la interacción social, pero no ser capaz de ponerlos en práctica por tener una alteración en el juicio personal. Es decir, el sujeto sabe que algo es moralmente erróneo pero tiene dificultades para sentirlo internamente. Podría decir: «Lo entiendo pero no lo comparto».

¿Puedo tener falta de fuerza de voluntad si no tengo lesión cerebral?

Somos lo que hacemos día a día. De modo que la excelencia no es un acto, sino un hábito.

ARISTÓTELES

Sí, desgraciadamente, la capacidad de autocontrol o la fuerza de voluntad no solo las pierden quienes sufren lesiones en el lóbulo frontal. Pasa varias noches durmiendo mal y verás cómo tu fuerza de voluntad disminuye drásticamente o, como veíamos en las decisiones hormiga, un día atareado afecta inevitablemente a nuestra fuerza de voluntad.

Según las teorías evolutivas, a nuestro cerebro más primitivo —el profundo, el de las emociones, el de los impulsos— se añadió un cerebro más reflexivo: el del autocontrol. Sin embargo, la evolución no nos ha permitido deshacernos de esos instintos que en su día nos fueron muy útiles (por ejemplo, el deseo de azúcares y grasas, que nos ayudó a sobrevivir cuando había problemas para encontrar comida y cuando el exceso de grasa en el cuerpo era vital para nuestra supervivencia).

Ahora sucede justo lo contrario: lo que termina poniendo en riesgo nuestra salud (el sobrepeso) es lo que un día nos la daba. Ahora es más importante nuestra capacidad para resistir a la tentación que tener reservas de grasa en nuestro cuerpo.

─────── **El problema de tener dos mentes** ───────

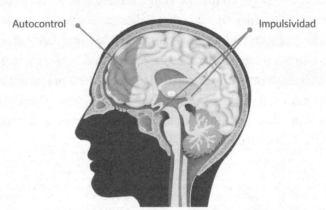

Autocontrol · · · · · Impulsividad

Y, así, nos vemos sometidos a continuos dilemas porque una parte de nosotros quiere la gratificación inmediata (dejarse arrastrar por el deseo) y otra lucha por controlarse. Entre estos dos extremos se dirimirá nuestra fuerza de voluntad.

En la sociedad actual, el cerebro más primitivo, el de los impulsos, es visto como el malo de la película; ese que en su día fue de gran utilidad para nuestros antepasados pero que ahora nos juega malas pasadas. Sin embargo, como hemos visto más arriba, estas regiones cerebrales siguen desempeñando un papel clave en nuestra vida: por ejemplo, en las situaciones de riesgo siguen actuando como un sistema de alarma; en la toma de decisiones nos aportan información muy relevante; nos permiten apreciar el contraste entre lo placentero y lo displacentero, y que nos modulemos o disfrutemos más de la vida.

Dicho esto, lo cierto es que a la hora de plantearnos estrategias para trabajar la fuerza de voluntad es mucho más difícil hacerlo a través de nuestro cerebro más emocional, básicamente porque este se activa de una manera más automática. Lo que sí podemos hacer es influir en él a través de las regiones cerebrales más superficiales, en concreto del córtex prefrontal. Es decir, vamos desde las regiones más superficiales a las más profundas, «de arriba abajo». ¿Y cómo lo hago? En realidad, la mayoría de las intervenciones, incluidas las utilizadas en terapia, funcionan de la misma manera: hay un aprendizaje a nivel cognitivo que, a base de repetición, provoca cambios más profundos (cambios en el cerebro emocional). Por ejemplo, puedo conseguir que mis episodios de ira o de «secuestro amigdalar» disminuyan si repito una y otra vez ciertos procesos cognitivos y de conducta. Repetir es lo que nos lleva al hábito y a la automatización de la conducta. Por eso vamos a ver cuáles son los hábitos que podemos practicar para potenciar nuestra fuerza de voluntad.

La voluntad como hábito: seis pasos para entrenarla

1. Tener un plan y saber por qué pierdes el control

Cuando no tenemos objetivos, por pequeños que sean, es más fácil dejarse llevar por la inercia y tener dificultades para motivarnos por cualquier cosa. Tener pequeños propósitos identificados nos ayuda a motivarnos y a la autorrealización.

Uno de los primeros pasos para entrenar la fuerza de voluntad es, precisamente, la identificación de estas metas, pequeñas o grandes, o la reflexión sobre la vida que queremos llevar. Por ejemplo, uno puede decir: «Quiero llevar una vida saludable». Se trata un objetivo impreciso que habría que definir y matizar. A partir de ahí uno puede ir marcándose pequeños objetivos como hacer un poco de deporte cada día, comer sano, etc.

Si, además, esto tiene que ver con algo que queremos cambiar, es decir, algo que no nos gusta de nuestro día a día y que nos gustaría revertir, entonces es importante analizar e identificar quiénes son esos pequeños enemigos o «ladrones de la fuerza de voluntad» para no caer en trampas mentales como la de «no tengo tiempo». En esta era tecnológica en la que no somos capaces de aburrirnos y en la que cada segundo lo ocupamos con nuestro móvil o con otras distracciones digitales, resulta que se nos esfuma el tiempo. Sí, es un claro enemigo de muchos de nuestros objetivos y nos afecta a una gran mayoría.

Si eres de los que reconoce tener problemas con el móvil, yo te diría: cógelo, abrázalo al estilo Marie Kondo, piensa en todo lo bueno que te ha dado y, a continuación, ¡tíralo por la ventana!

Bueno, puede que no sea muy realista lo que acabo de plantearte, pero seguro que tú también lo has pensado más de una vez. Pues no sé si este es el principal enemigo de tu fuerza de voluntad, pero estoy segura de que eres consciente de que este u otro elemento son los que te impiden llevar a cabo tus objetivos. Ya solo te queda identificarlos.

2. El orden

Se trata de mantener el orden, tanto el físico como el «mental». En la era del *multitasking* (multitarea), nos pasamos el día «encendiendo y apagando» el cerebro y, cada vez que lo hacemos, pagamos un pequeño precio por ello. Nuestro cerebro hace un esfuerzo, lo que nos lleva a un agotamiento progresivo. En este contexto, el orden será nuestro mejor amigo y, para conseguirlo, hay algunas estrategias que pueden ser muy útiles:

- **Trabajar por lotes (*batch work*):** se trata de una alternativa a la multitarea bastante más eficaz y amable con nuestro funcionamiento del cerebro y mucho más beneficiosa para nuestra salud mental. La multitarea no es sino una forma de hacer muchas cosas mal al mismo tiempo, acompañada de una importante fatiga mental, aunque no siempre nos demos cuenta de ello. Es una estrategia de productividad, un proceso en pasos independientes o por bloques o tareas. Además, generalmente durante la realización de tareas similares surgen sinergias de las que nos podremos aprovechar. Esto es aplicable a situaciones de lo más diverso, desde la fabricación de automóviles hasta al estudio, la cocina o el simple hecho de contestar mails. Si, por ejemplo, estoy preparando un examen y cada vez que me surge una duda hago una pausa para consultarla con un amigo o compañero, será más fácil que me desvíe de mi objetivo y que me cueste volver a retomar el tema. En estos casos es más conveniente avanzar, obtener una visión general y anotar todas esas dudas que van surgiendo en un papel para resolverlas a la vez (o en «lotes»).

Anotar te ayuda a cambiar.

En la contestación de mails, la solución estaría en un proceso similar, es decir, en lugar de ir contestándolos a medida que los recibimos, se trataría de establecer un horario determinado del día para responderlos.

- **Anotar para cambiar:** Cuando llevamos todos los planes en la «cabeza», estamos exigiéndole a nuestra mente un sobreesfuerzo innecesario. Le estamos pidiendo que retenga continuamente las cosas para recordárnoslas de manera intermitente. Sin embargo, cuando anotamos las cosas, no solo «ahorramos energía», sino que lo que hacemos tiene un efecto mucho más potente. Además, nos ayuda a tener las ideas y tareas más presentes porque las hemos reforzado con un estímulo visual. Esto tiene mucho que ver con los autorregistros, que están en la base del cambio y refuerzo de la fuerza de voluntad.

¿SABÍAS QUE...?

Muchas veces los psicólogos y psiquiatras recomiendan a los pacientes hacer autorregistros. Para los que no estáis familiarizados con el término, se trata de escribir y apuntar semanalmente distintos aspectos o tareas acordados durante la consulta o terapia. Por ejemplo, puede ser que solicitemos a la persona que trate de poner por escrito la emoción y el pensamiento que acompañan a una determinada conducta. O que los utilicemos para valorar los cambios realizados o los objetivos alcanzados. Se trata de una herramienta muy flexible que nos permite identificar y valorar mucho mejor cualquier proceso de cambio.

Ya que aquí no estamos haciendo ninguna terapia, podemos hablar simplemente de anotar. Esto es clave, especialmente cuando queremos cambiar algo. Anotarlo nos ayuda a procesarlo, estructurarlo, tenerlo presente y hacerlo consciente. En definitiva, nos hace ser más objetivos y nos permite desconectar el piloto automático con el que a diario funcionamos.

Eso sí, para poder cambiar primero debemos tener en la mente nuestro objetivo. Como dijimos al inicio, una vez lo tenemos claro y poseemos la información acerca de lo que nos sucede, el cambio es inevitable. Dependerá de nosotros que sea acelerado, o bien adaptado a nuestro ritmo.

• • • • •

3. La técnica de romper el hielo

> **Somos un 20% de voluntad y un 80% de resultados.**

Somos un 20 % de voluntad y un 80 % de resultados.

¿Conoces el principio de Pareto o ley de los que quieren conseguir el éxito «sin mover un dedo»? Es la regla del 80/20, una teoría que sostiene que el 80 % de las consecuencias de una situación lo determina el 20 % de sus causas. Es decir, el 20 % de tu esfuerzo produce el 80 % de tus resultados.

Wilfredo Pareto, un economista y sociólogo italiano del siglo xx, observó que el 20 % de la población de Italia acaparaba el 80 % del capital económico. A partir de ahí se dio cuenta de que este principio o regla era aplicable en muchos ámbitos de la vida.

Seguro que has observado que hay personas que rinden mucho estudiando o que consiguen muchos beneficios con poco esfuerzo. Muchas de ellas funcionan conforme a esta regla.

Otro ejemplo: imagina que alguien quiere ponerse en forma y va a matricularse al gimnasio o sale a correr por primera vez. Pues bien, con el simple inicio de la actividad puede que no haya conseguido el 80 % de los resultados esperados, pero sí un porcentaje notable: será el que actúe como impulsor del resto. Es decir, habrá «roto el hielo», habrá vencido la pereza y la tendencia a la parálisis y le habrá perdido el miedo a la actividad. Si quieres cambiar algo y no sabes cómo, simplemente empieza. Iniciar la actividad será la palanca de cambio, será tu 20 %, tu «romper el hielo». Ya lo dice el refrán: «Tarea empezada, casi acabada».

Otro tipo de decisiones que indican que estás aplicando este principio sería, por ejemplo, que hayas sido capaz de delegar tareas que te quitan demasiado tiempo y que otros pueden realizar con éxito; o que hayas sacado tiempo para disfrutar y rodearte de los que más quieres.

4. Pasar del modo reactivo al modo proactivo

Vamos en modo reactivo cuando estamos cansados psicológicamente, cuando hemos dormido poco, cuando estamos desmotivados o estresados. Entonces tendemos a funcionar con nuestro cerebro más impulsivo y, además, bajo emociones negativas que nos impedirán tomar buenas decisiones. Cuando estamos en modo reactivo, todos los estímulos compiten por nuestra atención y no somos capaces de concentrarnos o de prestársela a una sola cosa. Un ejemplo típico sería el estar en casa estresados cuando una situación laboral nos ha afectado mucho. Vamos por casa y lo mismo cogemos algo de la nevera y nos lo comemos rápidamente que hacemos una llamada y decimos un montón de cosas de las que nos arrepentimos después. Vamos sin rumbo, sin objetivos y con las emociones desbocadas y desordenadas.

Una forma de contrarrestar este modo reactivo es bajar el ritmo y practicar ejercicios como la meditación. Los estudios científicos han mostrado que meditar disminuye la actividad de la amígdala (la principal región cerebral implicada en las emociones) y que equilibra el sistema nervioso autónomo, es decir, que ayuda a reequilibrar nuestro estado corporal interno. Ahora bien, esto no se consigue meditando un día esporádicamente, sino repitiéndolo y siendo constantes. Basta con hacerlo cinco o diez minutos al día. Sus consecuencias vendrán mediadas por las propiedades plásticas de nuestro cerebro, que permitirán su reestructuración. Esto nos ayuda a disminuir no solo el impulso, sino a aumentar la afectividad positiva.

Meditar implica dirigir la atención a un objeto y sostenerla (por ejemplo, hacia la respiración). Implica observar sin juzgar, distanciarnos, adoptar una mirada amable. La meditación se ha relacionado con una mayor flexibilidad cognitiva y con una mayor capacidad de resolución de problemas.

Por lo tanto, pasar del modo reactivo al modo proactivo implica dejar de funcionar de manera caótica para tomar las riendas, ordenar los pensamientos, marcarse objetivos, ser capaces de tomar decisiones y de afrontar la adversidad de una manera más saludable.

5. El hábito y la repetición

El hábito es uno de los mejores mediadores en la consecución o entrenamiento de nuestra fuerza de voluntad. La motivación y la voluntad se entrenan a través de metas y recompensas.

Un hábito se adquiere a base de acciones repetidas y se refuerza mediante consecuencias positivas. Cuando cumplimos una meta, por muy insignificante que sea (por ejemplo, leer siete minutos al día), obtenemos una recompensa. Y esta consiste en la liberación de endorfinas y dopamina en el cerebro, lo que hace que nos «enganche». Es decir, necesitamos realizar cada vez más dicha actividad para obtener la misma sensación placentera (lo que se conoce como tolerancia) y, además, llega un momento en que, si no la realizamos, nos sentimos mal (dependencia).

Se trata, por tanto, de un equilibrio entre la repetición, la motivación y los circuitos de recompensa. Ahora bien, el factor clave es la repetición, ya que, al conseguir nuestro objetivo, la motivación y la recompensa estarán garantizadas.

Lo que se repite no solo se refuerza, sino que cada vez nos costará más dejar de hacerlo. Se trata de automatizar la conducta, que nos salga sola, ¡que te lo pida el cuerpo!, que se convierta en una costumbre. Somos animales de tendencias adquiridas por la práctica. Hay que empezar planteándose un objetivo (por muy pequeño que sea: comer una manzana al día, correr cinco minutos diarios) y así ya estaremos en el punto de partida.

Ojo, que los estudios que calculan el tiempo que nos cuesta generar un hábito ponen la media en unos sesenta y seis días, aunque esto, obviamente, dependerá del hábito que queramos generar.

Además, hay que estar preparado para esos días en que no consigamos hacerlo. ¿Qué pasa si un día fallas? Según cómo seamos, podemos vivirlo como una auténtica derrota, como que hemos fracasado en nuestro objetivo y queremos tirar la toalla. Por eso es importante enfocarlo con perspectiva y recordarse que esto no supone volver al punto cero. Si pudiésemos imaginarlo como escalones que uno va subiendo, el que un día fallemos no nos lleva de vuelta al escalón número cero, sino que si íbamos ya por el escalón 57, habremos vuelto al 56.

6. Persistir pero también saber parar a tiempo

La persistencia es nuestro mejor aliado en la consecución de nuestros objetivos. Ni una avanzada capacidad matemática, lingüística o asociativa, ni una función cognitiva aislada es capaz de superar la capacidad para persistir. Si bien es cierto que necesitamos un mínimo de habilidades, en realidad nos basta con estar en la media. El talento de nada sirve si no va acompañado de otras capacidades. Y no hablo ahora de la inteligencia emocional, que también, sino de la perseverancia. Los estudios así lo han mostrado. En personas exitosas de diferentes ámbitos se midió la habilidad técnica junto con el tiempo dedicado a la actividad y se vio que la variable que más se relacionaba con el éxito era el tiempo invertido y no la habilidad en sí misma. Sin embargo, una vez más, hay que poner matices. Persistir es importante, pero también saber parar a tiempo.

Cuando hemos invertido mucho esfuerzo en algo, nos resistimos a renunciar a ello, a abandonarlo: ¿cómo voy a tirar la toalla si ya he llegado hasta aquí? Imagina que te has implicado en un proyecto nuevo en el que llevas trabajando más de un año, pero no termina de funcionar y, de momento, aunque no te supone gastos, tampoco te está dando beneficios. No obstante, sí que te está generando grandes pérdidas de tiempo y energía. Te planteas, pues, apostar por otra cosa, pero sientes que si lo haces, todo lo invertido hasta entonces habrá sido un derroche inútil, tiempo, trabajo y dinero tirado a la basura. Ante esta disyuntiva, puedes sentir que has fracasado y te resistirás a aceptarlo. Por eso, es posible que hagas todo lo posible para mantener el proyecto a flote, pese a que es evidente que no deberías seguir por ese camino.

Es decir, nos cuesta renunciar; es lo que se conoce como sesgo del costo hundido, un pequeño engaño mental que no nos permite apreciar de manera objetiva la realidad. Podríamos entenderlo también como un proceso de negación ante una derrota o una pérdida, ya sea económica (proyectos que no han prosperado), emocional (relaciones de pareja), de formación (empezar una carrera y darnos cuenta a mitad de los estudios de que no nos gustan) o en cualquier otro aspecto de la vida.

Este sesgo también está en la base de los juegos de apuestas. Aquí los sujetos, una vez comienzan a tener pérdidas, siguen apostando bajo la ilusión de que conseguirán revertirlas, hasta que llega un momento en que pierden el control y ya no son capaces de parar. La ilusión de recuperar lo perdido deja paso a la angustia, la culpa e, incluso, la depresión.

Otros ejemplos clásicos y cotidianos de este sesgo los podemos encontrar en las siguientes situaciones:

1. Has ido a cenar a un restaurante caro. Cuando terminas los platos principales estás lo suficientemente lleno, pero decides pedir postre porque «un día es un día». Sin embargo, cuando te lo llevan, empiezas a comer y de repente no puedes más. Tienes dos opciones:

   a. Comértelo, puesto que lo pediste e igualmente lo vas a tener que pagar (es decir, decidir sobre la base de una cuestión económica).

   b. No comértelo y asumir la pérdida, aceptarla.

2. Has comenzado a leer un libro o a ver una película, pero llevas casi la mitad y ya andas aburrido. Te planteas abandonar, pero lo descartas «por el tiempo invertido» o, si te encuentras en el cine, por el dinero que te has gastado. ¿Qué decides?

a. ¿Seguir leyendo o viendo la película (es decir, no renunciar a la pérdida)?

b. ¿Asumir lo perdido y cambiar de libro o salir de la sala de cine (es decir, aceptar la pérdida)?

Todo esfuerzo tiene su recompensa.

Este sesgo pone en evidencia que no es tan fácil saber cuándo perseverar y cuándo abandonar. Muchos hemos crecido en la educación del esfuerzo, en la de que hay que insistir para alcanzar nuestros objetivos, porque «Todo esfuerzo tiene su recompensa» o, como dice el refrán, «El que la sigue la consigue». Pero en otros casos podríamos pensar que el refranero se equivoca y que no podemos tomarlo como guía. Pero no, no se equivoca; es que el refranero tiene para todo y, si no, mira este otro: «Una retirada a tiempo es una victoria». Entonces, ¿con cuál nos quedamos?

Sesgos como el del coste hundido pueden afectar más a ciertos tipos de personas, por ejemplo, a aquellas con rasgos de mayor rigidez u obstinación, o bien a las que son muy exigentes consigo mismas y no se permiten perder, aunque también las circunstancias van a influir.

Persistir por miedo a perder es entrar en un bucle infinito. Quizá una de las claves esté en saber distinguir lo perfecto de lo bueno y mantenernos en equilibrio. También es importante valorar nuestra tendencia habitual: ¿somos de los que perseveran «a toda costa» o más bien somos de los que tiran la toalla a la primera de cambio? A veces consultar con algún amigo o familiar nos puede ayudar a examinar el asunto con perspectiva.

Para acabar, tanto si se trata de tomar decisiones como de vivir mejor, una frase que resume este capítulo y que da cuenta de todo su contenido podría ser la de «Mantén la cabeza en las nubes, ten el corazón en la mente y conserva los pies en la tierra». Porque con la cabeza podemos soñar despiertos y pensar en grandes proyectos, que además deberían estar guiados por nuestra intuición corporal («corazonada»), pero sin llegar a «levantar los pies del suelo», es decir, sin irnos de la realidad.

CAPÍTULO 6

COMUNICAMOS CON EL CUERPO

· · · · · ·

SNACKS DE NEUROCIENCIA

No solo el cerebro cambia al cuerpo, sino que a través del cuerpo también moldeamos nuestros pensamientos y sentimientos, por ejemplo, regulándolos, lo que se traduce en cambios plásticos en nuestro cerebro a largo plazo.

Todos habitamos un cuerpo y, si queremos entender la mente, tenemos que reflexionar sobre el cuerpo porque es de ahí de donde emerge la mente. Como dice el reconocido biólogo y filósofo chileno Francisco Varela, la mente está encarnada.[1] Los sentimientos conscientes surgen de los mensajes que llegan al cerebro por medio del cuerpo (retroalimentación corporal). Las emociones también «cobran cuerpo» y, gracias a su capacidad para afectar a la fisiología de este, podríamos decir que son la forma más corporal de actividad mental. Es en la mente donde estas colorean y confieren matices vívidos a nuestros sentimientos (el componente mental de las emociones), presentándolos como algo agradable o desagradable. Es decir, las emociones son al cuerpo lo que los sentimientos a la mente consciente.

Desde el punto de vista evolutivo, este procesamiento consciente de las emociones tendría la función de informar al organismo —y a los demás— del buen o mal estado de los tejidos.

A esta forma de entender las emociones y los sentimientos la llamamos emoción corporizada. Es tan importante que incluso la comprensión de las emociones de los demás (por ejemplo, que alguien esté sufriendo) tiene lugar a través de la simulación de las emociones en nuestra mente y nuestro cuerpo, tal como veíamos en páginas anteriores. Es decir, seríamos capaces de experimentar esas sensaciones corporales gracias a la reconstrucción de las representaciones corporales de esa persona en nuestra mente y en nuestro cuerpo.

—— Conexiones bidireccionales entre la mente y el resto del cuerpo ——

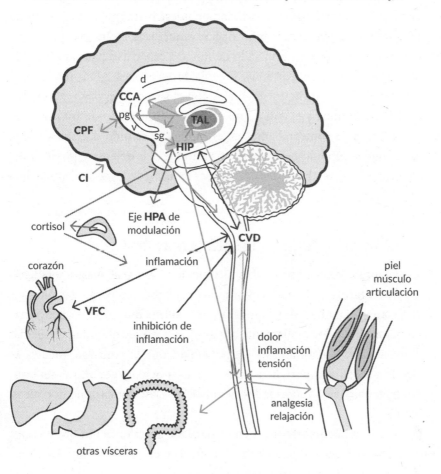

Fuente: Taylor, A. G., L. E. Goehler, D. I. Galper, K. E. Innes, y C. Bourguignon, «Top-Down and Bottom-Up Mechanisms in Mind-Body Medicine: Development of an Integrative Framework for Psychophysiological Research», en Explore (NY), 6 (1): 29, enero de 2010.

A su vez existe un íntimo acoplamiento entre nuestro cuerpo y el ambiente, por lo que estamos en continua regulación y comunicación con este. Lo que sucede en nuestro entorno impacta en todos esos cambios corporales y flujos de información que recorren el cuerpo hasta llegar al cerebro.

Nuestros estados corporales influyen en nuestro bienestar subjetivo, que asocia salud física y mental. Los estados corporales negativos, por ejemplo, cuando nos sentimos cansados o doloridos, están íntimamente relacionados con múltiples enfermedades somáticas y psicológicas. Los cambios en la fisiología y movilidad de nuestro cuerpo afectan al modo en que la mente procesa la información emocional. Desde este prisma, el cuerpo se convierte en un aliado de nuestra capacidad para modular las emociones hasta que se produce la toma de decisiones. Al mismo tiempo, a través de las conexiones cerebrales con el sistema nervioso autónomo, el sistema inmune y el endocrino, la mente influye en nuestra salud general, como ya comentábamos en el capítulo 1 cuando decíamos que el estrés puede debilitar nuestro sistema inmune o de defensa y, por lo tanto, aumentar las probabilidades de contraer enfermedades (por ejemplo, una infecciosa).

La próxima inteligencia será la corporal

La inteligencia emocional es una función básica de nuestra inteligencia como seres que están en el mundo, una habilidad para relacionarnos con otros y también para conocernos a nosotros mismos. La inteligencia emocional ha sido ampliamente divulgada a través de obras tan conocidas como el libro homónimo de Daniel Goleman. Sin embargo, todavía se tiende a dar una importancia excesiva a las funciones cognitivas superiores más objetivas (capacidades lingüísticas, matemáticas, memorísticas, etc.).

A esto se añade, tal como hemos señalado anteriormente, que vivimos en la era en la que todo parece ocurrir en el cerebro, olvidándonos del importantísimo papel que desempeña el cuerpo. Si la inteligencia emocional ha estado en un segundo plano, la «inteligencia corporal» ha quedado casi condenada al ostracismo. Me refiero al componente más corporal de nuestro mundo emocional, a su conocimiento como base para entendernos mejor.

Cómo está nuestro cuerpo habla de cómo estamos ante el mundo. Según las teorías clásicas, nuestra forma de percibir lo que nos rodea depende de los estímulos visuales, del tamaño del objeto que tengamos en la retina y del movimiento de este en nuestro campo visual. No obstante, este modelo no tiene en cuenta el cuerpo ni cómo su forma, postura y movimientos influyen en el modo en que percibimos y comprendemos el mundo.

Nuestra postura corporal es muy importante, dado que refleja la manera que tenemos de posicionarnos frente al mundo. ¿Acaso no hemos experimentado todos lo diferente que es andar con la cabeza gacha y movimientos lentos frente a la marcha con el cuerpo estirado y movimientos enérgicos? La «película» de lo que vemos, es decir, la película de nuestra vida, cambia sustancialmente. ¡Qué difícil es reírse o sentirse enérgico yendo con el cuerpo encorvado! No es una postura que invite a hacerlo, ¿verdad? O al revés: ¿te imaginas estirando los brazos y dando saltos pero con cara de enfado? Sería algo incongruente, ¿no crees? Cuando nos sentimos fuertes y capaces, inconscientemente llevamos esa sensación al cuerpo, se la transmitimos con nuestras posturas y movimientos.

—————————— Información sensorial sobre el entorno ——————————

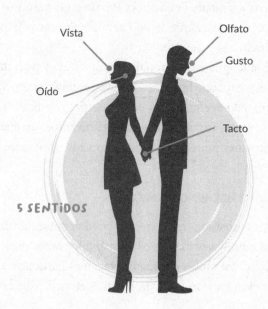

Vista

Olfato

Gusto

Oído

Tacto

5 SENTIDOS

Aprender el lenguaje emocional es terapéutico.

Asimismo, no podemos obviar que nuestros sentidos están contenidos en un cuerpo, están «corporizados» (*embodied*). Nuestros ojos están en un lugar concreto de la cabeza y lo que ven dependerá de la posición y orientación de esta. De hecho, se habla de «cognición corporizada» (*embodied cognition*) para referirse a cómo ciertos aspectos de nuestro cuerpo determinan nuestra mente.

Diversos estudios han mostrado cómo el cuerpo afecta a la realidad que percibimos a través de su forma (más delgado o más grueso), de la sensación táctil, la orientación según la postura, la mirada, etc. Además, se ha probado que la visión de nuestro propio cuerpo nos ayuda a percibir mejor el mundo.

De la misma manera, si cambio de posición, estoy modificando la información que llega a las regiones cerebrales encargadas de procesarla (la ínsula, principalmente). Por eso podemos trabajar nuestra postura a fin de influir en las funciones cerebrales y, a través de ellas, modular nuestro estado mental y emocional.

Por eso, dejando de lado las pruebas científicas y los estudios al respecto, te invito a practicar la conciencia plena de la atención al cuerpo desde ya mismo, mientras lees este libro. Ponte cómodo, estira las piernas, relaja los brazos y olvídate del tiempo. Piensa en tu respiración y únete al *slow movement* o movimiento lento (para llevar una vida plena hay que olvidarse de las prisas y dejarse fluir).

Aprender el lenguaje emocional es terapéutico y liberador en sí mismo. Si no somos capaces de expresar una emoción, tampoco seremos capaces de «airearla». Permanecerá en el cuerpo y se manifestará cuando menos lo esperemos. Tomar conciencia del cuerpo es un ejercicio tan importante como saber poner en palabras nuestras emociones.

De los *emoji* a los *emoticuerpos*

Aunque las emociones en el cuerpo pueden presentar una interpretación universal como enunciábamos en capítulos anteriores, no podemos hacer generalizaciones sobre sus manifestaciones particulares.

Una sensación corporal podría ser indicativa de dos emociones distintas al mismo tiempo. Por eso deberíamos ser el mejor investigador de nuestro propio cuerpo y, para ello, un buen ejercicio es la realización de registros corporales de nuestras emociones. Sí, de la misma manera que registramos nuestras emociones, pensamientos y comportamientos (si has acudido alguna vez a la consulta de un psicólogo o un psiquiatra, estarás familiarizado con estos registros), ahora tocaría hacer lo mismo con el componente corporal. Te propongo un ejercicio:

> **La sensación corporal podría ser indicativo de dos emociones distintas.**

Piensa en alguna emoción que hayas sentido a lo largo del día (sorpresa, miedo, alegría…) y luego trata de recordar cómo estaba tu cuerpo en ese momento: ¿cómo tenías los brazos, las piernas o la cabeza?, ¿estabas inclinado?, ¿qué hacían tus manos?, ¿y tus pies?

Trata de dibujarlo en una silueta corporal muy esquemática. Aquí te dejo algunas muestras. Si no te resulta fácil, puedes imprimirlas y marcar con un círculo la postura que más se parece a la que tú adoptas.

─────────────── *Emoticuerpos* ───────────────

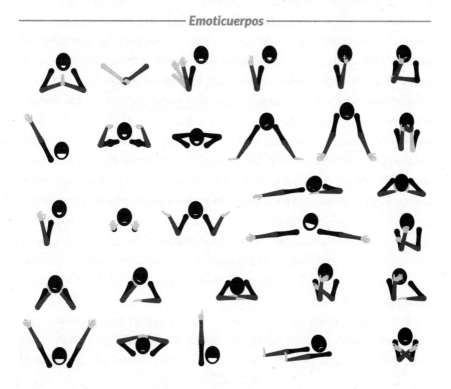

Realiza este ejercicio durante una semana y reflexiona después sobre lo que aprecias en tu cuerpo. ¿Levantas con frecuencia los brazos, o más bien te pasas días enteros sin que te sobrepasen la cintura? ¿Cómo suelen estar tus manos? ¿Y tus piernas?

Si nunca te habías parado a observar tu lenguaje corporal, es posible que te sorprenda. Un ejemplo de actualidad lo podemos encontrar en lo que ha ocurrido a muchas personas cuando de la noche a la mañana se han visto utilizando la plataforma de conferencias online Zoom para el trabajo o para sus clases y de repente han tenido que contemplar sus expresiones faciales de una manera continuada.

En línea con la falta de atención prestada al tándem emociones-cuerpo, la ausencia de *emoticuerpos* en el lenguaje *emoji* de nuestros teclados de móvil es una prueba más de que tenemos poco en cuenta al cuerpo. Deberíamos invitar/sugerir a sus creadores que los incluyeran, que hubiera «minicuerpos» que tradujesen nuestros estados emocionales (por ejemplo, brazos estirados a lo largo del cuerpo y puños cerrados, o brazos y piernas estiradas y abiertas al estilo del *Hombre de Vitruvio* de Leonardo da Vinci).

Nuestro cuerpo expresa nuestras emociones, otra cosa es que no siempre podamos reconocerlo. Además, a través del cuerpo podemos modular nuestro pensamiento, nuestra disposición, nuestra actitud... Podemos influir en nuestro estado anímico y mental, no hasta el punto de resolver una depresión mayor —que es algo mucho más complejo que un solo estado emocional—, pero sí hasta el punto de modular nuestra disposición en situaciones cotidianas. Podemos activarnos a pesar de que nos encontremos desmotivados o relajarnos a pesar de sentirnos estresados y desbordados a través del cuerpo (por ejemplo, a través de ejercicios de relajación). Si un día en el que te sientes agotado y vencido psicológicamente te pones de pie, levantas los brazos, los mueves hacia los lados y sonríes, es posible que te sientas un poco absurdo, pero igual te sorprendes al ver que lo que parecía un estado emocional inamovible, pueda modificarse con relativa rapidez.

¿Y tú? ¿Ya usabas el cuerpo para modular tus pensamientos y estados emocionales?

En realidad cada vez somos más conscientes de la importancia de esta inteligencia corporal, de ahí que estén tan de moda prácticas como la meditación, yoga, pilates y otras técnicas que refuerzan el diálogo con el cuerpo y que nos ayudan a estar más presentes y a fortalecer nuestra conciencia situacional. Implementar nuestra inteligencia corporal implica poner el foco en el cuerpo con más frecuencia, apoyarnos en este para regular nuestras emociones y modular nuestro pensamiento.

El lenguaje del cuerpo

Lo que eres se expresa con tanta fuerza que no puedo oír lo que dices.

RALPH WALDO EMERSON

Esta frase usada por el filósofo y escritor R. W. Emerson hace referencia al enorme impacto que supone nuestra presencia y cómo esta conforma en gran medida lo que expresamos en palabras.

Los gestos nos permiten expresar muchísimo; de hecho, fueron uno de nuestros primeros lenguajes y lo hemos conservado hasta nuestros días. Podría decirse que todos somos bilingües porque todos dominamos nuestra lengua natal y nuestro lenguaje corporal. Este es el primero que usamos cuando somos pequeños, antes incluso de que aparezca el lenguaje verbal. A las pocas semanas de nacer ya somos capaces de esbozar una sonrisa cuando sentimos bienestar. Es lo que se conoce como sonrisa social, que además se intensificará con la entusiasta devolución de sonrisas por parte de los adultos. Posteriormente aprendemos a señalar lo que queremos con el dedo o alzamos los brazos para que nos cojan. Los padres, al poner palabras a lo que el bebé quiere transmitir, también repercuten de manera crucial en el desarrollo de su vocabulario.

Nuestros gestos visten nuestro lenguaje o ¿deberíamos invertir el orden y decir que nuestro lenguaje verbal viste nuestro lenguaje corporal? A fin de cuentas, es este último el que moldea o modula, ya que el lenguaje corporal es mucho más sincero y natural y no admite muchas modificaciones, mientras que con la palabra podemos «jugar».

El lenguaje no verbal nos da mucha información y la congruencia con el lenguaje verbal determinará el que consigamos transmitir un mensaje u otro. Nos permite aclarar y enfatizar e incluso nos ayuda a transmitir lo que no somos capaces de poner en palabras. A veces elegimos el lenguaje no verbal antes que el verbal. Lo hacemos de manera natural con nuestros hijos: cuando consiguen hacer algo se lo queremos transmitir con todo el cuerpo y lo celebramos abriendo los brazos, agitándolos, saltando y acompañándolo todo de una amplia sonrisa. Ellos también nos hablan con el cuerpo. A mí no deja de sorprenderme lo variado que puede ser este lenguaje cuando lo observo en mi hija de tres años. Un día, de buenas a primeras y sin haber tenido en quién observarlo (al menos en casa), pasó de mostrar el enfado cruzando los brazos delante del pecho y bajando la cabeza a mostrarlo girándose para darnos la espalda, inclinándose hacia delante y estirando los brazos hacia atrás mientras fruncía el ceño. Aquello me resultó muy divertido: parecía que iba a echar a volar; y, cuanto más me reía, más estiraba ella los brazos hacia arriba.

En cierto modo, los gestos son un intento de hacer material el pensamiento, de «darle cuerpo». Desempeñan un papel esencial en la expresión de conceptos espaciales. Con los gestos también persuadimos, llamamos la atención del otro; si no, que se lo digan a los niños, que son expertos en esto, en captar nuestra atención para dejarnos fascinados con sus movimientos.

¿Has probado a hablar mientras permaneces inmóvil? Si estás tratando de dar una clase o de explicar conceptos a alguien, te resultará especialmente difícil. Y lo mismo sucede cuando se mantiene una discusión acalorada: ¿seríamos capaces de discutir sin mover el cuerpo? Es algo muy difícil. Prueba a hacerlo la próxima vez que te enfrentes a un familiar o a tu pareja. Poneos este reto. Quién sabe, igual en lugar de llegar a una discusión muy acalorada, termináis riéndoos los dos. Lo cierto es que a algunos de los que pierden el control cuando discuten (agitan los brazos, amenazan con el dedo, hacen movimientos bruscos…) no les vendría mal este ejercicio.

Gesticular nos permite expresarnos mejor; nos facilita el pensamiento y la comprensión de conceptos complejos y abstractos, pues reduce la carga cognitiva y favorece la memoria. Usamos, por tanto, el cuerpo para dar sentido a ideas complejas o imprecisas. La gesticulación ayuda también notablemente a la recepción y comprensión del mensaje por parte del oyente.

Dada la incidencia de nuestra forma de movernos y de nuestros gestos en el cerebro (en la zona de la ínsula), no es de extrañar que algunos estudios hayan encontrado diferencias culturales en la representación cerebral del cuerpo. El homúnculo de Penfield del que hablábamos en el capítulo 2, es decir, la representación interna de nuestro cuerpo, no es igual en un japonés que en un italiano.

Distancia, contacto visual y otros rituales

El mundo del lenguaje no verbal es fascinante. Algunos de los patrones o rituales que seguimos, como el de la distancia que guardamos con los otros, el tiempo que sostenemos el contacto visual o el cómo nos situamos con respecto a los demás en un espacio reducido, están a caballo entre el lenguaje no verbal y la cognición social (de esta última hablaremos en el capítulo 8). Por ejemplo, cuando nos comunicamos, los gestos más relevantes son los del rostro y, más en concreto, lo que transmitimos a través de los ojos, de la mirada.

El contacto visual sigue un patrón que transmite de una manera bastante fidedigna el grado de intimidad que tenemos con la otra persona. El tiempo que sostenemos la mirada puede resultarnos inquietante si se trata de alguien poco conocido o pasarnos totalmente desapercibido si se trata de un familiar o amigo. ¿Acaso no nos resulta perturbador que alguien al que no conocemos de nada se quede mirándonos fijamente? Si esto te ocurre en un espacio público (un bar, un autobús, etc.), puedes sentirte intimidado. Algunas miradas de lo más fugaces y azarosas pueden activar los sistemas de alarma de personas con rasgos paranoides o reforzar el delirio de algunos pacientes con trastornos psicóticos. Otras, sin embargo, pueden considerarlo divertido o incluso una oportunidad para ponerse a prueba. Los más avezados y con un máster en artimañas para ligar podrán incluso utilizar este cruce de miradas como una estrategia de conquista. Así, podrán romper el hielo con aquello de «¿Me estás mirando porque yo te he mirado a ti o te estoy mirando porque tú me has mirado a mí?».

Nuestra relación con el espacio es también sorprendente. Cuando alguien se acerca más de la cuenta para hablarnos nos sentimos invadidos, incluso si se trata de un exceso de unos pocos centímetros. Sin darnos cuenta nos retiraremos de inmediato para reestablecer el espacio «socialmente tolerable», el que nos haga sentir seguros o no amenazados.

Veamos a continuación los distintos tipos de distancia interpersonal:

- **Íntima (desde el contacto físico hasta el medio metro):** es la distancia a la que se expresan sentimientos intensos como el amor, la ternura, el enojo o la contrariedad. Es la distancia en la que tienen lugar las confidencias y las prácticas amorosas, aquella en la que podemos sentir el calor corporal y la textura de la piel.
- **Personal:** es la que mantenemos habitualmente con los amigos. Aquella en la que se establece un contacto sensorial entre las personas y cuyo límite depende del alcance de las extremidades para saludarse, tocarse, darse la mano, etc.
- **Social:** es la que mantenemos, por ejemplo, en el trabajo. Aquella en la que se produce un contacto sensorial muy débil.
- Y, en estos tiempos de pandemia, habría que añadir la distancia COVID: dos metros de separación y todos provistos de mascarilla.

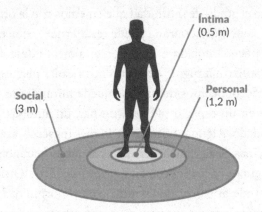

La distancia interpersonal es, por otro lado, un canal de comunicación muy potente que indirectamente nos informa de ciertos rituales o reglas tácitas que seguimos la mayoría de nosotros. Así, en una clase llena de alumnos, estos evitarán pisar la zona en torno a la mesa del profesor como si de un espacio sagrado se tratase; en el ascensor tendemos a ponernos pegados a las paredes, como en un acto de protección, y, cuando estamos en una fila, tendemos a mantener una distancia constante con quien nos precede.

No podemos no comunicar

Decía el filósofo y psicólogo Paul Watzlawick que «es imposible no comunicar», que tanto lo que manifestamos como lo que no transmite algo de nosotros. Incluso cuando estamos en silencio, estamos comunicando.

El lenguaje corporal influye en nuestros pensamientos, emociones y conductas.

En todo esto del lenguaje corporal, la cara parece desempeñar el papel más importante. Paul Ekman es uno de los investigadores que con más profundidad ha estudiado la expresión de las emociones. Este científico distinguió seis emociones universales (miedo, alegría, tristeza, asco, sorpresa e ira), con independencia de la cultura en la que nos hayamos desarrollado. Vietnamitas, australianos y esquimales hacen gestos de alegría, sorpresa, tristeza y enfado como los que hacemos nosotros. En emociones secundarias como la culpa, el orgullo o la satisfacción, puede haber ligeras matizaciones, aunque son igualmente reconocibles.

Hay signos que nos indican cuán genuina es una emoción. Por ejemplo, una sonrisa franca se reconoce por ciertos rasgos que la diferencian de las demás. En ella se produce una contracción de los músculos cercanos a la boca, pero también de los que se encuentran junto a los ojos. Es aquella en la que sonreímos con la boca y los ojos a la vez y en la que, si pudiésemos ver el cerebro en ese momento, apreciaríamos una activación tanto de la corteza motora como del sistema límbico, el de las emociones. A esta sonrisa se la ha denominado sonrisa de Duchenne.[2] Es la que más gusta al cerebro, por su sinceridad, porque su magia nos atrapa y nos deja hechizados.

Además, como ya hemos comentado, el lenguaje corporal influye en nuestros pensamientos, emociones y conductas. Es decir, impacta en nuestro estado mental, generándonos sensaciones agradables, desagradables o neutras, o bien una sensación global de bienestar o de malestar. Esto ocurre tanto a través del sistema nervioso autónomo (variaciones en la temperatura corporal) como a nivel muscular (relajación o tensión de los músculos) e incluso a través de las sustancias neuroquímicas y hormonales que recorren dicho sistema.

Una explicación de todo esto la encontramos en la teoría de la retroalimentación facial (o *feedback* facial), según la cual los movimientos de los músculos faciales relacionados con una emoción concreta tienen una influencia importante en nuestra forma de experimentarla (sin necesidad de que medie un proceso cognitivo). Por ejemplo, las contracciones musculares que tienen lugar durante la sonrisa ponen en marcha un mecanismo de mensajería inversa, ya que el cerebro recibe la información de que nos encontramos «bien», por lo que envía un mensaje de vuelta al cuerpo para que se relaje.

Según este enfoque, los movimientos o contracciones de los músculos faciales relacionados con una emoción repercuten en nuestra forma de experimentarla por medio de la información sensorial que viaja hacia el cerebro, lo cual nos permitirá experimentar y procesar conscientemente esa emoción.

¿SABÍAS QUE...?

¿Sostener un bolígrafo entre los dientes o entre los labios hace que nos riamos más? Pruébalo. Ponte un bolígrafo entre los labios mientras revisas una cuenta de memes de humor en Instagram. Luego ponte el bolígrafo entre los dientes y mira unos cuantos memes más. ¿Has notado alguna diferencia?

Este es el experimento que hicieron varios investigadores con dos grupos de personas: a uno se le pidió que se colocara el bolígrafo entre los dientes y al otro que lo pusiera entre los labios. A continuación se les solicitó que puntuaran las caricaturas que se les iban presentando. Lo que se observó es que quienes sostenían el bolígrafo entre los dientes, postura que favorecía la expresión facial sonriente (por contracción del músculo cigomático mayor), puntuaban como más divertidas las caricaturas. En cambio, el grupo de quienes sujetaban el bolígrafo entre los labios mantenían una postura que inhibía los músculos necesarios para sonreír (al contraer el músculo orbicular), por lo que puntuaban como menos divertidas esas mismas imágenes. La conclusión a la que se llegó fue que los gestos faciales asociados a una emoción concreta influyen o transforman la experiencia subjetiva de dicha emoción. Esto apoyaría también que las personas tienden a experimentar emociones o sentimientos coherentes con sus expresiones faciales o corporales.

Este conocido estudio, realizado en 1988 por Fritz Strack, L. L. Martin y S. Stepper, no estuvo exento de polémica por falta de replicación en un estudio posterior. Sin embargo, sería en 2018 cuando una nueva investigación vino a apoyar la hipótesis inicial, matizando que este efecto se daba cuando los sujetos no eran observados y disminuía notablemente cuando eran grabados con una cámara.

• • • • •

Comunicar a través de la pantalla o detrás de la mascarilla

> *Quien no comprende una mirada tampoco comprenderá una larga explicación.*
>
> PROVERBIO ÁRABE

Este bonito proverbio árabe viene a resaltar la importancia del lenguaje no verbal, entre otros aspectos.

Siempre se ha dicho que «los ojos son el espejo del alma» y no puede ser más cierto. Existen muchas microexpresiones faciales registradas a nivel de los ojos y la frente: levantar una ceja, dejar caer la mirada. En algunas investigaciones donde se estudió la expresión emocional en mujeres musulmanas que usan velo, se observó que es más complejo descifrar el mensaje que nos da una persona que lleva gafas de sol que una persona que lleva mascarilla. Las gafas de sol siempre han sido un buen camuflaje para esconder los estados emocionales, y si no que se lo digan a las *celebrities*.

———————————— **Lenguaje de cejas** ————————————
Entendernos usando mascarilla

| Rabia | Temor | Desconfianza | Desconcierto | Alegría |

A pesar de ello, con la llegada de la pandemia y las mascarillas nos dimos cuenta de que no solo la mirada es importante para comunicar. Sin duda perdimos información muy valiosa proveniente de dos tercios inferiores del rostro y aunque se podía seguir transmitiendo mucho con la mirada, el esfuerzo que tuvimos que hacer para descifrar ciertos códigos del lenguaje no verbal fue mayor y, además, no tenía el mismo efecto; de ahí que tendiéramos a compensar moviéndonos más, a matizar con las manos, los brazos y la cabeza, hasta el punto de que alguno parecía haberse pasado al lenguaje de los signos.

Con la mascarilla se nos imposibilita la lectura de los labios, por lo que nos resulta mucho más difícil entender lo que nos están diciendo si nos encontramos en un ambiente ruidoso. En estas condiciones es más fácil fingir ciertas emociones, pero también es más complicado transmitir confianza, algo que logramos en gran medida gracias a la sonrisa (aunque como decíamos una sonrisa sincera incluye los ojos). Al no mostrar esta parte de la cara, perdemos parte de la intencionalidad del mensaje, que es lo que aporta elementos adicionales a la literalidad de lo que decimos.

Por otro lado, el uso de los medios digitales en el trabajo y en la enseñanza se ha disparado. Plataformas como Zoom y Teams forman ya parte del escritorio de nuestro ordenador y de la pantalla de nuestro móvil. Esto ha supuesto también nuestra adaptación a unos códigos que es preciso seguir en los encuentros virtuales. Por ejemplo, las manos y los brazos deben estar bien visibles en la imagen. Si el oyente puede visualizar el lenguaje corporal, mejorará la comprensión del mensaje enviado desde el otro lado de la pantalla.

Cuando el lenguaje corporal está alterado

Algunas personas tienen dificultades para comprender el lenguaje corporal o no verbal, por ejemplo, las que padecen Asperger u otros trastornos del espectro autista. Cuando son niños, esto afecta a sus habilidades sociales porque no solo tienen dificultades para detectar el lenguaje corporal, sino también el tono de voz o las expresiones faciales. Asimismo, tienden a mantener un pensamiento literal (les cuesta captar el humor o los dobles sentidos), pues no son capaces de registrar las señales sociales sutiles.

Estas alteraciones, si no son conocidas, pueden ser pasadas por alto, pues no siempre van acompañadas de limitaciones en otras capacidades más objetivas que se evalúan en la escuela, como el lenguaje hablado o el escrito. Sin embargo, estos fallos en el procesamiento social pueden tener un impacto mayor, ya que interfieren en las relaciones con los demás, sean estas de amistad, laborales o de pareja.

El lenguaje no verbal es uno de los factores que se evalúa en las consultas de salud mental. Nos da información adicional sobre lo que nos cuenta el paciente, pone el matiz o moldea lo que nos está diciendo. Por ejemplo, en los casos de depresión mayor endógena (la que se ha asociado a un mayor componente físico), puede aparecer una importante inhibición psicomotriz con disminución de los movimientos, posturas rígidas y enlentecimiento general (bien bradipsiquia, enlentecimiento del pensamiento; bien bradicinesia, enlentecimiento de los movimientos). En cambio, en el paciente con trastorno bipolar en fase de manía (estado de euforia, exaltación, disminución de la necesidad de sueño, aumento de la energía, etc.), podríamos observar un aumento de los movimientos (hipercinesia), que iría acompañado de un aumento en la velocidad del pensamiento, cosa que se percibe en el habla acelerada (es lo que se conoce como taquipsiquia).

El lenguaje no verbal nos permite asimismo detectar incongruencias entre lo verbalizado por el paciente y lo expresado por el cuerpo y por su actitud global; por ejemplo, cuando se da una discordancia, incongruencia ideoafectiva o paratimia. Esta falta de conexión entre lo sentido y lo expresado se manifiesta de dos maneras:

- **Por la intensidad de la expresión:** es decir, cuando es superior o inferior a la adecuada (por ejemplo, reírse a carcajadas en una situación que no invita a ello).

- **Por la emoción mostrada:** por ejemplo, cuando alguien dice encontrarse triste y deprimido mientras esboza una sonrisa o muestra energía y divertimento.

Ejemplos típicos de estas paratimias los encontramos en pacientes con esquizofrenia, con cuadros orgánicos y/o con episodios disociativos, entre otros. Pero esta inadecuación afectiva también podemos observarla en personas que no sufren ningún trastorno mental, sin que ello sea indicativo de patología alguna.[3] Por ejemplo, cuando nos sentimos atraídos por alguien y esta persona dice algo no necesariamente gracioso y nos reímos a carcajadas de una manera exagerada o desproporcionada, cegados por la emoción que nos provoca dicha persona. Aquí es cuando nos damos cuenta, si no lo habíamos hecho ya, de que esa persona nos atrae más de lo que pensábamos. Otra situación que hemos experimentado muchos es la de estar en un funeral y sentir el impulso de reír, aun cuando sabemos que no es una emoción congruente con lo que estamos viviendo.

El lenguaje no verbal está, además, incluido dentro de lo que en salud mental conocemos como psicomotricidad. En algunos trastornos observamos alteraciones de los movimientos que tienen un origen psíquico; un campo fascinante donde confluyen una vez más el componente puramente neurológico con el psicológico. La evaluación de la psicomotricidad requiere de una minuciosa exploración neurológica y psicopatológica, que incluye el análisis de la expresión mímica, la gesticulación, las características del habla y la actitud motora (movimientos espontáneos, estado postural, características de la marcha, etc.).

PARA TOMAR NOTA

Decíamos antes que el cuerpo actúa como una caja de resonancia de nuestras emociones, que funciona como un diapasón emocional en nuestras relaciones con los demás y que, además, a través de él podemos modular nuestro pensamiento, conducta y emociones. Si lo tenemos presente, podremos disponer de una herramienta muy útil en el complejo mundo de la regulación emocional cuando lo cognitivo (nuestros pensamientos) no resulte suficiente. Algunos ejercicios pueden servir de apoyo para modular nuestros estados emocionales en ciertas situaciones:

- Cambiar la posición del cuerpo o forzar algún gesto (sonreír, abrir los brazos, estirar bien nuestra espalda...) cuando quieras modular una emoción negativa (por ejemplo, el enfado). Tenerlo presente implica dirigir nuestra atención a ello, lo que puede actuar de facilitador para regular nuestras emociones.

- Contraer los músculos o hacer movimientos ágiles (saltar, por ejemplo) para modificar tu disposición a hacer algo (ponerte a estudiar, hacer deporte, etc.).

- Utilizar gestos expansivos (alzar los brazos y levantar la cabeza), puede infundir una sensación de seguridad y confianza.

- Practicar la atención al cuerpo y hacer ejercicio todos los días es una forma de prevenir estados disregulados.

• • • • •

Tercera parte

CUERPO, MOVIMIENTO Y SOCIEDAD

SOMOS MOVIMIENTO

• • • • • •

Ponle piernas al pensamiento

¿Cómo te inspiras mejor: sentado o caminando? Pues, de momento, siéntate a leer y haz conmigo este recorrido por las funciones motoras, esas que de entrada parecen algo totalmente independiente de nuestros pensamientos.

Tradicionalmente, los mecanismos relacionados con lo cognitivo han sido considerados independientes de los implicados en el movimiento. Es decir, lo cognitivo y lo motor se han visto como planos totalmente separados y solamente relacionados en un orden jerárquico en el que nuestros movimientos vestirían nuestros pensamientos y serían algo secundario, simples «esclavos» de los mandatos del «amo» que es el cerebro (el pensamiento «superior»).

Sin embargo, posturas científicas más modernas recalcan la importante relación entre lo motor y lo cognitivo, que el ámbito de lo motor debería ser visto como «amo» y no como «esclavo», ya que es clave en la construcción del pensamiento y de las emociones (por cierto, que la palabra *emoción* viene de un vocablo latino que significa movimiento, impulso).

El movimiento promueve nuestra capacidad para pensar, memorizar, prestar atención, etc.; es decir, favorece las funciones cognitivas. Cuando salimos a pasear, el corazón bombea más rápido, se estimula la circulación de la sangre y, por ende, la oxigenación de todos nuestros músculos y órganos, incluido el cerebro.

Se ha demostrado que, incluso cuando se realiza ejercicio moderado, las personas puntúan mejor en test de memoria y de atención. Caminar de manera regular promueve las conexiones cerebrales (sinapsis), frena el envejecimiento celular, promueve el crecimiento del hipocampo (región cerebral crucial para la memoria) y estimula los factores de crecimiento neuronal (para entendernos, algo así como el alimento de las neuronas).

También sabemos que escuchar música de ritmo intenso nos motiva a correr más rápido y que cuanto mayor es la velocidad que llevamos al correr, más rápida es la música que nos pide el cuerpo. De la misma manera, cuando un conductor escucha música movida y a todo volumen, inconscientemente pisa más el acelerador. Es decir, la música es también un lubricante del movimiento que estimula el pensamiento.

Cuando vamos paseando o caminando a nuestro ritmo, se genera un circuito de retroalimentación entre el ritmo de nuestro cuerpo y nuestro estado mental que no tiene lugar cuando vamos conduciendo en coche, montamos en bicicleta o hacemos ejercicios vigorosos en el gimnasio. En parte, porque estas últimas actividades requieren un nivel de atención mayor —es decir, nuestro cerebro no está completamente relajado—, mientras que, cuando caminamos, nuestra atención divaga porque es una acción que no requiere un esfuerzo cognitivo consciente.

Por otro lado, al caminar relajadamente, los ritmos mentales y corporales se sincronizan. Nuestros pasos siguen de manera natural el ritmo de nuestro estado emocional y la cadencia de nuestro discurso interno. De la misma manera, acelerar el ritmo o enlentecerlo puede estimular un ritmo de pensamiento u otro. Aunque también es cierto que, una vez superado cierto límite de exigencia en la realización del ejercicio, la capacidad cognitiva puede disminuir drásticamente y presentarse como una curva en forma de U invertida.

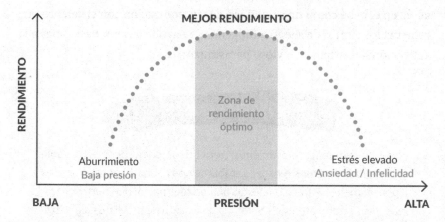

Cuando realizamos ejercicio intenso, parece que, durante un tiempo, disminuye la actividad de nuestra «Marie Kondo cerebral» (el córtex prefrontal). Es como si entrásemos en un estado de «hipofrontalidad transitoria», en el cual quedasen paralizadas las áreas del cerebro responsables del pensamiento ordenado y secuencial, el del autocontrol. Aunque no está del todo claro, esa desactivación transitoria podría favorecer la aparición de un desorden mental no patológico, que a su vez estimulará la conexión entre unos pensamientos y otros.

De otro lado, se ha observado que, cuando pensamos o nos concentramos en una tarea, además de las regiones cerebrales correspondientes a estas funciones, se activan regiones relacionadas con el movimiento (es decir, el córtex motor). En resumidas cuentas, la conexión entre las partes del cerebro implicadas en nuestros actos motores y las encargadas de las funciones cognitivas es mucho más intensa de lo que pensamos.

La importancia que tiene el movimiento en nuestra cognición podemos observarla también en la infancia: se empieza a caminar antes que a hablar. La capacidad para movernos hace de engranaje y facilitador del lenguaje y del resto de las funciones cognitivas. Curiosamente, el movimiento también desempeña un papel muy importante en la regulación emocional en los bebés. De hecho, intuitivamente mecemos a nuestros hijos para ayudarles a calmarse o a conciliar el sueño. Es un comportamiento que podemos observar en todas las culturas y generaciones. Parece que ese balanceo estimula la actividad cerebral de ondas lentas, es decir, la relacionada con el sueño profundo. El movimiento de vaivén actúa en el bebé como una actividad de sincronización con el cerebro que refuerza los ritmos de sueño endógenos y le ayuda a calmarse gracias a la activación del sistema nervioso parasimpático.

¿SABÍAS QUE...?

¿Realizar pequeños movimientos repetitivos como deslizar un bolígrafo entre los dedos o hacer garabatos nos ayuda a concentrarnos y a pensar mejor? Parece que estas actividades hacen que permanezcamos despiertos y atentos, como una aplicación de móvil que sigue trabajando aunque el dispositivo esté apagado (caso de Google Maps). Estudios como los de la psicóloga J. Andrade han probado que las personas que hacen garabatos mientras escuchan un aburrido mensaje telefónico recuerdan un 29 % más de la información transmitida que los sujetos que se limitan a escucharlo sin hacer nada más.

Según Andrade, esto indica que, en la vida diaria, hacer garabatos puede ser un modo de mantener la atención en una tarea aburrida en vez de una distracción innecesaria que debamos evitar. Una vez más, lo motor aparece como ayuda de lo cognitivo.

• • • • •

Caminar ayuda a pensar

Muchas veces se presenta en las películas o en los dibujos animados a un personaje que va dando vueltas por la habitación mientras intenta resolver un gran dilema o tomar una decisión.

En la escuela de los peripatéticos conocían muy bien la relación que existe entre el caminar y el pensar. Los peripatéticos fueron un círculo filosófico de la antigua Grecia que seguía las enseñanzas de Aristóteles, quien gustaba de pasear con sus discípulos por el jardín mientras reflexionaba con ellos sobre la vida. En griego, *peripatein* significa, justamente, «dar vueltas». Según estos filósofos, el pensamiento debía ser ambulante, itinerante, porque eso es lo que hace el paseo: facilitar o potenciar la reflexión.

Nietzsche decía que los mejores pensamientos se conciben paseando.

Filósofos como Rousseau y Kierkegaard también ponían en práctica esta idea. Asimismo, los peregrinos han emprendido siempre largas caminatas para encontrar a Dios.

Tener presente esta importante relación entre lo cognitivo y lo motor puede sernos de gran ayuda. Según un estudio científico efectuado sobre este campo, «caminar por la naturaleza aclara y favorece el pensamiento». Se observó, además, que los paseos por entornos naturales reducen los niveles de estrés e incrementan las emociones positivas.

El estudio, realizado con cerca de setenta mil personas, obtuvo hallazgos consistentes que relacionaban los paseos con niveles significativamente inferiores de estrés percibido. Al cabo de trece semanas, las personas que decidieron caminar por la naturaleza al menos una vez por semana «experimentaron más emociones positivas y menos estrés».

¿Quién no ha dicho alguna vez que necesita «salir de la ciudad»? Porque necesitamos esa sensación de libertad, de relajación, de contacto con nosotros mismos que se obtiene cuando pasamos más tiempo en contacto con el medio ambiente. Es como si la naturaleza nos regulara, nos devolviera el equilibrio que el estrés del ritmo de vida actual nos ha arrebatado. Un fenómeno al que incluso se le ha puesto nombre: «autorregulación ambiental» (*environmental self-regulation*).

De hecho, como suele decir mi hermana @dr.anamolina, el próximo libro de Marie Kondo probablemente se llame *La magia del bosque*, ya que el «*shinrin yoku*» o «baño forestal» es una práctica muy popular en Japón que promueve pasear por la naturaleza de forma meditativa, tomándose el tiempo necesario para mejorar nuestro pensamiento y nuestra salud. Ya hay estudios que muestran que los sujetos con mascotas tienen mejor pronóstico de algunas enfermedades como la dermatitis atópica, porque tienen más contacto con zonas verdes al tener que pasear con ellas.

Un porcentaje muy elevado de la población pasa la mayor parte del tiempo alejado de la naturaleza, generalmente en ciudades concurridas y entre edificios, dedicando un tiempo muy limitado a entrar en contacto con la naturaleza y al movimiento. El 99 % de la historia de la humanidad ha transcurrido en contacto directo con la naturaleza y, para sobrevivir, había que estar en movimiento continuo. En cambio, la vida urbanizada tal como la conocemos hoy no representa más que el 1 % de la existencia del ser humano sobre este planeta. Comparados con nuestros antecesores, nosotros hemos sufrido un cambio impactante, especialmente si tenemos en cuenta que no hemos cambiado nada desde el punto de vista biológico. Hoy en día nuestro organismo sigue esperando lo mismo, pero no se lo damos.

Nuestra actividad mental cambia tanto como nuestra disposición corporal y ambas se ven influidas por el entorno. No pensamos igual cuando estamos en medio de la naturaleza que cuando estamos sentados entre cuatro paredes delante de un ordenador, aunque, curiosamente, nuestro ordenador sí que «piensa» o desarrolla su actividad de la misma manera, tanto si se encuentra rodeado de cocoteros como encerrado entre muros de cemento. El entorno influye en la forma en la que pensamos, especialmente el entorno natural, y lo hace porque es capaz de crearnos un estado de relajación, de mejorar nuestra atención, nuestra concentración y otras funciones cognitivas superiores como la reflexión o la creatividad.

Quizá sea hora de plantearse dónde debemos vivir, cómo debemos ambientar nuestra vivienda o las rutas que convendría seguir cada día para que el impacto de la naturaleza en nosotros sea mayor y podamos contar con «reguladores bio» de nuestro bienestar.

En arquitectura ya llevan años trabajando en esto, hasta el punto de que se habla de «diseño biofílico» para referirse a aquel que trata de evocar elementos naturales a fin de facilitar nuestra reconexión con la naturaleza. Y no se trata solo de estimular nuestro sentido visual con plantas de todos los colores y tamaños, sino también de estimular el oído, el olfato, el tacto y el gusto. De ahí que se juegue también con la luminosidad de las estancias mediante la instalación de grandes ventanales; con la introducción de sonidos como el del agua; con los olores y el aire fresco; o con alimentos naturales cuyo sabor nos despierte y haga conectar con el entorno verde.

Cabe plantearse que si los estudios ya prueban cómo la naturaleza influye en la reducción del estrés y en la potenciación de las funciones cognitivas, igual es el momento de pedir al jefe que ponga plantas en el despacho para mejorar el rendimiento o que te permita hacer ejercicio para que mejore la productividad.

Cómo conseguir momentos ¡EUREKA!

El pensamiento es, en definitiva, movimiento. De hecho, los grandes momentos eureka, esos en los que nuestra mente hace clic o nos asalta un «¡Lo descubrí!», se dan no cuando el cerebro se concentra, sino cuando desconecta y el movimiento favorece su actividad. Cuando el cerebro está relajado, por ejemplo, realizando actividades insignificantes (*meaningless actions*), se pone en marcha lo que se llama actividad intrínseca espontánea o red neuronal por defecto.[1] No es una actividad sin orden ni concierto, ya que se han observado patrones bien definidos de actividad neuronal en las regiones parietales, temporales y prefrontales. Pero es precisamente en este estado donde muchas veces emergen las grandes ideas, como si de una colisión de partículas flotantes espontánea y azarosa se tratase.

El descubrimiento de esta red neuronal por defecto vino a probar que el cerebro no solo funciona cuando está trabajando en tareas concretas —por ejemplo, cuando trata de resolver un problema o de recordar una información—, sino que también lo hace cuando está en reposo; y este conocimiento puede sernos muy ventajoso.

Este estado cerebral sería el equivalente a soñar despierto, caminar absorto en uno mismo o, como dicen algunos, «estar empanado». El problema es que se esfumará en cuanto iniciemos la ejecución de una tarea concreta, como por ejemplo leer o hacer un cálculo matemático, y lo hará casi a la misma velocidad con que se desvanece una gran idea que se te ha ocurrido en la ducha. Los expertos en generar ideas ya han diseñado libretas impermeables para poder anotar en la ducha y evitar que se nos escapen esas ocurrencias. Lo que yo me pregunto es si al afanarnos por mantener nuestras ideas a flote, no estaremos haciendo un gasto excesivo de agua (con el consecuente impacto para el medio ambiente). Una alternativa más ecológica será ducharnos más rápido y salir corriendo para anotarlas.

PARA TOMAR NOTA

Tanto si estás tratando de inspirarte como si estás trabajando en la solución de un problema, tu cerebro necesita parar, dejar de hacer cosas que requieren una concentración elevada para poder divagar. La mayoría de los momentos eureka surgen mientras estamos relajados. En realidad, resulta paradójico que hablemos de pasos para ser creativo, ya que el hecho de establecer patrones podría implicar la propia anulación del proceso de inspiración. Por eso es mejor hablar de facilitadores del proceso creativo, algunos de los cuales te dejo a continuación:

- Primero, **llena tu cerebro de contenido**: necesitamos el conocimiento para que pueda emerger algo. Aunque sepas mucho de tu campo, debes seguir actualizándote. Ponte siempre un objetivo: por ejemplo, leer un artículo al día, escuchar un pódcast sobre algún tema nuevo, etc.

- **Anota**: lleva siempre libreta y boli o, si eres milenial, aplicación de móvil.

- **Lee sobre otros temas**: ayudará a tu cerebro a trabajar y pensar de otros modos y, además, favorecerá la flexibilidad cognitiva y el pensamiento divergente o lateral (el que se ha relacionado con la creatividad).

- **Muévete para pensar mejor y camina por la naturaleza.**

- **Alterna** los momentos de concentración y los de relajación:

  - Momentos de concentración: dedica tiempo al tema objeto de tu interés y préstale la máxima atención. Evita interrupciones y no hagas varias cosas a la vez. Si te viene una idea a la cabeza, anótala rápidamente en un papel y sigue con lo que estabas haciendo.

  - Momentos de relajación: el cerebro necesita aburrirse. No hacer nada o realizar actividades repetitivas y mecánicas (planchar, barrer, caminar, etc.) servirá de interconexión y será más fácil que surja la inspiración.

- **Descansa y mantén relaciones sociales,** son grandes potenciadores de la actividad cerebral.

- **Repite, repite y repite.**

● ● ● ● ●

Algo muy curioso relacionado con esto es la tendencia a caminar de manera incesante, una práctica que se conoce como *wandering* o vagabundeo. Se puede observar en personas con demencia y también en personas con esquizofrenia. Si bien el origen de esta conducta es todavía desconocido, no sería disparatado pensar que constituya una forma de compensar el vacío de pensamiento que puede observarse en tales sujetos. Tampoco es extraño que se denomine *mind-wandering* (divagación mental) a ese estado de desconexión o relajación mental en el que muchas veces surgen algunas de nuestras mejores ideas.

Así que ya sabes, una buena forma: «Camina para dejar divagar al cerebro y estimular tu capacidad mental».

Tus movimientos moldean tus pensamientos

El movimiento no solo favorece ciertas funciones cognitivas y nos estimula a pensar mejor; sino que además influye en nuestra forma de pensar, condiciona nuestra conducta y afecta a nuestra interpretación de la realidad.

En la visión tradicional, el pensamiento dirige el movimiento, es el que da órdenes al cuerpo. Sin embargo, la relación contraria, es decir, el cómo nuestra postura y movimientos moldean e impactan en nuestros pensamientos, pasa más bien desapercibida, aunque lo hagamos de manera intuitiva: ¿Quién no tiene un amigo que, cuando te ha visto decaído, te ha levantado la cabeza y te ha dicho: «Venga, ¡la cabeza bien alta!»? Es sabido que llevar la cabeza gacha tras un fracaso (por ejemplo, al jugar un partido de baloncesto), puede empeorar las cosas. Y es que nuestro lenguaje corporal no solo lo transmitimos a los demás: nos lo transmitimos a nosotros mismos.

Abrir los brazos, caminar erguidos y estirar el cuello son formas de enviarle mensajes a nuestro cerebro que se pueden convertir en una profecía autocumplida, porque el cómo nos juzgamos y sentimos puede condicionar tanto nuestro comportamiento que termine satisfaciendo nuestras valoraciones. Como suelen decir los entrenadores a sus jugadores: «Créetelo hasta que lo consigas» (*fake it until you make it*).

¿SABÍAS QUE...?

Nuestros miedos pueden hacerse realidad si nos los creemos. Es algo que observamos repetidamente y que recibe el nombre de profecía autocumplida.

Lo vemos con frecuencia en las relaciones de pareja. Dos personas inician una relación y, aunque ambas partes tengan interés en ella, si una empieza a activar sus miedos («Seguro que no le gusto lo suficiente, que se fijará en otros...»), puede llegar un momento en que se hagan realidad. Su conducta, que puede denotar inseguridad, desánimo, preocupación excesiva, celos, hipervigilancia, etc., termina alejando a la otra persona.

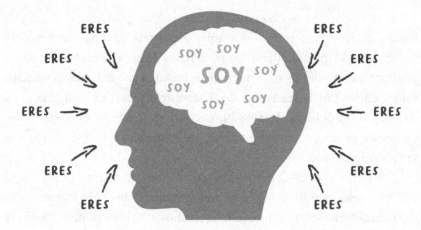

La «profecía autocumplida», término que debemos al sociólogo Robert K. Merton, hace, por tanto, referencia a cómo nuestras expectativas ayudan de manera indirecta a que los acontecimientos temidos se tornen reales. Un concepto sinónimo es el del efecto Pigmalión, más utilizado en el campo de la psicología y la educación, y que se refiere a cómo la creencia que tenemos sobre otra persona puede influir en su comportamiento. Es decir, parte de nuestro comportamiento tiene que ver con cómo nos ven los demás. Esto lo aplicamos mucho en salud mental, sobre todo cuando pedimos a las familias que tengan cuidado con las etiquetas que ponen a sus hijos porque podrían actuar conforme a ellas. Los estudios clásicos sobre este asunto se llevaron a cabo con profesores y alumnos. Se observó que cuando los profesores generaban expectativas positivas sobre ciertos alumnos estos terminaban rindiendo más y obteniendo mejores resultados que aquellos sobre los que se habían generado expectativas negativas (independientemente de las capacidades intelectuales que tuvieran).

• • • • •

No se trata de evitar estar tristes cuando tenemos un mal día o de no enfadarnos si nos hemos sentido frustrados con algún amigo. Y mucho menos de creer que podemos curarnos de una depresión esbozando una sonrisa o pensando en positivo.

Pero lo que sí es cierto es que, en nuestro más cotidiano día a día, podemos modular nuestro estado anímico. Hacernos «grandes» en momentos en que podamos sentirnos un poco faltos de energía es una estrategia adaptativa muy común en la naturaleza. Imagina que te habías propuesto salir a correr por la mañana y de repente te levantas sin ninguna gana de hacerlo. Pues bien, abrir los brazos, estirar el cuerpo o moverte más ágilmente puede que modifique la disposición física y mental con la que te habías levantado.

Por tanto, a través del movimiento podemos no solo estimular nuestras funciones cognitivas —por ejemplo, aumentando el nivel de atención o de concentración o estimulando la memoria—, sino cambiar también nuestra disposición hacia la vida.

El currículum del futuro incluirá el ejercicio físico

Los beneficios del ejercicio físico en la salud física y mental son de sobra conocidos. De hecho, en algunos países y algunas de las universidades más prestigiosas lo tienen claro: el currículum debe incluir un apartado sobre la implicación o gusto por alguna actividad deportiva. En Estados Unidos incluso se premia que sea un deporte de competición. Y es que en sus universidades no se pasa por alto una información que hoy en día parece perfectamente contrastada: los individuos que realizan actividad física regular obtienen mejores resultados en sus funciones cognitivas (lenguaje, memoria, atención, concentración, funciones ejecutivas, etc.) y en su capacidad de regulación emocional. El ejercicio físico regular, como correr o montar en bici, hace que determinadas zonas del cerebro reaccionen mejor a los daños que pueden aparecer con el paso del tiempo (acumulación de amiloide, microinfartos, etc.).

Es más, estudios recientes apuntan a una mejora de la función cognitiva incluso en el corto plazo. Mover el cuerpo nos ayuda casi de manera inmediata a pensar mejor. Algunos estudios muestran cómo la capacidad aeróbica se relaciona con capacidades cognitivas como la lógica y la matemática y con otras más transversales como la velocidad de procesamiento de la información, el manejo de la información espacial, la capacidad de autocontrol, etc.

La inactividad física contribuye al aumento de enfermedades no transmisibles y, según la OMS, ocupa el cuarto lugar dentro de los factores de riesgo de mortalidad global a causa de la mayor incidencia de las enfermedades cardiovasculares (hipertensión, diabetes, sobrepeso), pulmonares y músculo-esqueléticas, el cáncer, los problemas metabólicos, los trastornos psicológicos, etc.

Nuestro estilo de vida, con una mayor tendencia al sedentarismo, está provocando que enfermedades como la diabetes o la obesidad aparezcan antes, lo que es muy posible que repercuta en la esperanza de vida, que por primera vez podría ir hacia atrás, y en la longevidad de las generaciones más jóvenes, que quizá vivan menos que sus padres. Y es que el coste de nuestros hábitos puede ser muy elevado.

En la sociedad actual, donde prima la actividad intelectual y se deja lo físico para las máquinas, nos olvidamos de que el ejercicio es un factor clave de nuestro rendimiento y nuestra salud.

Por ello es preciso enfatizar la importancia del ejercicio físico en niños y adolescentes y no solo en la vejez. El ejercicio permite mejorar el rendimiento académico y el bienestar físico y mental.

Ejercicio físico y cerebro

El ejercicio físico regular se ha relacionado con el bienestar físico y mental debido a la intervención de diversos mecanismos que pueden actuar combinados. Facilita la liberación de neurotransmisores, que son unas sustancias químicas que desempeñan un papel clave en la comunicación neuronal, y mejora la transmisión de la información. Aumenta, por ejemplo, la segregación de serotonina, noradrenalina y dopamina, tres neurotransmisores relacionados con el placer, la gratificación, la atención, el aprendizaje y la motivación. El déficit de acetilcolina se halla implicado en afecciones como la enfermedad de Alzheimer.

El ejercicio estimula los factores de crecimiento, como por ejemplo el BDNF (factor neurotrófico derivado del cerebro) y el IGF1 (factor de crecimiento semejante a la insulina tipo 1), los cuales son como el alimento de las neuronas, ya que favorecen su crecimiento, supervivencia y diferenciación. Estimula, además, la neurogénesis o generación de nuevas neuronas, especialmente en el hipocampo.

Favorece la neuroplasticidad al estimular lo que se conoce como potenciación a largo plazo, un mecanismo celular que fuerza la comunicación entre dos neuronas a través de la sinapsis. Es el proceso fisiológico que sustenta el aprendizaje y la memoria. Esto se observó por primera vez en ratones, pues los roedores que corrían presentaban un aumento del BDNF y del hipocampo (región relacionada con la memoria) según se pudo observar con técnicas de neuroimagen. Tras ser sometidos a distintas pruebas, los animales que se habían ejercitado presentaban mejor rendimiento en pruebas de memoria y en otras funciones cognitivas que los que no se habían ejercitado. Esto se estudió posteriormente en humanos y se obtuvieron resultados muy similares.

El ejercicio físico hace que aumente el flujo sanguíneo en el cerebro, lo que favorece la llegada de glucosa, oxígeno y otros nutrientes a las neuronas. Además, conlleva un aumento de densidad y tamaño en los capilares que rodean las neuronas (angiogénesis).

Por otra parte, se liberan unas hormonas muy especiales, las endorfinas, también conocidas como opiáceos endógenos, de los cuales hablaremos en el capítulo 9. Se trata de unos neuropéptidos fascinantes que tienen propiedades analgésicas, potencian el sistema inmune y estimulan la sensación de placer, por lo que proporcionan bienestar emocional y contrarrestan los niveles altos de adrenalina asociados a la ansiedad. Si tenemos en cuenta que las endorfinas también se liberan cuando nos sentimos felices, sería posible entrar en un «círculo virtuoso» y engancharnos a él.

El aumento de endorfinas con la realización de ejercicio físico es un *booster* (favorecedor) de energía natural que nos hace tener la sensación de que podemos con más, incluso cuando nuestra mente nos dice que no.

¿SABÍAS QUE...?

Salir a correr puede provocarte una auténtica explosión emocional en forma de júbilo, bienestar y lucidez mental. Es lo que se ha descrito como «la euforia del corredor» que, aunque efímera, puede ser tan adictiva como una droga. Una vez la experimentes, querrás volver a correr para sentirla de nuevo.

De manera esquemática podría explicarse como sigue:

HACER EJERCICIO → LIBERACIÓN DE ENDORFINAS
→ FELICIDAD → MAYOR LIBERACIÓN DE ENDORFINAS
→ MÁS FELICIDAD Y MOTIVACIÓN PARA
REPETIR LA CONDUCTA → MÁS EJERCICIO.

• • • • •

Ejercicio físico y salud mental

El simple hecho de realizar ejercicio físico reduce la ansiedad e incluso tiene un efecto euforizante. Algunos estudios concluyen que realizar ejercicio durante cuarenta y cinco minutos de tres a cinco veces por semana disminuye el riesgo de depresión de manera notable. Estos efectos son fundamentalmente debidos a algunos de los cambios cerebrales ya mencionados: aumento de factores neurotróficos (por ejemplo, el BDNF), aumento de triptófano (precursor de la serotonina) en el cerebro, liberación de endorfinas, etc.

Por eso, el ejercicio físico es un aliado ideal en la prevención de trastornos afectivos y de ansiedad; algunos estudios apuntan incluso que podría utilizarse como tratamiento de la depresión. Ahora bien, si no se interpreta adecuadamente esto último, podríamos caer en la prescripción de deporte a personas con trastornos afectivos, con lo cual enviaríamos un mensaje falso, pues pensaría que «si está deprimida es porque puede o porque quiere».

Es importante puntualizar que existen distintos tipos de depresión, desde las adaptativas (consecuencia, por ejemplo, de las dificultades del individuo para adaptarse o para superar la adversidad) y las endógenas (aquellas en las que parece haber un mayor componente físico) hasta aquellas que ¡no lo son! En esta sociedad con altas puntuaciones en analfabetismo emocional, a menudo confundimos el estar triste o pasando por un momento difícil con el sufrimiento de una depresión. Y no, eso no es depresión: es adaptativo. En estos casos, el ejercicio físico va fenomenal. Sin embargo, decirle a alguien que está pasando por una depresión mayor que lo que tiene que hacer es salir a correr o montar en bicicleta no solo no ayuda, sino que aumenta su sentimiento de culpa y puede ser hasta contraproducente.

Ejercicio físico y autosuficiencia

El ejercicio físico aumenta nuestra conexión con el cuerpo, nos hace ser más conscientes de él, de sus reacciones, de sus cambios fisiológicos (ritmo del corazón, sudoración, relajación muscular...) y esto aumenta nuestra sensación de autosuficiencia: nos hace sentir seguros, nos proporciona autoconfianza. Esta mayor percepción y atención al cuerpo es a su vez el trampolín que nos permite obtener nuestros objetivos.

De ahí que el ejercicio físico desde la infancia sea clave, ya que es la forma ideal de desarrollarnos mientras experimentamos con nuestro cuerpo: mejora el control de los movimientos, nos hace más conscientes de sus límites, nos conecta mejor con las sensaciones...

En definitiva, el ejercicio físico es alimento para el cerebro y para la psique. Desde que nacemos, el cerebro se desarrolla en paralelo al movimiento. Comenzamos a andar al mismo tiempo que desarrollamos el lenguaje. Ambos se engranan y trabajan en conjunto.

Si practicamos deporte en grupo, el efecto se amplifica. Los beneficios pueden ser mayores, ya que favorece las relaciones sociales y la desconexión del cerebro de las preocupaciones diarias.

Aquellos que piensan que no tienen tiempo para el ejercicio, tarde o temprano tendrán tiempo para la enfermedad.

EDWARD STANLEY

Pastillas de ejercicio físico, ¿te las tomarías?

Si el ejercicio tiene tantas virtudes, el día que un laboratorio farmacéutico desarrolle una molécula con todas las propiedades atribuidas a este, se convertirá en el elixir más codiciado. Y resulta que no estamos tan lejos de conseguirlo. El poder «bebernos» el ejercicio físico podría estar más cerca de lo que creemos. En estas páginas te cuento un experimento muy interesante que te gustará conocer.

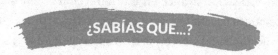

¿SABÍAS QUE...?

Una investigación realizada con ratones añosos mostró una mejora en las capacidades cognitivas de los roedores que se movían frente a los que no hacían nada. En los que habían realizado ejercicio se observó un aumento de las moléculas que estimulan el crecimiento y conexiones de las neuronas (factores neurotróficos y liberación de proteínas hepáticas como el Glpd1).

En el estudio se dividió a los ratones añosos en dos grupos:

- A unos se les ponía a hacer ejercicio (en una rueda).
- A los demás se les dejaba inactivos.

Al observar su cerebro, se vio que los que habían hecho ejercicio tenían un cerebro más ágil, más en forma (mejores capacidades cognitivas) que los ratones que habían permanecido inactivos.

A continuación se inyectó plasma de los ratones «deportistas» en los sedentarios y se observó que los segundos adquirían las mismas capacidades cognitivas que los primeros. Este efecto se ha relacionado con la liberación de la molécula Glpd1 del hígado, capaz de estimular la formación de nuevas neuronas en regiones cerebrales implicadas en la memoria y el aprendizaje.

¿Estaremos más cerca del «elixir» de la eterna juventud mental? De aquí a las cápsulas hechas con hígado de deportistas ¡no queda mucho!

Ahora bien, ¿te imaginas que pudiésemos reducir el ejercicio físico a una pastilla? ¿Te la tomarías o preferirías correr?

Tener una pastilla de estas características suena a utopía o, mejor dicho, a distopía, esa que ya describió Aldous Huxley en su conocida novela *Un mundo feliz*. No tendríamos ni que movernos del sofá. Entre el desarrollo de casas inteligentes y el ejercicio físico reducido a un simple comprimido, quizá lo que sucedería es que la vida empezaría a perder su sentido.

Que la investigación avance en esta dirección es sin duda necesario por las aplicaciones prácticas que puede tener (revertir las consecuencias de algunas enfermedades), pero puede resultar peligroso. ¿Y por qué?

Principalmente porque no podemos reducirlo todo a moléculas. Cuando adoptamos un rol activo y voluntario en nuestras acciones —por ejemplo, cuando realizamos un ejercicio físico—, se refuerza la motivación y mejora la autoconfianza, la autosuficiencia y la relación con nuestro cuerpo. Todo esto lo perderíamos si tuviésemos a nuestra disposición esas pastillas de ejercicio físico (porque adoptaríamos un rol pasivo).

Por tanto, lo que no tiene mucho sentido es que, salvo que tengamos una limitación física o psíquica que nos impida movernos, nos estemos planteando reducir el ejercicio físico a una pastilla.

Tenemos ese elixir al alcance de la mano ya actualmente, pues todos tenemos la posibilidad de salir a correr o practicar otro tipo de ejercicio y la estamos desaprovechando. No lo pienses y ¡ponte ya a hacer ejercicio físico!

> Habría que evolucionar hacia una integración del ejercicio dentro del horario laboral y escolar.

Incorporación del ejercicio al currículum y al trabajo

¿Cómo es que con todo lo que sabemos sobre las ventajas del ejercicio físico sobre nuestras capacidades cognitivas y emocionales (que favorecen el rendimiento de los trabajadores) no le sacamos más partido? Ni siquiera el hacer sudokus ha demostrado tanta mejora en las capacidades cognitivas como el ejercicio físico; somos capaces de invertir tiempo y dinero en todo tipo de métodos, no siempre avalados por pruebas científicas, para estimular nuestras capacidades mentales.

Muchas empresas que valoran los beneficios del ejercicio físico están comenzando a incluir un tiempo libre en mitad de la jornada laboral para que sus trabajadores puedan ejercitarse. Es algo que se hace intuitivamente en los colegios cuando se reserva un tiempo para el recreo y que debería replantearse en la edad adulta, especialmente ahora que avanzamos hacia puestos laborales cada vez más sedentarios (por ejemplo, trabajos de despacho delante de un ordenador). Igual ganaríamos en concentración, rendimiento y buen humor.

Cada vez nos movemos menos, hacemos más trabajo de oficina y dejamos el ejercicio físico para el final del día, como si fuera algo totalmente independiente de nuestra actividad intelectual. Habría que evolucionar hacia una integración del ejercicio dentro del horario laboral y escolar. Quizá así iríamos también menos estresados por la vida y mejoraríamos nuestra capacidad de regulación emocional y nuestro autocontrol. Nos metemos en bucles de estrés de los que no sabemos salir. Algunos lo llevan al extremo y se convierten en víctimas de su propio trabajo (*workalcoholics,* adictos al trabajo), tal vez porque no saben frenar. Como mucho paran de manejar su dispositivo móvil; pero se repiten a sí mismos: «Solo un minuto más», sin darse cuenta de que esa actividad no les permite desconectar, sino que les hace estresarse más. Pues bien, debería estar entre las tareas de productividad laboral el hacer ejercicio cada día durante al menos una hora. Piensa en ese compañero tuyo que está siempre malhumorado: ¿cómo crees que volvería después de correr un rato alrededor de la oficina? ¿No crees que le sentaría de maravilla a él y a todos los que le rodean?

Es cierto que estamos todavía muy lejos de poder salir a correr a mitad de mañana en el trabajo; pero, mientras tanto, puedes correr por tu cuenta y, desde luego, lo que no debes olvidar si estás buscando trabajo, es incluir esta actividad en tu currículum.

CAPÍTULO 8

SOMOS SERES SOCIALES

• • • • • •

SNACKS DE NEUROCIENCIA

La relación y el apego que se nos proporciona durante los primeros años de vida son grandes determinantes del desarrollo de nuestro cerebro y de nuestra forma de relacionarnos en el plano sentimental.

«Somos» gracias a la interacción con el otro

Aun estando en posesión de todos los bienes del mundo, sin amigos nadie querría vivir.

ARISTÓTELES

Somos seres sociales por naturaleza. Interaccionamos con otras personas desde que nacemos. Nos desarrollamos a partir del reflejo y la mirada de nuestros padres o cuidadores y, posteriormente, a partir de los de todos los demás.

Nuestro cerebro es social y nuestro éxito evolutivo como especie se lo debemos a nuestra capacidad de cooperación grupal y a relacionarnos en grandes grupos.

Somos interdependientes y no independientes. Muchos padres caen en el error de decir que quieren que sus hijos sean independientes, cuando lo que realmente quieren decir es «autónomos». Ser independiente sería hacer las cosas por uno mismo sin depender de los demás, lo cual no es del todo posible, ya que vivimos en sociedad, cooperamos y, además, nuestra libertad acaba donde empieza la del otro. En cambio, cuando hablamos de autonomía, nos referimos a la capacidad de actuar libremente y de elegir opciones a partir de nuestros propios valores.

Nuestro yo parte de la relación con los demás. Decíamos en uno de los capítulos previos que el primer yo es sensorial y que luego viene el yo psíquico, el que es capaz de pensar y reflexionar sobre sí mismo, el que se pregunta «¿Quién soy» y «¿Por qué estoy en este cuerpo?». Sí, ese yo se desarrolla con las experiencias de la vida y en relación con otras personas. Asimismo, las relaciones de los primeros años de vida con nuestros cuidadores van a determinar cómo exploramos el mundo y cómo nos relacionamos con los demás. Nuestra mente, por tanto, emerge y se moldea en la interacción con otras mentes.

Si pudiésemos representarlo de manera gráfica, veríamos dos cerebros de los cuales emerge una mente común (intersubjetiva), que a su vez influye en esos cerebros que interactúan entre sí. Esto se lo escuché por primera vez a mi amigo y compañero de proyectos, el psiquiatra Martín Vargas Aragón, quien en uno de esos interesantes cafés en Madrid que uno no olvida, junto con Carlos Blanco Pérez (filósofo y escritor), repetía: «La relación no es la de un cerebro con una mente, sino la de varios cerebros con una mente» (cerebro-S ⟷ MENTE). Se refería a la que en aquel mismo momento conformábamos entre los allí presentes.

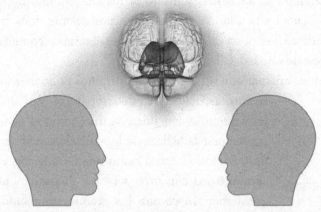

No es por tanto «cerebro-mente» sino «cerebros-mente», porque si bien el cerebro es el órgano necesario para cualquier proceso mental, un solo cerebro no resulta suficiente para la mente humana. El lenguaje se ha desarrollado en relación entre un mínimo de dos sistemas biológicos similares y solo de la relación de estos dos tiene lugar la noción de identidad y por tanto de conciencia.

Podríamos hablar de una mente social. Nuestra capacidad para organizarnos, vivir en comunidad y pertenecer a «nuestra tribu» viene dada por una especie de cableado que nos recorre de arriba abajo pero que a su vez nos conecta con los demás.

En los estudios sobre la felicidad se ha observado que factores como la salud, la riqueza y las circunstancias de la vida suponen solo el 15 o 20 % de las puntuaciones de bienestar. El principal ingrediente de la felicidad se encuentra en otro factor. Nuestra percepción del bienestar está más bien asociada a la experimentación de relaciones personales positivas, a la sensación de que tenemos un buen soporte social. Los bienes materiales terminan siendo una fuente infinita de insatisfacción.

Uno de los estudios más grandes sobre la felicidad se hizo en la Universidad de Harvard: se inició en la década de 1930 con setecientas personas a las que se siguió durante años. El estudio que ha sido dirigido desde entonces por hasta cuatro directores (el último, el psiquiatra Robert Waldinger), recogió datos de diversas variables como su situación socioeconómica, laboral, consumo de tóxicos o sus relaciones interpersonales. Los resultados mostraron que las relaciones significativas y las conexiones de calidad con los demás son uno de los factores más importantes para la felicidad y la salud de las personas, por delante de la fama y el dinero. Además, se observó que las personas solitarias o con una mayor experiencia de soledad, fallecían antes.

Podemos afirmar que sin el otro no podríamos ni querríamos vivir. Incluso aspectos que pueden parecer muy individuales y que solo dependen de uno, como el asombro (al contemplar la belleza de la naturaleza o al presenciar un fenómeno natural como una nevada) necesitamos compartirlos con otra persona. Piénsalo: ¿qué es lo que tienen en común los grandes momentos de tu vida? Seguro que en todos aparecen otras personas y no estás nunca tú solo.

> Los bienes materiales terminan siendo una fuente infinita de insatisfacción.

Dime cómo fue tu apego en la infancia y te diré cómo te relacionas

Sin el otro no podríamos ni querríamos vivir.

Nuestras primeras relaciones y experiencias de la infancia, las que tenemos con nuestros padres o cuidadores principales, configuran nuestro mundo afectivo y determinan en gran medida cómo nos relacionamos con los demás en la vida adulta. Es decir, nuestros patrones relacionales se prolongan en el tiempo, al igual que nuestras expectativas y necesidades, y se proyectan en la vida adulta, tanto en la forma en que nos comunicamos con los amigos o en nuestra interpretación de las reacciones ajenas, como en el tipo de relación que mantenemos con una pareja. Tienen, por tanto, un papel fundamental en el desarrollo de relaciones adultas de calidad, equilibradas y exitosas.

El apego es el vínculo emocional que establecemos con las personas que nos rodean; por consiguiente, lo desarrollaremos primero con nuestros progenitores o cuidadores y, más adelante, con el resto de los «actores» de nuestra historia vital.

Como decía Bowlby, uno de los principales exponentes de la teoría del apego,[1] tan importante es alimentar a un niño como darle cariño y afecto porque, para que mantenga un correcto desarrollo emocional y social, necesita al menos una relación estable y segura. Es decir, no bastaría con que un robot se encargase de nuestras necesidades básicas (por ejemplo, de alimentarnos). Para que nuestro cerebro termine de desarrollarse es indispensable el componente emocional (que se suministra a través de las caricias, el movimiento, la sonrisa, la mirada, la presencia, etc.).

Las necesidades socioemocionales tienen un impacto importantísimo en nuestra salud, pues si no las tenemos cubiertas podemos sufrir graves retrasos intelectivos y motores. Lo demostró el psicoanalista René Spitz, quien observó que los pequeños que residían en orfanatos en donde se les proporcionaba alimento pero no afecto, acababan generando alteraciones y trastornos en el desarrollo que podían ser hasta mortales.

Cuando nacemos no tenemos siquiera conciencia del yo, de un ser independiente. Entre los seis y nueve meses, los bebés empiezan a reconocerse a sí mismos como individuos distintos de otras personas. En esa

Tan importante es alimentar a un niño como darle cariño y afecto.

etapa somos totalmente dependientes, no solo en lo que hace a la alimentación y el cambio de pañal, sino en nuestra regulación emocional.

Si lloramos porque nos duele algo, el consuelo o la regulación nos viene de fuera: nos la proporcionan los cuidadores. No venimos dotados de capacidad de autorregulación (la capacidad para controlar nuestra conducta y emociones, para inhibir nuestros impulsos, para monitorear nuestra propia actividad mental). Pero gracias a nuestros cuidadores, a sus miradas y atenciones, irán multiplicándose nuestras conexiones neuronales y madurando las diversas regiones de nuestro cerebro, desde el sistema límbico hasta el córtex prefrontal, más en concreto, el orbitofrontal. Esta región cerebral localizada justo detrás de los ojos es un lugar estratégico del sistema límbico y desempeña un papel clave en la evaluación de las emociones y la regulación del afecto. Es especialmente sensible a la comunicación cara a cara y al contacto visual, por lo que algunos autores consideran que es crucial en la relación de apego y sintonización con los cuidadores.

Si la sintonización del bebé con su entorno ha ido correcta, con el tiempo el niño será capaz por sí mismo de sintonizar con sus propias emociones y con las señales de su cuerpo, es decir, llegará a reconocer y conectar con la información interoceptiva (la proveniente de las vísceras). La investigación ha mostrado que las personas que tienen una mejor sintonía interoceptiva son capaces de regular y gestionar sus emociones de una manera más adaptativa. Además, lo tendrán más fácil a la hora de intimar con los demás.

La teoría del apego sostiene que si las condiciones del medio (provistas por los cuidadores) son lo suficientemente buenas, el desarrollo del individuo será posiblemente correcto. Es decir, su neurobiología podrá seguir un camino óptimo porque el desarrollo en la primera infancia es el resultado de la interacción de ese potencial neurobiológico (lo que trae de fábrica por genética) con las experiencias relacionales primarias.

El concepto de «madres suficientemente buenas» fue acuñado por el pediatra y posteriormente psiquiatra W. Winnicott, para referirse a aquella madre (o padre o aquel que desarrolle las funciones nutricias) que es capaz de dar cabida al desarrollo del «yo» del niño a partir de un en-torno favorable[2] que garantice no solo los cuidados físicos, sino también los emocionales: que hayan podido «sostenernos», mirarnos, proporcio-narnos contacto y «calor» físico y emocional; que hayan sido capaces de poner en palabras lo que no sabíamos expresar; o que nos hayan ayudado a regular nuestras emociones cuando no veíamos más que placer o displa-cer y solo podíamos expresarlo llorando o riendo.

Pero además implica que este entorno favorable no se consigue cu-briendo las necesidades del infante de una manera perfecta, sino óptima la mayor parte de las veces. Porque si cubriésemos al cien por cien cual-quier necesidad del niño de una manera perfecta, no habría espacio para que este se separase e individualizase (un proceso natural necesario), no habría oportunidad para el aprendizaje de la imperfección de la vida y madre e hijo podrían quedar atrapados en una relación simbiótica (es de-cir, una relación estrecha, persistente y dependiente). No habría tampoco contraste, no emergería la curiosidad o el deseo por conocer.

Una madre o padre suficientemente bueno es capaz de proporcionar seguridad gracias a la continuidad y a la repetición «la mayor parte de las veces». Porque a través de esta, transmitimos patrones que el niño puede interiorizar. Además, habla de calidad humana y no de «perfección mecá-nica». Esto es porque el ser humano solo llega a la supuesta «perfección», gracias al componente emocional. Porque el componente mecánico y ra-cional es solo una parte de un todo.

Toda esta teoría permite explicar que una persona sea capaz de verse a sí misma como un individuo separado, con una autoestima óptima y realista, y al mismo tiempo sea capaz de mantener una autorregulación adecuada y la suficiente cohesión interna.

¿Qué estilos de apego hay en la infancia?

Bowlby y Ainsworth describieron cuatro grandes tipos de apego, uno seguro y los otros tres inseguros, entre un niño y sus progenitores (o la figura que realice dicho papel).

Las cuatro formas principales de apego desempeñan las siguientes funciones:

- Protección.
- Regulación emocional.
- Supervivencia.

El estudio de las relaciones con nuestros cuidadores principales nos permite entender y explicar muchos de nuestros comportamientos. Al distinguir los cuatro tipos de apego, Bowlby y Ainsworth lo explicaron así:

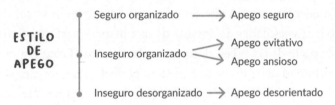

ESTILO DE APEGO

Seguro organizado ⟶ Apego seguro

Inseguro organizado ⟶ Apego evitativo
⟶ Apego ansioso

Inseguro desorganizado ⟶ Apego desorientado

1. **Apego seguro**: es aquel caracterizado por una base de seguridad que permitirá al niño confiar en sí mismo y en los demás. Aquí la reacción del otro es predecible y el niño aprende a anticiparla, aprende a leer las intenciones del otro (teoría de la mente). El apego seguro facilita que el pequeño sea capaz de regular sus emociones adecuadamente y desarrolle unas buenas habilidades sociales. Las personas con un apego seguro tienen relaciones de pareja más saludables y equilibradas.

2. **Apego inseguro organizado**:

- **Apego evitativo**: cuando las necesidades del niño no han sido atendidas como es debido, los cuidadores no han estado disponibles o ha habido distancia emocional. La persona habrá aprendido a evitar el contacto emocional y la intimidad. Tendrá dificultades para expresar las emociones y puede crearse una especie de coraza por el miedo a ser rechazada. Esto dificultará confiar en los demás y establecer relaciones íntimas. Podría decirse que este tipo de individuos tienden a funcionar bajo el pensamiento: «Más vale que no diga nada porque nadie va a estar ahí».

- **Apego ansioso (también conocido como apego ambivalente)**: un ejemplo de este tipo de apego lo constituyen padres que tienden a la inestabilidad, que prestan mucha atención en unos momentos y muy poca en otros, o también los padres sobreprotectores a los que todo les preocupa y trasladan a los pequeños sus propios miedos. En el primer tipo, los niños tendrán dificultades para explorar el mundo, se sentirán inseguros y no confiarán en sus cuidadores. En el segundo, no se permite que los niños exploren y «se caigan» para volverse a levantar, no habrán tenido la oportunidad de aprender.

3. **Apego desorganizado**: aquel en el que la misma persona que tiene que suministrar los cuidados genera miedo. Es el que vemos en personas que han sufrido traumas graves (por ejemplo, maltrato o abuso sexual).

¿SABÍAS QUE...?

Mary Ainsworth, del equipo de Bowlby, contribuyó a definir las distintas maneras de relacionarnos con los demás, lo que se ha denominado estilos de apego. En la década de 1960 llevó a cabo un experimento, conocido como «situación extraña», para estudiar las interacciones que mantenía la madre o un adulto (extraño) con el niño en un entorno no familiar. La importancia de este estudio ha sido de tal relevancia en la psicología del desarrollo que hoy en día se sigue empleando para referirse a los diferentes estilos de apego.

En este experimento se simulan situaciones en que el pequeño se ve obligado a salir de su ámbito conocido (sería como «salir de nuestra zona de confort») y se analizan sus reacciones; es decir, se trata de observar cómo se pasa del entorno seguro del hogar a un medio menos conocido.

Primero se exponía a bebés de unos doce meses (la edad en que la relación entre el bebé y el cuidador está claramente establecida) a situaciones no conocidas y estresantes para ellos. Se los dejaba junto a la madre en una habitación llena de juguetes y, al cabo de un tiempo, entraba un desconocido y la madre salía de la habitación (episodio de separación), dejando al pequeño a solas con el desconocido. Ella permanecía un rato fuera y luego volvía a entrar, saludaba y reconfortaba al bebé. Así se alternaban distintos escenarios y se evaluaban las reacciones e interacciones entre la figura de apego y el pequeño.

En el apego seguro se observa que el niño es capaz de jugar y explorar libremente el entorno en ausencia del cuidador. Se muestra angustiado durante el episodio de separación, pero, al volver, lo recibe con entusiasmo.

En el apego evitativo, el niño presenta poca angustia durante el episodio de separación, pero, cuando la madre regresa, tiende a evitarla. Se muestra, por tanto, indiferente tanto en ausencia como en presencia del cuidador.

En el apego inseguro ambivalente aparecen signos de angustia durante todo el experimento. El niño se muestra enfadado y no reconfortado, aun cuando haya regresado el cuidador.

· · · · ·

¿Qué impacto pueden tener los tipos de apego en mi forma de relacionarme con los demás?

El estilo de apego que hayamos adquirido en la infancia va a impactar de manera importante tanto en nuestras relaciones de amistad como en las de pareja e, incluso, en nuestra sexualidad, porque está en la base de nuestra capacidad para autorregularnos y para establecer lazos con los demás.

Es posible que a muchos les sorprenda esto. «¿Cómo me va a afectar —se dirán— lo que viví en la infancia con mis padres si ni siquiera me acuerdo de lo que experimenté?» Pues nos afecta mucho más de lo que pensamos. Todo lo que hicieron en esos primeros años de vida ha influido en cómo interpretas y conoces el mundo. Estos patrones o estilos de apego habrán quedado almacenados en tu memoria más inconsciente y automática, la conocida como memoria implícita, la que se pone en marcha en procesos de aprendizaje automatizados como conducir un coche o montar en bicicleta. Nuestras reacciones emocionales tienen también mucho que ver con ello. Si pudiésemos observarlo con técnicas de neuroimagen, es posible que viésemos cómo la amígdala tiende a sobrerreaccionar y a dispararse en ciertos estilos de crianza. Es decir, nuestra región cerebral más vinculada con las emociones habrá conformado su forma de activarse en función de lo experimentado y aprendido en la infancia. Esto me lo suelo imaginar como un corazón en miniatura que se halla dentro de nuestro cerebro y que, cuando estamos muy enfadados o con emociones intensas, se pone a latir de manera descontrolada, como si se tratase de una taquicardia.

Cerca del 60 % de la población tiene un apego seguro, y el 40 % lo tiene inseguro (siendo un 20 % del tipo evitativo). ¿No te sorprenden los porcentajes? Cuando lo escuché por primera vez no pude evitar pensar que un 60 % me parecía muy poco, pero hay que aclarar que esto no quiere decir que el otro 40 % sea patológico, pero sí que tendrán más dificultad en el mundo emocional y relacional.

El apego seguro facilita las relaciones personales, hace que tengamos la seguridad de amar y ser amados y nos permite establecer relaciones equilibradas y sanas. En el apego evitativo pueden aparecer dificultades para confiar en el otro, para intimar, para pedir ayuda... En el caso del apego ansioso o ambivalente, las personas pueden vivir las relaciones con inseguridad y con tendencia a la dependencia por miedo a ser abandonadas. En el desorganizado hay dificultades importantes de relación.

Tanto este último apego como el ambivalente pueden estar en la base de relaciones tormentosas estilo «montaña rusa», las de «no puedo vivir sin ti» o «sin ti me muero». Además, a las personas con estos tipos de apego les resultan aburridas y monótonas las relaciones con personas de apego seguro. Sin embargo, esas idas y venidas en la relación, camufladas detrás de un supuesto enamoramiento romántico, son generalmente el origen de repetidos conflictos.

Al examinar nuestro desarrollo bajo el prisma de la teoría del apego, podría parecer que nuestra forma de relacionarnos está determinada para siempre y que no podamos modificarla. Pues bien, aunque es cierto que nos marca de una manera muy importante, también podríamos haber tenido relaciones tempranas de apego muy complicadas y, sin embargo, haberlas compensado o reparado con otra clase de relaciones. De hecho, en esto se fundamenta la

Cerca del 60 % de la población tiene un apego seguro.

relación que se establece con el terapeuta cuando uno va a la consulta. Se trata de trabajar a través del vínculo que se genera con este. En 1950, F. Alexander describió la terapia, precisamente, como una experiencia emocional correctiva. Nuestros sistemas de regulación y relación se modifican y actualizan a lo largo de la vida a partir de experiencias y relaciones significativas.[3] Es decir, puede haber reaprendizaje, pues las formas de relacionarnos son también plásticas (aunque plástico no implica fácil o sin esfuerzo). Como decía J. Bowlby: «Nadie es inmune a una experiencia positiva».

Por último, cuando nos referimos a un estilo de apego ideal en la infancia (apego seguro), no nos referimos a una manera perfecta de cuidar. Nos referimos a una manera suficientemente buena de cuidar, como ya hemos comentado anteriormente.[4] Tampoco se trata solo de dar cariño. Se trata de aportar seguridad y protección a través de nuestros actos y cuidados y esto ocurre fundamentalmente durante los tres primeros años de vida.

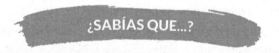

¿SABÍAS QUE...?

Una relación de pareja es el resultado de la interacción entre dos personas, cada una con su propio estilo de apego, en un ambiente social determinado. Conocer nuestro estilo de apego nos aporta mucha información sobre la forma en que establecemos unos vínculos u otros, por ejemplo con nuestras relaciones de pareja. Dejo este esquema a modo orientativo:

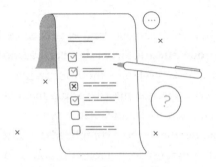

Relación de pareja con alguien de apego seguro:

- Disfruta de la intimidad de una relación.
- No vive con angustia o preocupación el que su pareja pueda dejarle.
- Es capaz de sentirse correspondido en la relación.
- Es capaz de compartir tiempo con su pareja y, a la vez, de darle su espacio.
- En caso de ruptura, es capaz de aceptarla, pese al dolor que le provoca la pérdida.

Relación de pareja con alguien de apego evitativo:

- Tiende a las relaciones distantes y frías.
- Tiene dificultad para comprometerse.
- Presenta dificultades para manifestar sus emociones.
- La independencia y la autonomía están para ella por delante de otros valores y la pareja no suele ser su prioridad.
- Tiende a mantener relaciones superficiales y le cuesta dar mensajes claros que denoten su plena disponibilidad.

Relación de pareja con alguien de apego ansioso o ambivalente:

- Vive con miedo a ser abandonado por su pareja, necesita muestras de amor constantes.
- Tiende a asociar la felicidad únicamente con su relación de pareja.
- No es capaz o le cuesta enormemente sentirse correspondido en la relación.
- Necesita estar con la pareja continuamente y gasta la mayor parte de su energía en pensar en la relación. Suelen ser personas dependientes y celosas.
- Tiende a interpretar continuamente los actos o palabras de su pareja.

Relación de pareja con alguien de apego desorganizado:

- Relaciones complicadas de amor-odio, conflictivas y dramáticas.
- Vive la relación con gran inestabilidad, con altibajos emocionales.

- Tiene dificultades para conectar lo que hace con lo que siente.
- Tiene miedo a ser abandonado y al mismo tiempo le cuesta intimar.

• • • • •

Cómo proporcionar respuestas adecuadas para un apego seguro

Si eres madre o padre es posible que te hayas hecho esta pregunta: «¿Qué respuesta sensible debe darse para proporcionar un apego seguro?» o, dicho de otro modo, «¿Cómo se puede ser buena y mala madre a la vez?». Naturalmente, no se trata de ser unos cuidadores perfectos para que nuestros hijos puedan desarrollar un apego seguro. Pero sí que podemos hablar de aspectos generadores de patrones, que tienden a repetirse y que facilitan la tarea (el «suficientemente bueno» del que hablábamos antes).

De acuerdo con la psicóloga Mary Ainsworth y sus colaboradores, una respuesta sensible de apego hacia el bebé incluye las siguientes características:

- Capacidad para percibir y responder apropiadamente a las señales de demanda del bebé.
- Capacidad para respetar el sentido de autonomía del niño.
- Disposición para jugar con él.

Para proporcionarlas, han de darse los siguientes elementos:

- Empatía, capacidad para ponerse en el lugar del otro.
- Contacto.
- Capacidad reflexiva.

Un cuidador sensible es capaz de calmar al niño cuando está alterado y de proporcionarle seguridad, respetando al mismo tiempo su autonomía. Esta sensibilidad la vamos a manifestar tanto en lo verbal como en lo no verbal (en lo que decimos y en cómo lo decimos). Así, por ejemplo, si nuestro hijo se cae al suelo, se hace daño y viene a buscarnos entre lágrimas reclamando consuelo, tendremos que ser capaces de calmarle con nuestra mirada, con el contacto físico y con nuestras palabras, sin ignorar ni negar el sufrimiento, pero sin que nuestras emociones nos desborden.

Tan inadecuado puede resultar un padre o una madre que no atiende el sufrimiento de su pequeño, que todavía no es capaz de calmarse solo, como el que le atiende llorando y sufriendo más que él: «Por Dios, hijo mío, ¿estás bien? ¡Casi me matas del susto!», mientras llora desbordado por sus propias emociones.

Una respuesta suficientemente buena sería aquella en la que el cuidador atiende el malestar (y no lo niega), no riñe al niño por haberse caído y no se angustia desproporcionadamente (esto es, no deja que sus emociones se desborden). Esto aportará al niño un modelo sobre la forma de percibir y regular sus emociones.

Proporcionar todo esto al bebé es suministrarle las herramientas necesarias para dar respuestas sensibles a los demás en la vida adulta, incluso en la esfera sexual. De la misma manera, las carencias en este período tan clave de nuestra vida se terminan convirtiendo en carencias de la vida adulta, que se exportan a distintos aspectos de la conducta.

Otro término muy importante utilizado en las teorías del apego es el de la sincronización, que se refiere a la coordinación mutua en las relaciones madre-bebé y padre-bebé (díadas). Esta sincronización es la capacidad para «conectar», «moverse al son de» o «acompasar» los estados mentales del otro en momentos de intimidad. El hecho de jugar y divertirse dentro de la relación progenitor-hijo actúa como un regulador de los estados emocionales.

Más que las interacciones de carácter extraordinario o excepcional, hay que cuidar las pequeñas interacciones cotidianas, porque son las que permitirán que el niño se entienda a sí mismo, al mundo y a los demás cuando llegue a la vida adulta. Son, por tanto, los cimientos de nuestra regulación emocional y de nuestra capacidad para relacionarnos con los demás.

Algunas de las preguntas que puedes hacerte para saber un poco más sobre cómo te relacionabas antes y cómo te relacionas en la actualidad son:

- ¿Te sientes cómodo cuando te hacen algún comentario positivo?

- ¿Te desbordan los negativos?

- ¿Te enfadas contigo mismo por estar mal?

- ¿Eres capaz de pedir ayuda?
- ¿Sueles reparar en las necesidades de los demás?
- ¿Existe un equilibrio entre el cuidado de ti mismo y la ayuda a los demás?
- ¿Tiendes a machacarte o a criticarte en exceso?

Después de esta amplia exposición sobre la teoría del apego, al lector le resultará fácil entender por qué autores como Peter Fonagy han sustituido el archiconocido «pienso, luego existo» por el «fui pensado, luego existo». Un bebé o un niño pequeño necesita ser pensado y mirado por otra persona. Un niño nunca diría «pienso, luego existo», sino en todo caso «soy pensado, luego existo». Ser mirado y pensado por el otro permitirá construir la propia psique, esa que todavía no está desarrollada en los primeros meses y años de vida.

El superpoder de leer la mente

La inmensa mayoría de nosotros hemos soñado alguna vez con leer la mente de los demás, como si fuese un «superpoder» solo al alcance de personajes de ficción. Pues si no lo sabías, te diré que venimos con este «superpoder» de serie y que lo usamos a diario sin apenas darnos cuenta.

De la misma manera que venimos al mundo con la maquinaria necesaria para poder desarrollar el lenguaje, nuestro cerebro viene dotado con la última tecnología en relaciones sociales y cuenta, además, con una «preinstalación» para que podamos desarrollarla. Como decíamos en capítulos anteriores, somos capaces de reproducir las emociones del otro en nuestro propio cuerpo para ponernos en su piel y poder entenderle.

Te pongo un ejemplo de la vida cotidiana. Sales del trabajo y, al entrar por la puerta de casa, te encuentras los calcetines de tu pareja en el suelo. No dices nada, él o ella va a darte un beso, pero tú respondes con muy pocas ganas y pones «cara de acelga». Entonces tu pareja dice: «¿Te pasa algo?». Tú dirás que nada mientras miras de reojo los calcetines, pero tu pareja ha captado un microgesto de desaprobación y ha entendido el significado de ese «nada».

Esta capacidad para intuir el punto de vista del otro («sé lo que sabes») y hacernos una idea de su estado emocional («adivino lo que sientes») es lo que se conoce como la teoría de la mente, la última tecnología en capacidad predictiva emocional.

En realidad, la teoría de la mente es solo uno de los componentes de lo que conocemos como cognición social, que se refiere al papel que desempeñan los procesos cognitivos en nuestras interacciones sociales.

¿SABÍAS QUE...?

La cognición social son los procesos emocionales y cognitivos que nos permiten interpretar, analizar y comprender el mundo social. Alude a nuestra capacidad para conocer cómo piensan y sienten los demás y cómo nos comportamos en función de ello.

La cognición social se compone de los siguientes elementos:

1. **Reconocimiento de emociones:** se refiere a la capacidad para reconocer las emociones tal como son, es decir, de saber identificarlas (si alguien está triste, contento, etc.).

2. **Teoría de la mente:** es la facultad que nos permite atribuir pensamientos e intenciones a otras personas, tener en cuenta los estados mentales de los otros (mentalización). Es la que está implicada cuando hacemos reflexiones del tipo «Yo creo que tú crees que yo creo...». Es decir, es la que nos permite por ejemplo inferir sobre lo que pensamos que el otro piensa de nosotros.

3. **Atribución:** se asigna una intención a las acciones o expresiones de los demás. Imagina que vas caminando por la calle y te cruzas con un grupo de personas que están riéndose. Podrías pensar que se ríen de ti y, en tal caso, les habrás atribuido una intención.

4. **Contexto social:** se refiere a las normas sociales tácitas. Por ejemplo, a lo que está mal visto en una sociedad.

• • • • •

Todo esto va a repercutir en nuestra interpretación y predicción de las conductas de los demás a través de los estados mentales que les atribuimos, pero también en nuestros propios comportamientos. Además, nos permite entender por qué una persona no reacciona como nosotros ante el mismo estímulo.

La teoría de la mente es clave en nuestra supervivencia. Explica conductas como la solidaridad y nos permite adaptarnos y conectar con los demás, pero también mentir, engañar y manipular. Estará en nuestra mano hacer un buen uso de ella.

Se alcanza a los cuatro o cinco años, cuando los niños pasan del pensamiento concreto a desarrollar un pensamiento más abstracto. Por eso, hasta el hecho de contar mentiras implica un mínimo desarrollo de las funciones psíquicas. Por ejemplo, un niño de dos años no es capaz de mentir. Si tienes hijos pequeños, te invito a que realices el experimento que detallo en estas páginas.

¿SABÍAS QUE...?

Puedes poner a prueba la teoría de la mente de tu hijo con alguno de los ejercicios siguientes. Coge una caja de galletas y pregúntale: «¿Qué crees que hay?». El niño te responderá: «Galletas». Acto seguido la abres y le enseñas que está llena de pinturas (que habrás metido tú previamente). Luego cierras la caja y le preguntas: «Y si se la enseñamos a la abuela, ¿qué creerá ella que hay dentro?».

Un niño que todavía no tiene la teoría de la mente desarrollada o un niño con trastorno del espectro autista (TEA), responderá: «Pinturas». Sin embargo, uno que haya desarrollado su cognición social te dirá que galletas, pues entiende que su abuela se guiará por lo que pone en la caja, ya que no ha estado presente en la escena anterior.

Otro ejemplo clásico es el test de Anne y Sally, que se utiliza para valorar la teoría de la mente en consulta. Consiste en contar esta pequeña historieta al niño y, a continuación, preguntarle dónde cree que buscará Sally la pelota.

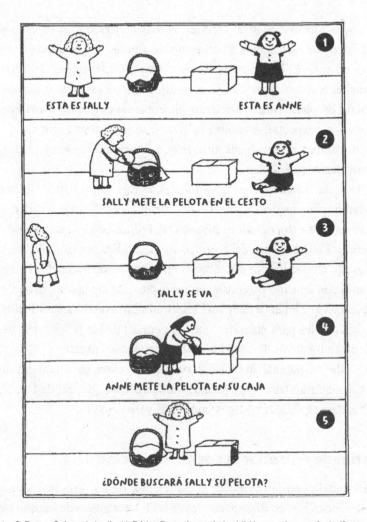

Fuente: S. Baron-Cohen, A. Leslie, U. Frith, «Does the autistic child have a theory of mind?», en *Cognition*, vol. 21, n.º 1, págs. 37-46, 1985.

• • • • •

Cuando la tecnología social falla

La cognición social también puede fallar; por ejemplo, cuando se encuentra sesgada por nuestros estados emocionales. En realidad, si todo esto de saber lo que piensa y siente el otro fuese tan fácil o exacto como una operación matemática, sería de lo más aburrido, ¿no crees? Vamos a suponer que nos hemos enamorado de alguien y que quedamos para tomar un café. El hecho de no tener claras las intenciones del otro nos engancha. Nuestra capacidad para intuir las intenciones de la otra persona estará en pleno funcionamiento; el problema es que nuestros miedos, ansiedades y expectativas podrán alterar o sesgar nuestra visión.

En realidad, no nos mentimos: es que el cerebro funciona mucho mejor con ciertas realidades.

Fuera de las situaciones emocionales, la carencia o déficit de esta capacidad implica inadecuación social, dificultades en la expresividad emocional, retraimiento, deterioro psicosocial, reducción de la calidad de vida, estigma… Los trastornos del espectro autista o TEA, por ejemplo, son trastornos caracterizados por dificultades en la cognición social. De hecho, las personas con autismo no consiguen predecir y anticipar comportamientos ajenos, cosa que les hace mantener relaciones e interacciones confusas. Tienen dificultades para entender que los demás puedan tener sentimientos diferentes a los suyos. Por eso les resulta complicado mentir.

Queda así patente que esta capacidad es clave para comprender y adaptarnos a nuestra complejísima realidad social, una realidad ambigua, cambiante y repleta de códigos implícitos y no verbales.

¿Se puede entrenar la cognición social?

El trabajo con la cognición social es una de las principales terapias que se aplican hoy en día a pacientes con TEA y algunos de los que sufren esquizofrenia. Pero también podemos trabajarla sin tener ningún déficit en ella.

¿Y si además te dijera que hay una hormona que está muy relacionada con esto? ¿Has oído hablar de la oxitocina? Es la hormona que estimula la producción de leche materna y el vínculo entre la madre y el bebé, y que recibe también el nombre de hormona del embarazo. Pues bien, hoy sabemos que la oxitocina es un neuropéptido muy bien conservado en la escala evolutiva que desempeña un papel fundamental en nuestra conducta social y es clave en el apego, la fidelidad, la generosidad y la confianza en los demás.

Está, por tanto, en la base de nuestras relaciones, las cuales se basan en la confianza mutua. La liberamos en las relaciones sexuales y en muchas otras situaciones que implican contacto físico (caricias, masajes, etc.) y ello nos hace sentirnos más conectados y confiados. Además, se ha demostrado que reduce el estrés. ¿Te imaginas todo lo que podríamos hacer si la tuviésemos en pastillas?

Algunos investigadores ya se lo han planteado y, de hecho, se pusieron en marcha multitud de estudios con oxitocina inhalada, en los cuales se ponía a los participantes ante diversas situaciones. Lo que se observó es que la oxitocina aumenta la confianza en los demás hasta el punto de que, cuando nos hallamos bajo el influjo de esta hormona, estamos dispuestos a entregarles nuestro dinero o nuestros secretos más valorados. Teniendo en cuenta que conocemos formas naturales de estimular la oxitocina (relaciones sexuales, abrazos y contacto físico a través del cuerpo, meditación, compartiendo experiencias...), quizá deberíamos pensar más en esto cuando queramos estimular la economía.

¿SABÍAS QUE...?

No andamos lejos de conseguir transmitir confianza mediante un espray nasal. Hablar de confianza implica hablar de la famosa oxitocina. Esta hormona que se produce en el hipotálamo e incide en las regiones emocionales de nuestro cerebro (la amígdala) es especialmente conocida porque se libera después del parto y durante la lactancia. Sin embargo, tiene muchas otras funciones, como por ejemplo la de consolidar los lazos afectivos (entre la madre y el bebé y entre los propios progenitores). De hecho, desde un punto de vista evolutivo, se suele decir que, si el deseo sexual es el que garantiza la reproducción de la especie, el apego es el que permitirá a la pareja tolerarse y aguantarse el tiempo suficiente para garantizar la crianza de los hijos. Ojo, que no pretendo quitarle romanticismo al amor, pero siempre me ha llamado mucho la atención cómo se transforma el amor con el tiempo. Es decir, cuando llevamos años con una pareja, pasamos de una fase en la que no paramos de liberar dopamina (esa sustancia que solemos considerar la más adictiva) a otra en la que está mucho más presente la oxitocina (la del amor más tranquilo, el apego, etc.). De hecho, es muy importante saber esto para entender un poquito más las relaciones de pareja.

Pero, además, se considera que la oxitocina es el pegamento social que contribuye a potenciar las relaciones sociales y a promover las conductas de acercamiento o proximidad (entre personas desconocidas). Esta hormona suscitó un enorme interés incluso entre los economistas, cuando investigadores como Kosfeld y sus colegas empezaron a estudiar cómo estimula la confianza y la generosidad con otros individuos. De hecho observaron que la gente arriesgaba más en juegos de apuestas que implicaban confianza entre dos personas.

Paul Zak, director del Centro de Estudios de Neuroeconomía de Claremont, ha investigado y escrito mucho sobre ello. Al realizar unos interesantes experimentos con individuos que recibieron oxitocina inhalada y otros que no la recibieron, observó que los primeros eran más generosos en sus donaciones económicas cuando se les exponían escenas sociales dramáticas. De ahí que Zak presentara esta hormona como el «lubricante de la economía».

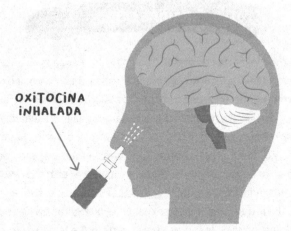

OXITOCINA
INHALADA

Si bien estas investigaciones no han estado exentas de polémica, han abierto una vía interesantísima de estudio en el campo de la salud mental, sobre todo en aquellos trastornos donde el componente social está comprometido.

• • • • •

Pero, en realidad, la economía se puede estimular también invirtiendo en todo lo relacionado con la salud mental y, en este sentido, el estudio de la oxitocina puede brindar interesantes avances en este campo, ya que el componente social es uno de los más comprometidos en buena parte de los pacientes que atendemos en las consultas de psiquiatría y psicología clínica.

De todas formas, no hace falta irnos a las consultas ni a trastornos. Basta revisar nuestro día a día para darnos cuenta de la enorme aplicación que puede tener este conocimiento, pues no olvidemos que el contacto físico mejora la vida. Sin embargo, resulta sorprendente que, si tradicionalmente el abrazo y la compañía han sido una de las mejores terapias (por sus beneficios psicológicos y táctiles y por su capacidad para estimular la oxitocina), cada vez oímos más eso de «Déjame, necesito estar solo» y rechazamos alegremente una de las mejores ayudas. Quizá la próxima vez que un amigo o un ser querido nos diga algo así podemos contestarle con un «Déjame que insista, quiero estar contigo» o «Creo que puedo ayudarte, déjame al menos que te abrace». Es posible que consigamos ayudarle disminuyendo sus defensas, aumentando su oxitocina.

El contagio emocional: la magia de las neuronas espejo

Las emociones se contagian mucho más rápido que un virus, exactamente en cuestión de microsegundos, y fundamentalmente a través de nuestra expresión facial, gracias a los más de treinta músculos que tenemos en la cara.

«Si sonríes, el mundo te sonríe»: esta bonita frase puede ser valorada o criticada, vista como banal o exponente de un positivismo «fácil». Aunque es cierto que no podemos tomárnosla a rajatabla ni aplicarla a todas las situaciones, no puede negarse que hay en ella mucha verdad. Para empezar, hay hasta una explicación neurocientífica para ello y está en nuestras neuronas espejo y en el efecto que causa en nuestra mente la contracción de los músculos faciales.

Empecemos por las neuronas espejo. Fueron descubiertas de manera inesperada por el equipo de Giacomo Rizzolatti[5] mientras estudiaba el cerebro de un grupo de monos. En mi caso, yo descubrí estas neuronas mien-

«Si sonríes, el mundo te sonríe.»

tras me formaba como especialista en psiquiatría y quedé fascinada con su nombre: «neuronas espejo». Aquello me pareció muy divertido, atractivo y fascinante. Lo que no sabía entonces es que años después tendría la suerte de conocer a este investigador en persona y que las pondría a practicar al contagiarme de su divertida sonrisa.

Se ha observado que, cuando vemos a alguien realizar una acción (por ejemplo, coger un vaso de agua), se nos activan las mismas regiones motoras del cerebro que si lo hiciésemos de verdad. Es decir, reproducimos en nuestra cabeza la escena que estamos viendo para terminar de entenderla y esto lo posibilitan las famosas neuronas espejo o *mirror neurons*. Son las células del sistema nervioso que están en la base del contagio emocional y permiten explicar fenómenos tan curiosos como el del contagio de un bostezo o de una sonrisa.

¿SABÍAS QUE...?

El equipo de Giacomo Rizzolatti y sus colaboradores L. Fogassi y V. Gallese, de la Universidad de Parma, descubrió las neuronas espejo cuando estaba estudiando el cerebro de unos monos. Habían colocado electrodos en la corteza frontal inferior de los macacos con el fin de ver cómo actuaban las neuronas especializadas en los movimientos de la mano.

El experimento consistía en dar un alimento a uno de los monos y ver la respuesta neuronal. Pero, de pronto, observaron que cuando uno de los animales estaba manipulando su alimento, las neuronas de otro macaco también se activaban y eso no tenía ninguna relación con la comida en sí misma, sino con la propia acción.

Este último no se había movido, no tenía ninguna fruta en la mano y tampoco había imitado el gesto del mono experimentador; sin embargo, su cerebro sí que produjo una actividad idéntica a la de este. Se activaron las mismas regiones cerebrales que en el animal que estaba ejecutando la acción.

Posteriormente se pudo comprobar que estas neuronas desempeñan un papel clave en la detección de movimientos, emociones e intenciones de las personas con las que interactuamos, porque se activan las mismas regiones cerebrales. Entonces se las situó en la corteza premotora, pero hoy sabemos que se encuentran básicamente en las regiones parietales y en el surco temporal.

● ● ● ● ●

Estas neuronas funcionan de una manera tan rápida y automática que es más difícil evitar «el contagio» de una emoción que dejarla fluir. Te pongo un ejemplo. Imagina que te cruzas con una persona que no te cae muy bien, pero que esboza una gran sonrisa al verte. Pues bien, te costará más inhibir la sonrisa que dejarla salir, ya que tu cerebro actuará automáticamente gracias a estas neuronas espejo. No sonreír requerirá un esfuerzo adicional, un trabajo activo y consciente, pues la sonrisa tiende a contagiarse muy rápidamente.

Pero estaba intentando demostrarte que la frase «Si sonríes, el mundo te sonríe» era cierta. Hay dos argumentos más. Por un lado, la teoría del *feedback* facial que vimos en el capítulo anterior. Según esta teoría, los movimientos de los músculos faciales relacionados con una determinada emoción influyen de forma importante en nuestra manera de experimentarla (sin necesidad de que haya un proceso cognitivo intermedio). Así, al sonreír, en virtud de ese mecanismo de mensajería inversa activo en nuestro cerebro, lo que recibimos es un mensaje de «estoy bien» y, ante eso, el cuerpo se relaja. Además, la comunicación del cerebro con la cara desempeña un papel muy relevante y tiene un impacto mayor que la que mantiene con el resto del cuerpo.

Por último, podemos decir que es cierta por algo mucho menos científico que todo lo expuesto anteriormente: por el simple hecho de que nos atrae lo positivo y, si nos «engancha», es porque nos produce placer. Cuando alguien sonríe nos hace sentir bien, nos hace sentir cómodos y nos gusta. De ahí que tengas más probabilidades de éxito si sonríes a la vida que si no lo haces, incluso cuando pienses que no tienes motivos para ello. Podríamos interpretarlo también como una forma de profecía autocumplida, ya que una actitud optimista siempre trae más beneficios que una pesimista.

Pero, cuidado, no hay que pensar nunca que podemos tratar ciertos cuadros de salud mental diciéndole a la persona afectada que sonría a la vida. Sería como pensar que el paciente se va a curar la hipertensión arterial solo dejando de comer dulces. Aunque los dulces pueden influir en la tensión, son solo un ingrediente más de un cuadro complejo que requiere un abordaje mucho más completo.

La magia de las neuronas espejo

Para que te hagas una idea de todo lo que te perderías si no dispusiésemos de este avanzado sistema nervioso, sin las neuronas espejo no tendría sentido crear obras de teatro que nos hagan llorar o películas que nos hagan temblar. ¿Te haces idea del alcance y repercusión que tienen estas neuronas? Son las responsables del contagio emocional, la sintonía y la empatía y desempeñan, por ende, un papel primordial en el aprendizaje. Y es que ¡nos pasamos la vida imitando!, ¡copiando! ¡No podemos evitarlo! Desde que nacemos, nuestro aprendizaje ya es imitación o aprendizaje vicario, como describió el psicólogo canadiense Albert Bandura. Las neuronas espejo explican gran parte de todo esto y son las que intervienen en la famosa empatía: nos permiten vivir la emoción del otro como si fuera nuestra y nos ayudan a comprenderla.

Podríamos decir que el descubrimiento de estas neuronas es tan relevante para el campo de la salud mental como el del ADN para la biología.

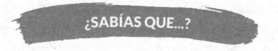

¿SABÍAS QUE...?

Las neuronas espejo:

1. **Son milenial.** De hecho, fueron descubiertas en la década de 1990 por el equipo de Giacomo Rizzolatti.

2. **Tienen mucho de «primitivo».** Se descubrieron experimentando con monos del tipo *Macçaca nemestrina*. Tienen un sentido evolutivo y de supervivencia. Por ejemplo, si vemos correr a alguien con cara de susto, nosotros también correremos.

3. **Son muy «cerebrales».** Se encuentran en el córtex, en la zona premotora, especializada en planificar, seleccionar y ejecutar movimientos. Se activan de manera rápida y automática.

4. **Son «copiotas»,** pues son las responsables del aprendizaje por imitación, del contagio emocional y de la empatía.

5. **Son sensibles.** Pueden activarse tanto por las vías auditiva, visual y conductual como mediante la ejecución de una acción.

6. **Son artísticas:** sin ellas no tendría sentido una obra de teatro que nos haga reír, un libro que nos haga llorar o una película que nos haga estremecer.

7. **Son mágicas:** realmente son fascinantes, pues son las responsables de nuestra capacidad de empatía, de ponernos en el lugar del otro, en sus zapatos.

> Cuando estamos enamorados, la imitación es mucho mayor.

• • • • •

Ya sabemos que estas neuronas se activan cuando se visualizan acciones. Pues bien, también nos permiten comprender el proceso de la acción en sí misma, así como la motivación subyacente (el porqué de la conducta). Estas neuronas son, por tanto, clave en la empatía, la imitación y la sincronía.

Algo que resulta fascinante observar en nuestro cuerpo es cómo interactuamos con otras personas. Curiosamente, adoptamos una postura similar a la del otro; inconscientemente tendemos a imitar lo que hace o a contagiarnos de sus emociones. Es lo que se ha denominado contagio en espejo. Es una forma de decir a la otra persona que nos gusta y nos parecemos a ella. Como es natural, si la persona nos resulta atractiva, intelectual o físicamente, este efecto contagio será mayor.

Si estuviésemos delante de dos enamorados y tratásemos de analizar sus movimientos corporales, apreciaríamos cómo sus cuerpos se comunican y bailan de manera sincronizada e inconsciente. Sus pies y sus piernas estarían enfrentados, sus torsos no aparecerían tapados por los brazos, sus miradas se encontrarían, habría intercambio de sonrisas y moverían las manos entre ambos como si estuvieran enganchadas por unos hilos.

Cuando estamos enamorados, la imitación es mucho mayor. Así que ya sabes: si quieres saber si tu enamorado está tan interesado como tú, presta un poquito de atención a cómo se mueve su cuerpo.

Aprendizaje por imitación, aprendizaje vicario: «Harán lo que hagas y no lo que les digas que hagan»

Vicario viene del latín *veo*, que significa «transportar».

Todo esto del contagio y la imitación no nos resultará sorprendente si pensamos en los niños pequeños. La tendencia a imitar a los demás la llevamos de serie desde nuestra más tierna infancia. ¿No has notado que tu hijo sabe montar en patinete sin que se lo hayas tenido que enseñar o que de repente dice o repite una palabra malsonante que solo te la ha oído decir a ti? Se trata del aprendizaje vicario, el de la imitación. De ahí que el aprendizaje de tus hijos dependa más de lo que tú hagas que de lo que les digas que hagan.

Nuestros pequeños aprenden de las personas mayores que tienen a su alrededor, a los cuales se les llama modelos. Es decir, los padres, los abuelos y otros adultos de su entorno serán los ejemplos de conducta que van a observar e imitar. Al aprendizaje a partir de la imitación de estos «modelos» se le denomina modelado.

En otras especies animales se da un tipo de aprendizaje similar que se llama impronta o *imprinting*, descrito por el médico y zoólogo Konrad Lorenz, gracias al cual las crías tienen más posibilidades de sobrevivir. Es una conducta innata que se da horas o días después del nacimiento y que hace que las crías se identifiquen con las criaturas de su alrededor y sigan en todo momento a sus padres (impronta filial o troquelado). Es, por tanto, una conducta que promueve la supervivencia de la especie.

Los humanos observamos que los demás cometen errores y esto nos permite no cometerlos nosotros. Es decir, no solo partimos de los resultados de nuestra propia conducta, sino que también nos guiamos por lo que aprendemos de los demás. Asimismo, hay conductas que sabemos por intuición que no necesitamos experimentar para conocer sus consecuencias.

De pequeños no solo aprendemos de nuestros padres sino también de otras personas. ¿Y de qué depende que imitemos más a unos que a otros? Generalmente, los niños imitan a personas que perciben como similares a ellos mismos (amigos de su edad y de su mismo género), que les generan una mayor atracción interpersonal o que presentan mayor credibilidad y éxito en sus conductas.

Por último, los comportamientos puestos en práctica serán reforzados negativa o positivamente, lo que determinará que estos se mantengan o repitan en el futuro. Por ejemplo, si el niño comparte uno de sus juguetes y el padre le dice: «Bien hecho, has sido muy generoso», la conducta habrá quedado reforzada por la aprobación del progenitor. Presenciar cómo castigan a un compañero de clase por comportarse mal será otra forma de aprendizaje conductual.

PARA TOMAR NOTA

Para aprender algo no es necesario experimentarlo. Por ejemplo, no necesitamos probar la heroína para saber que es una conducta de riesgo con consecuencias negativas.

Gran parte de la educación de nuestros hijos depende de lo que hagamos nosotros, no de lo que les digamos. Ellos harán lo que tú haces, no lo que les digas que hagan. Si quieres que tu hijo coma sano, hazlo tú también. No está garantizado que vaya a hacerlo, pero sí habrá mayor probabilidad porque, casi sin querer, habrá empezado a imitarte.

Adoptar conductas positivas puede ayudarnos a sentirnos mejor ya que estas tienden a irradiarse e imitarse. Si apreciamos una conducta en otra persona que nos hace sentir cómodos, es mucho más probable que la reproduzcamos.

• • • • •

Lo social y su función protectora

Puede resultar una obviedad, pero somos seres sociales y relacionarnos es para nosotros casi una necesidad fisiológica. Sin esta tendencia a formar grupos o tribus, ni siquiera hubiésemos sobrevivido como especie, porque nuestro éxito evolutivo se debe a nuestra capacidad para interaccionar en grandes grupos. A veces nos olvidamos de lo fundamental, quizá porque vivimos en una sociedad cada vez más individualista y más rápida. Sin embargo, la pandemia se ha encargado de recordárnoslo. Nos ha parado en seco cuando íbamos a toda velocidad; ha sido «una lección», dicen algunos, «un toque de atención», porque no íbamos por el buen camino. Durante el confinamiento domiciliario hemos estado físicamente más separados, pero más unidos que nunca en términos emocionales. Nos hemos dado cuenta de que nos necesitamos.

Hoy sabemos que el aislamiento social impacta negativamente en nuestra salud física, cognitiva, afectiva y conductual: las personas que poseen menos contactos sociales de calidad (siendo el componente principal la experiencia subjetiva de soledad) presentan mayores alteraciones en el sistema inmune, mayor nivel de estrés, alteraciones en los patrones de sueño, etc. John Cacioppo, uno de los psicólogos e investigadores líderes en la neurociencia social, recalca que el sentimiento de soledad (algo muy diferente a estar solo) debilita al sujeto física y mentalmente. Es un estado de malestar «aversivo» que nos empuja y nos moviliza para buscar a los otros y relacionarnos. Es decir, tiene una función de supervivencia, ya que nos lleva a querer estar con otras personas. De esas relaciones grupales depende nuestra capacidad como especie.

El apoyo social es una de las herramientas más potentes contra las experiencias traumáticas, de estrés o las desavenencias cotidianas. A veces, el abrazo de un ser querido, el contacto de su mano en nuestro regazo o su disponibilidad para escucharnos basta para calmar el dolor psíquico. Son diversos los estudios que han probado que los efectos positivos de las relaciones sociales en la salud se dan en ambos sexos y en distintas razas y entornos, tanto urbanos como rurales. Su efecto se ha equiparado al de otras variables, como el tabaquismo, la obesidad o la actividad física. Las personas con pocas relaciones sociales tienen más probabilidades de morir que aquellas que tienen muchas (una tendencia que se analiza por edades, género y salud en general).

Esta relación entre aislamiento y mala salud no es necesariamente debida al estrés. Hay muchas personas solitarias y ermitañas que disfrutan en gran medida de su forma de ser. Sin embargo, se ha observado que esta relación podría venir mediada por factores ligados al estilo de vida, como el hecho de que estas personas puedan ser menos proclives a tomar medicinas y más tendentes a comer alimentos precocinados o a fumar en exceso.

De la misma manera que lo social actúa como protector, pedir ayuda también lo hace; de hecho, está considerado como una estrategia de afrontamiento. Y es que saber pedir ayuda o aprender a hacerlo implica esfuerzo y valentía.

> **¿Qué sentido tiene que un niño aprenda matemáticas e historia, hable varios idiomas o saque las mejores notas si no es capaz de regular sus emociones ni de manejarse en sociedad?**

Podemos decir que lo social y lo emocional son fundamentales en nuestra capacidad de éxito en la vida o en el camino hacia la felicidad: ¿Qué sentido tiene que un niño aprenda matemáticas e historia, hable varios idiomas o saque las mejores notas si no es capaz de regular sus emociones ni de manejarse en sociedad? ¿Por qué damos por hechas unas capacidades que cada vez parecen más ausentes en la sociedad actual?

La trampa de las redes sociales

Antaño eras lo que tenías; ahora eres lo que compartes.

GODFRIED BOGAARD

Las redes sociales se empezaron a usar en la década de 1990 con la esperanza de que fueran una oportunidad para una sociedad que evolucionaba hacia la individualidad (elegida) y daba signos de alarma por el malestar generado por la soledad (algo elegido por muchos). Sin embargo, se ha observado que el consumo pasivo de estas redes puede reforzar el sentimiento de soledad y desvinculación e incluso ha sido relacionado con el aumento de la depresión.

Las redes sociales han revolucionado la forma en la que interactuamos y concebimos nuestra realidad y han crecido de una manera vertiginosa durante las últimas dos décadas. Prácticamente el 85 % de la población que tiene acceso a internet se sirve de alguna red social, un porcentaje que se eleva al 93 % en los jóvenes de entre dieciséis y veinticuatro años, muchos de los cuales son «nativos digitales». Es decir, no han tenido las referencias que pueden haber marcado a los de las generaciones anteriores a la década de 1980, que han crecido con un pie en la era de las cartas de papel perfumadas y otro en el de los mensajes llenos de emoticonos que sonríen y bailan.

Estamos inmersos en una revolución que ha avanzado de una manera tan veloz que no estamos aún preparados para darle respuesta. Muchos padres prohíben a sus hijos que usen las redes sociales y no saben si deben dejarles que lleven teléfono móvil. Uno de los debates que más preocupan es el de la edad óptima para el inicio en el uso de las redes. Algunos padres temen que sus hijos queden excluidos de los grupos de amigos si no tienen móvil. Pero seamos sinceros. ¿Pensarías lo mismo sobre el cannabis o sobre otras drogas? ¿Realmente estarías dispuesto a aceptar que tu hijo consumiera una droga para que no le excluyeran del grupo? Quizá no es exactamente lo mismo, pero sí que parece necesario tomar medidas adecuadas. En el caso de las redes sociales no podremos tratar de convencerles de que no las usen nunca (como haríamos con una droga), pero sí al menos de hacer un uso responsable y esperar a que llegue el momento adecuado para permitir su uso.

En caso de que no seamos capaces de esperar, algunos psiquiatras y psicólogos infantiles, alertados por el aluvión de consultas de padres y jóvenes que sufren todo tipo de alteraciones psicológicas relacionadas con el uso de redes sociales, ya están recomendando que los padres firmen contratos de compromiso y responsabilidad con sus hijos.

Se trata de unos contratos propuestos por el Grupo de Redes Sociales de la Policía Nacional para que padres e hijos menores de edad fijen por escrito unas normas básicas sobre el uso de móviles, tabletas, ordenadores o dispositivos conectados a internet (seguro, privado y respetuoso), que pactarán entre todos. Por este medio estamos dando responsabilidad y autonomía a nuestros hijos, al mismo tiempo que les alertamos e informamos de los riesgos que entraña el empleo de dispositivos electrónicos.

Algunos pueden considerarlo exagerado, un acto de control excesivo e inútil. Otros opinarán que simplemente no hay que dar un dispositivo hasta los dieciocho años. Sin embargo, lo cierto es que debería ser algo obligatorio, porque si no informamos a nuestros hijos de todo lo que ya sabemos de los móviles, pueden hacer un uso patológico de ellos y, además, aunque no seamos nosotros los que les compremos el móvil, siempre tendrán alguna forma de utilizarlo. De la misma manera que les advertimos sobre los riesgos del consumo de drogas, podemos hacerlo también sobre la tecnología. En realidad, es como si le estuviésemos dando un sofisticado aparato científico a un menor que todavía no tiene las capacidades cognitivas y morales plenas para utilizarlo (¡sí!, me refiero a las del famoso córtex prefrontal, que aún no está lo suficientemente desarrollado).

> En redes sociales la vida «sirve» para mostrarla, no para disfrutarla.

Estamos viviendo algo sin precedentes y las consecuencias solo las veremos en el largo plazo. Como animales tenemos la necesidad de ser aceptados en el grupo, necesitamos pertenecer. Con las redes sociales esa aceptación se comercializa en forma de *likes* (me gusta). «¿Y cuál es el problema?», dirán algunos. «¿No es a fin de cuentas otra forma de pertenencia?» Siempre ha habido unas personas más populares que otras. El problema es que ahora lo popular y lo no popular, la pertenencia y el rechazo no tienen fin. Pueden perpetuarse de una manera que no somos capaces de anticipar. No tenemos control sobre ello y tampoco podemos adelantarnos a las consecuencias. Tanto lo bueno como lo malo puede ser transformado. Las reglas del juego van cambiando y construir patrones se hace extremadamente complicado. Se muestran vidas que no se corresponden con la realidad. Las redes están llenas de yoes idealizados que solo muestran una parte seleccionada de sí mismos. La vida «sirve» para mostrarla, no para disfrutarla, y algunos jóvenes seguramente piensan que, si no podemos mostrarla, es que no es una vida que merezca la pena ser vivida.

Las redes sociales han venido para quedarse. Han «hackeado» o tendido una trampa a nuestro cerebro, nos han hipnotizado y eso hace que no pensemos, no reflexionemos. Ya no tenemos siquiera tiempos muertos para hacerlo. Los pocos minutos que uno espera en una cola, va en metro, para en un paso de peatones o que está en el baño han pasado a ser ocupados por nuestro dispositivo móvil y, en gran medida, por las redes sociales. Ya no hace falta dar «pan y circo» a la población; nos lo buscamos nosotros solos. Porque ahora la cantidad de estímulos para entretenerse es infinita y necesitaríamos varias vidas para poder leer y ver todo lo que circula por las redes.

Alguno estará pensando que quizá es una visión muy alarmista o demasiado dramática. Cada generación ha sospechado lo mismo con el desarrollo tecnológico que le ha tocado vivir. El mismo Ramón y Cajal criticaba el desarrollo de «la alta velocidad» (en la industria del ferrocarril), ya que consideraba que moviéndose a semejante velocidad no se podía apreciar la realidad ni construirse un mapa mental del viaje ni contemplar el paisaje. Temía que las consecuencias pudieran ser negativas, que capacidades cognitivas como la visoespacial quedaran mermadas, ¡atrofiadas! Sin embargo, esta vez parece diferente. Las áreas cerebrales implicadas en el uso de las redes sociales son las de nuestro cerebro más primitivo, las del placer; por lo tanto, el descontrol es mucho mayor. Los cursos con más éxito en los próximos años serán los que enseñen a desconectar del móvil y a filtrar información.

Enganchados: «Lo tengo controlado, solo un *scroll* más»

Reconozcámoslo: no nos relacionamos igual cara a cara que en la pantalla. En las redes sociales todo fluye de otra manera, es más rápido, más superficial. El halago se hace banal, nos sobran *likes* para dar y falsos cumplidos para intercambiar. Todo con tal de hinchar un poco el ego, el narcisismo. Esto se extiende a todas las relaciones, incluidas las amorosas. El cambio es de tal calado que ya han surgido un sinfín de términos para designar los nuevos patrones de conducta o formas de relacionarnos.

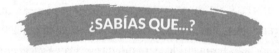

¿SABÍAS QUE...?

La nueva forma de relacionarnos a través de las redes sociales ha traído consigo un auténtico diccionario de términos nuevos. Veamos una pequeña muestra:

- *Textrovertido*: tendencia a sentirse más valiente y atrevido cuando enviamos mensajes que en persona.

- *Ghosting*: finalizar una relación afectiva cortando todo contacto con la persona, «desapareciendo del mapa».

- *Relaciones liana*: relaciones consecutivas sin dejar tiempo para el «duelo» tras la última ruptura.

- *Sexting*: envío de mensajes de contenido erótico a través de dispositivos tecnológicos.

- *Breadcrumbing*: viene de *bread crumb* (migas de pan). Es una forma de mantener interesada a otra persona cuando, en realidad, no se quiere nada con ella. La forma de hacerlo es enviando las señales mínimas para que el otro piense que no está todo perdido y que hay esperanza.

- *Gaslighting*: en español, «luz de gas». Consiste en hacer dudar a la otra persona de su propia cordura para someterla.

- *Catfishing*: crear una identidad completamente nueva para empezar una relación.

- *Curving*: cuando intencionadamente tardas más tiempo en contestar a los mensajes de otra persona. En español equivaldría a «hacerse de rogar» o «hacerse el interesante».

- *Benching*: cuando alguien te tiene «en el banquillo». Se trata de mantener vivo el interés de alguien, algo similar al *breadcrumbing*.

• • • • •

En las relaciones amorosas nos movemos en un océano de oportunidades y opciones que nos generan insatisfacción. Vamos hacia lo etéreo, lo efímero o las relaciones líquidas, que dice Zygmunt Bauman.

Cuando nos aburrimos o nos sentimos mal, recurrimos enseguida al móvil y nos decimos mentalmente: «Solo un *scroll* más». Esta puede ser una de las frases que más repiten las nuevas generaciones (y las no tan nuevas). Cuando levantas la cabeza del dispositivo, ya han pasado treinta minutos. Entonces te miras al espejo y piensas: «¿Por qué eres así?».

Ese es el efecto que tienen las redes sociales en nuestro cerebro. Que nos hacen liberar mucha droga, ¡uy!, quiero decir ¡dopa! Sí, dopamina, el neurotransmisor principal del placer. El que, cuando nos falta (abstinencia), hace cantar al cuerpo aquello de «Dame más dopamiiiiina, quiero más dopamiiiina...».

Nuestra relación con las redes sociales es similar a la de una adicción. Las redes apelan a nuestras regiones cerebrales más primitivas, las del sistema de recompensa, en el que la dopamina (neurotransmisor «del placer») desempeña un papel primordial.

Las redes nos aportan un flujo inagotable de información, interacciones con los demás, *likes*; en definitiva, recompensas. Además, tienen el factor novedad, porque no sabemos lo que nos vamos a encontrar (un *like*, un comentario positivo, un post interesante, una foto nueva de tu *crush* o de la persona que te tiene pillado...). Este tipo de recompensa variable y sorpresiva hace que las redes sean todavía más adictivas. En otras palabras, aquí la dopa se consigue rápido y fácil; ¿para qué esforzarse en conseguirla leyendo un libro o realizando una tarea más costosa?

Cuanto más tiempo pasamos en las redes, más nos cuesta implicarnos en tareas que requieren concentración y esfuerzo y más difícil nos resulta desconectar. Aunque otras actividades también nos hacen liberar dopamina, lo hacen en mucha menor cantidad, por lo que nuestro cerebro nos sigue pidiendo más de lo otro. Todo esto incrementa la adicción, es decir, aumenta la liberación de dopamina y a largo plazo se facilita la formación del hábito.

Mientras estamos hipnotizados por las redes sociales, dejamos de implicarnos en otras tareas, renunciamos a otras cosas, porque queremos ¡más dopa!

¿Cumple la adicción a las redes sociales los criterios de un trastorno adictivo?

Los problemas que nos provoca el uso del teléfono móvil son de tal envergadura que ya hay quienes hablan de la necesidad de hacer «abstinencias de móvil» o «ayunos de dopamina», porque consideran que la dependencia y la abstinencia que pueden generar son muy similares a las de una droga.

De esta forma se incide en los beneficios que tiene la abstención voluntaria y temporal de algo que genera placer, como las nuevas tecnologías. Se trata de recuperar nuestro tiempo y permitir descansar a una mente sobresaturada por el incesante bombardeo de estímulos y de microdosis acumuladas de dopamina.

Pero ¿es correcto usar esta terminología para referirse a adicciones «sin sustancia» como la provocada por el teléfono móvil? ¿En qué consisten los trastornos de adicción? Repasemos los principales criterios:

- Se pierde el control sobre la actividad elegida y se continúa con ella a pesar de las consecuencias negativas.
- Aparece una necesidad cada vez más imperiosa de consumo (dependencia) y en este caso, de uso del móvil/tecnología.
- Se necesita consumir cada vez más para sentirse bien o para conseguir el mismo efecto (tolerancia). Es el efecto de «antes me emborrachaba con dos cervezas y ahora ya necesito cinco para coger el puntillo». Lo mismo ocurre con las tecnologías, cada vez se pasa más tiempo sumergido en ellas.
- Si no consume, aparecen síntomas de falta de concentración, alteraciones del ánimo, inquietud, etc. (abstinencia), síntomas también observados en la adicción a tecnologías.

Todos ellos se cumplen en el caso del uso excesivo de tecnología y redes sociales.

El problema añadido es que no está socialmente mal visto y que las consecuencias no son tan graves como en el consumo de cocaína, heroína o alcohol. Por eso, uno no tiene la motivación necesaria para abandonar este tipo de conductas repetitivas y adictivas, lo cual las hace más peligrosas.

Quizá hemos minimizado el riesgo potencial de estas adicciones sin sustancia porque no percibimos un impacto negativo inmediato en nuestro organismo y el impacto indirecto derivado del tiempo invertido en ellas (por ejemplo, descuidar otros aspectos, aislamiento, etc.). Uno de los efectos más llamativos es el de cómo afecta a nuestras relaciones interpersonales. Aquí el impacto es más difícil de percibir, pero las consecuencias pueden ser devastadoras y no solo a nivel individual, sino también como sociedad. ¿Acaso todo el tiempo que dedicamos a estas tecnologías no lo estamos detrayendo de nuestras relaciones con los demás? ¿No lo estamos quitando de compartir tiempo de calidad con los otros? Además, gran parte del tiempo que se nos esfuma usando nuevas tecnologías no lo aprovechamos para pensar y reflexionar. Por mucho que queramos, nuestro cerebro no está preparado para un bombardeo continuo de información. Si encima perteneces a la generación de los nativos digitales, puede que no hayas tenido siquiera la oportunidad de valorar otros aspectos.

Corremos el riesgo de convertirnos en una sociedad adormecida y arrastrada por la gratificación inmediata e infinita de nuestros teléfonos móviles. En el mundo digital, siempre viviremos con la sensación de infinitud porque ahí la información fluye sin cesar. Se ha puesto nombre incluso a efectos derivados del uso de redes sociales. Así, términos como FOMO *(Fear of Missing Out)*, que en español podríamos traducir como MAPA (miedo a perderse algo) se usan ya coloquialmente. Por eso, en los próximos años nos tocará enfrentarnos a un gran desafío: tendremos que saber renunciar, saber parar.

¡Qué importante es darse cuenta de ello a tiempo! Porque nuestro bien más preciado es el tiempo, valga la redundancia; un tiempo que se esfuma «en un abrir y cerrar de redes».

Cómo combatir la infoxicación en redes

Hace veinte años, internet se presentaba como una forma de evadirse del mundo real. Actualmente, el mundo real (por ejemplo, la naturaleza) es la vía de escape de internet.

No solo estamos enganchados al móvil hasta el punto de que este se ha convertido en una prolongación de nuestro cuerpo; es que el móvil nos tiene cogidos y atrapados.

Estamos empachados de información. Recibimos miles de inputs diarios. No hacemos más que abrir el móvil para recibir wasaps, notificaciones, mails, avisos de las redes sociales. Nos cuesta mucho desconectar.

Es como tener un «ruido de fondo» que no nos deja tiempo para nosotros mismos, para asentar conceptos, para pensar, para que nuestra mente pueda discriminar y discernir. Estamos en la era del *multitasking*: leemos las noticias en el baño al mismo tiempo que nos lavamos los dientes, hablamos por teléfono mientras cocinamos y escuchamos pódcasts mientras hacemos ejercicio. ¿Qué será lo siguiente? ¿Consultar las redes mientras se tiene sexo? (más de uno lo habrá hecho ya).

El exceso de información, con toda su accesibilidad e inmediatez, puede llegar a desbordarnos. La información nos ha invadido y nos encanta consumirla como si de una droga se tratara. Si no, tenemos la sensación de estar perdiendo el tiempo. No dejamos a la mente descansar, no desconectamos. Paradójicamente, cuanto mayor es la cantidad de datos disponibles, menor es nuestra capacidad para discriminar lo relevante de lo irrelevante y mayor la incertidumbre y la confusión. Cuando nos dejamos llevar por el bombardeo, la información «inunda el barco», se desparrama. De ahí que ya se le haya puesto nombre a este fenómeno: síndrome de fatiga informativa, también conocido como infoxicación o intoxicación de información. Cuando esta es excesiva, socava nuestra capacidad y nos provoca ansiedad, bloqueo, dificultades para concentrarnos y confusión. Es decir, repercute en nuestro estado de ánimo, generándonos inquietud, insomnio, apatía y decaimiento, entre otras cosas.

PARA TOMAR NOTA

Cómo hacer un mejor uso de las tecnologías en la era de la infoxicación:

- Trata de poner horario a las pantallas (usarlas una parte proporcional, pero a poder ser pequeña, del tiempo que tengas disponible y en horarios concretos preestablecidos).
- Desactiva las notificaciones y activa el límite de uso (en móvil y tableta).
- Apaga el móvil cuando estés trabajando y no lo tengas a la vista. Los estudios científicos han mostrado que tenerlo visible dificulta la concentración frente a no tenerlo.
- Procura escuchar noticias un tiempo limitado al día.
- En redes sociales, asegúrate de ser selectivo con las cuentas y temas que eliges.
- Procura que el móvil no sea lo primero que miras nada más levantarte.

- Prioriza otras actividades (estudio, ejercicio, lectura, actividades culturales, socialización...).

• • • • •

> **Más información no equivale a más conocimiento y tampoco nos hace más libres.**

En realidad nos olvidamos de que no siempre más información equivale a más conocimiento ni tampoco nos hace más libres. De esto habla el psicólogo Barry Schwartz en su libro *The Paradox of Choice*, en el que explica por qué menos es más. Según la paradoja de la elección, cuanto mayor diversidad y mayores alternativas tiene el ser humano a su disposición, menos satisfecho se siente. Es la sensación de bloqueo que sentimos cuando, por ejemplo, vamos a una tienda y tenemos múltiples productos para escoger. La capacidad de elegir entre tantas opciones aumenta las posibilidades de equivocarnos o de no escoger lo que más se ajuste a ciertos factores (por ejemplo, la relación calidad-precio-necesidades), lo que nos genera mayor malestar. De ahí que tener más opciones no se corresponda necesariamente con mayor felicidad.

Una vez más estamos añadiendo factores de estrés a la mente y al cuerpo mismo como por goteo, casi imperceptiblemente, pero de manera crónica y repetitiva. Como ya hemos visto, este estrés mantenido y que pasamos por alto acaba manifestándose en nuestro cuerpo de un modo u otro (en forma de cansancio, dolores musculares, etc.). Por eso es importante que prestemos atención a estas manifestaciones, que procuremos estar «de cuerpo y mente presentes» la mayor parte del tiempo, que desconectemos para poder conectar.

Sin duda, algunos de los retos más importantes que tenemos para la próxima década pasan por ser capaces de hacer una sola cosa a la vez, ir al baño sin el móvil, aceptar que los mensajes no se contesten en el momento y darnos cuenta de que la salud no es solo ausencia de enfermedad, sino un estado de bienestar físico, mental y social (según la definición de la OMS).

Cuarta parte

CUANDO EL CUERPO DICE BASTA

CAPÍTULO 9

LAS EMOCIONES
A TRAVÉS DEL CUERPO

· · · · · ·

SNACKS DE NEUROCIENCIA

El rechazo social duele, se siente en el cuerpo y comparte redes neuronales con el dolor físico. Cuando nos sentimos rechazados se activa en el cerebro la corteza cingulada anterior, la misma implicada en el dolor físico.

Nudos corporales

No se puede deshacer un nudo si no sabemos cómo se ha hecho.

ARISTÓTELES

Las relaciones entre lo físico y lo emocional son de lo más complejo; están tan engranadas que no hay forma de separarlas. Existen múltiples ejemplos que nos hablan de ello. En el capítulo 4 hablábamos del tacto y el contacto físico y en este hablaremos de dolor, psíquico y físico. Empecemos por un ejemplo. Imagina que estás siendo intervenido de una herida muy dolorosa porque está infectada. ¿Cómo crees que estará tu cuerpo? ¿Qué crees que harías si tuvieras a un familiar cerca? Posiblemente estarías tenso, contraerías los músculos y te agarrarías a la mano de tu acompañante en un intento desesperado e inconsciente de aliviar el dolor. Como si por apretar muy fuerte el dolor se escapase por otro lado

Nuestros nudos corporales representan nuestros enredos mentales.

(no es nada descabellado, pues más de una parturienta ha fracturado la mano de su pareja o acompañante). Los estudios han mostrado que si alguien nos sujeta la mano mientras estamos experimentando dolor físico, nos duele menos. Porque el contacto físico y la presencia emocional modulan el dolor. Aunque, desgraciadamente, no hemos llegado al punto en que el contacto físico y el acompañamiento sean capaces de sustituir por completo a un analgésico, este efecto es cuando menos sorprendente.

¿Y qué pasa cuando esas heridas nos toca sufrirlas en nosotros mismos? Cuando estamos angustiados y en conflicto, no solo lo manifestamos en el plano psíquico, sino también en el corporal en forma de molestias o dolores. Cuando no conseguimos elaborar mentalmente las emociones, pueden aparecer «nudos» en el cuerpo.

Si piensas en los «nudos corporales», es posible que te venga a la mente alguna ocasión en la que hayas sentido el cuerpo contracturado (por ejemplo, dolor en la zona cervical) por el estrés de los exámenes o por una mudanza (y no me refiero a una contractura por transportar cajas). Y es que nuestros nudos corporales representan nuestros enredos mentales.

El problema es que en muchas ocasiones estos nudos no se deshacen por sí solos. Si no se hace nada, se enmarañan más, se entrelazan con más fuerza. Además, cuanto más tiremos de uno de los cabos sin pararnos a pensar, más se apretará, como ocurre cuando tratamos de desenrollar los cables de unos cascos tirando solo de uno de los extremos. Generalmente se requiere meticulosidad, paciencia y observación.

Poner nombre a las emociones, identificarlas y reconocerlas en nuestro cuerpo serán las claves para deshacer estos nudos. Un masaje te proporcionará un alivio momentáneo, pero no acabará con ellos.

Dolor físico para calmar el dolor psíquico: las autolesiones

Cuando sentimos ansiedad, malestar, rabia, frustración o, en definitiva, conflicto psíquico, nos bloqueamos, no podemos pensar con claridad y este conflicto puede quedarse en nuestro cuerpo en forma de tensión acumulada que, como decíamos antes, acaba formando «nudos». En casos extremos, cuando no se dispone de unas capacidades más elaboradas para regular las emociones, el sujeto puede llegar a autolesionarse en un intento desesperado de recuperar el equilibrio interno. Y así es como lo describen algunos: como un alivio o una liberación.

La autolesión es el acto de dañarse deliberadamente el propio cuerpo, de infligirse daño de manera intencionada, desde cortes superficiales (lo más frecuente), golpes, quemaduras o arañazos hasta el consumo descontrolado de alcohol y/o drogas. Un modo de dañar el cuerpo de forma lo suficientemente importante como para ocasionar lesiones en los tejidos corporales y generar hematomas, fracturas, cicatrices o marcas.

Pero ¿cómo puede ser? ¿Cómo puede alguien querer autolesionarse cuando el instinto humano impone la supervivencia? Sin duda es uno de los fenómenos más complejos que nos toca evaluar y tratar en las consultas de salud mental.

Las autolesiones[1] son un fenómeno alarmante que ocurre con más frecuencia de lo que creemos: los estudios lanzan cifras que oscilan entre el 4 % y el 23 % en la población adulta, y el 7 % y el 46 % en la población adolescente (aunque estas cifras varían según la gravedad de la autolesión y presencia o no de trastorno mental). Es decir, uno de cada cinco adultos lo ha hecho alguna vez en su vida. El problema es ahora mucho más grave porque estas conductas se han extendido en las redes sociales y ya se habla de «autolesiones *online*» (*digital self-harm*), un fenómeno cuyo riesgo es mucho mayor y que consiste en la utilización de la tecnología (internet, redes sociales o teléfono móvil) para compartir, postear o enviar contenido que incluye autolesiones físicas o que resulta dañino o humillante para uno mismo.

¿Y por qué llega alguien a autolesionarse? En la mayor parte de los casos, se trata de sujetos con dificultades para gestionar sus emociones y para autorregularse. La angustia y el malestar es tal que no saben gestionarlas de otra manera. Además, estas personas suelen tender a la inseguridad, el perfeccionismo, la autocrítica, la rigidez, la intolerancia a la frustración, la baja autoestima, la emocionalidad negativa... En muchos casos se han dado situaciones difíciles en el núcleo familiar durante la infancia, lo que ha hecho que esta forma de funcionar esté mucho más arraigada de lo que externamente pueda parecer.

La autolesión le resulta útil al sujeto, que en ese momento puede sentir alivio ante el sufrimiento y la batalla interior que está librando. Las motivaciones que pueden llevar a la autolesión pueden variar; sin embargo, la mayoría de los pacientes que he podido tratar en consulta suelen repetir las siguientes frases:

- «Es una forma de anestesiarme».
- «Es una manera de anular el dolor psíquico con dolor físico.»
- «Así la mente se distrae con otro dolor.»
- «Es una forma de sentirse vivo» (de salir de un sentimiento crónico de vacío).
- «Es un modo de autocastigo» (generalmente, por sentimientos de culpa y de vergüenza). No olvidemos que muchas de las personas que se autolesionan han vivido experiencias traumáticas.
- «Es una forma de sentir control sobre algo intangible» (una forma de convertir lo inespecífico en algo específico). Un dolor como el psíquico, que la persona no puede localizar, pasa a ser localizable, identificable. La atención se redirige hacia la herida.
- «Es una forma de comunicar desesperación, ira, decepción» (y al mismo tiempo una forma de reclamar apoyo).

Aunque existen otras causas y desencadenantes de las autolesiones, hay un factor que conviene destacar. Es el hecho de que la persona que las realiza piensa o siente que le aliviarán, que de esa forma conseguirá disminuir un estado emocional negativo, es decir, trata de «airear» una mente que en ese momento está desbordada, colapsada.

Lo cierto es que algunas personas experimentan una atenuación del dolor, lo cual se ha relacionado con la liberación de endorfinas, nuestros opiáceos endógenos; es decir, los encargados de producir un efecto tranquilizador y euforizante. Por consiguiente, cuantas más veces hayan tenido lugar estas autolesiones, más probabilidades habrá de que se vuelvan a repetir y, por tanto, mayor será el riesgo de que se conviertan en un hábito.

Esto no quiere decir que sean una estrategia adaptativa. Las autolesiones perpetúan el dolor y a largo plazo empeoran la situación, no la resuelven. Una estrategia adaptativa podría ser salir a correr cuando me siento así, llamar a alguien, darme una ducha de agua fría, pero no una autolesión porque solo perpetuará el dolor.

En resumen, aunque cada caso es único, estamos ante una conducta que, como ya comentábamos, traduce o simboliza algo muy similar en todos los casos: es una forma de aliviar el dolor psíquico con dolor físico.

Las autolesiones son solo el orificio de entrada del hormiguero, un fenómeno social soterrado tras el que hay una vida compleja de emociones y experiencias que no han podido ser asimiladas, afrontadas o internalizadas.

Estas conductas generan alarma y miedo entre los allegados, que no saben cómo responder. Unos harán como si nada, pasarán por alto la conducta y no se atreverán a poner en palabras lo sucedido porque tienen la falsa creencia de que «si no lo dicen es que no ha sucedido». Sería una forma de no entrar en contacto con el dolor de algo que nos asusta, nos abruma o nos descoloca. Otros reaccionarán alarmándose: llamarán a Urgencias, gritarán, llorarán, se desesperarán, recriminarán al lesionado y puede que sin darse cuenta estén reforzando su conducta.

Ninguna de estas actitudes será de utilidad. Alguien que se está autolesionando necesita ayuda y no ha sabido expresarlo de otra manera.

¿Qué podemos hacer?

Escuchar es la mejor manera de tranquilizar. Ha de ser una escucha activa y serena, sin alarmismos, dramatismo ni culpabilización, pero sin caer tampoco en la negación ni la minimización. Alguien que se está lesionando es alguien que tiene serias dificultades para manejarse en la vida, aunque no siempre lo reconozca. Será importante que le propongamos consultar con un especialista.

Si la persona aprende a autorregularse de maneras más saludables no caerá en estas formas tan dañinas de volverse contra ella misma. Si los jóvenes aprenden a hablar de las emociones (de las suyas y de los otros), a conectar con su cuerpo, a aplicar técnicas de manejo del estrés o a utilizar otros modos de liberar endorfinas (por ejemplo, mediante el ejercicio físico), es posible que no tengan que llegar al extremo de la autolesión.

Aunque entrar en las alternativas a las autolesiones excede los objetivos de este libro, si conocemos cómo funcionan las endorfinas podremos entender mejor los mecanismos internos de nuestro organismo y pensar en opciones más saludables a las de lesionarse.

El «opio» del cuerpo: las endorfinas

Las endorfinas, descubiertas en 1975 por John Hughes y sus colaboradores, constituyen un grupo de neuropéptidos también conocidos como opiáceos endógenos, llamados así por su similitud con los derivados del opio (heroína y morfina) en lo que respecta a su actuación y composición química. Estos neuropéptidos se producen en la región cerebral donde se hallan la hipófisis y la glándula pineal, es decir, en el área encargada de funciones reguladoras como el metabolismo, el crecimiento, el desarrollo madurativo, etc. Estas moléculas tienen propiedades analgésicas y placenteras, por lo que proporcionan bienestar emocional.

Su capacidad de inhibir el dolor es fascinante. Podríamos decir que las endorfinas actúan como «cortocircuito» de seguridad y dan una respuesta adaptativa que puede salvarnos la vida. Supongamos que hemos sido heridos por un depredador y estamos tratando de escapar o que hemos sufrido un accidente en carretera, nuestro coche se ha incendiado y tenemos que huir en tiempo récord. En un primer momento, la liberación casi inmediata de endorfinas amortiguará el dolor y nos permitirá escapar porque ese dolor no nos paraliza, no nos impide huir. Este solo aparecerá cuando el cuerpo se haya relajado. Seguro que has experimentado una sensación similar en circunstancias más cotidianas, como una caída tras un tropiezo.

Pero los efectos de las endorfinas en el dolor no acaban aquí. Hoy sabemos que tienen un rol fundamental en el dolor psicoemocional, es decir, que también amortiguan el dolor psíquico asociado a situaciones traumáticas o estresantes (por ejemplo, los abusos sexuales). Las endorfinas inhibirán el dolor a nivel psíquico y bloquearán también nuestra memoria. Esto explicaría por qué cuando hemos sufrido un suceso traumático nos cuesta recordar y tenemos lagunas mentales o por qué en ciertas situaciones estresantes aparecen síntomas somáticos (manifestaciones corporales como dolores o molestias de cualquier tipo) cuando el estresor ya ha desaparecido o el conflicto se ha resuelto.

Por último, las endorfinas están implicadas en otras funciones clave, como por ejemplo el refuerzo del sistema inmunitario.

¿Y de qué métodos naturales disponemos para estimular la generación de endorfinas? Uno de los más conocidos, y que ya hemos comentado en el capítulo 7 es el ejercicio físico; pero el amor, el sexo o una buena sesión de risas también nos harán liberarlas.

El dolor y el cerebro: de cómo lo psíquico alivia el dolor físico

Los receptores del dolor se encuentran esparcidos por todo el cuerpo y transmiten su información hasta la médula espinal para posteriormente alcanzar el cerebro. Pero no, el cerebro no actúa como un medidor exacto del dolor desprovisto de toda subjetividad, como si de un «algiómetro» o «dolorómetro» se tratase. El dolor puede variar según ciertas variables psicológicas. Por ejemplo, es frecuente que la recepción de una buena noticia disminuya su intensidad y, a la inversa, un malestar psicológico puede hacer que empeore notablemente el dolor físico.

Ejemplos de estas variaciones los encontramos en los heridos de guerra, en los que la vivencia positiva de haber sobrevivido y haber sufrido

> **Percibir el rechazo en el otro duele y el dolor no es solo psíquico, es dolor corporal, físico.**

solo una herida en la pierna, por ejemplo, en lugar de una lesión mortal, era un importante analgésico psicológico. Ejemplos más cotidianos los encontramos en los deportistas, ya que en su caso los opioides endógenos (endorfinas) desempeñan un papel clave. ¿Quién no ha visto a un jugador de fútbol sufrir una herida de envergadura durante un partido y seguir jugando como si nada?

De hecho, estas endorfinas son las mismas que explican el efecto placebo al que nos referimos en el capítulo 1. Por ejemplo, se ha observado que la administración de un analgésico mediante una inyección tiene un efecto placebo mayor. Esto se debe a la liberación de estas moléculas y prueba de ello es que si se bloquean los receptores de estos opioides, por ejemplo con naloxona, el efecto placebo no tiene lugar.

También sabemos que el proceso de aceptación atenúa el dolor, mientras que la tendencia al catastrofismo lo empeora. No podemos negar el impacto de nuestros pensamientos y emociones en nuestra percepción del dolor y, en general, en toda la salud física.

Por último, existen dolores que son puramente de origen psíquico, como un dolor de cabeza tras un conflicto familiar. En definitiva, una llamada de atención de nuestro cuerpo sobre emociones no procesadas.

Por tanto, partiendo de las pruebas científicas disponibles, podemos decir que el dolor es, hasta cierto punto, modulable. De ahí que a las embarazadas se las entrene en el control de la respiración para que puedan mitigar el dolor durante el parto. Los ejercicios de relajación, la atención plena, la terapia con música, etc., tienen como objetivo esa disminución del dolor. Ahora bien, más de una estará pensando lo mismo que yo: «Bendita epidural porque si llego a tener que dar a luz solo con ayuda de mecanismos endógenos…».[2]

El dolor social y el físico comparten redes neuronales

Siguiendo con el dolor, no podemos dejar de hablar de la relación tan fascinante que existe entre el dolor social y el dolor físico.

Pero ¿a qué te refieres con dolor social?, te estarás preguntando. Me refiero a todas esas situaciones derivadas de la interacción con los demás que nos provocan malestar emocional (rechazo). Necesitamos ser aceptados en el grupo, es un mecanismo de supervivencia y forma parte de nuestra evolución como especie. Percibir el rechazo en el otro duele y el dolor no es solo psíquico, es dolor corporal, físico, algo que han demostrado diversos estudios científicos.

¿SABÍAS QUE...?

Naomi Eisenberger, una psicóloga e investigadora estadounidense, diseñó un experimento con un juego de ordenador llamado Cyberball, en el que participaron unos cuantos voluntarios mientras se les examinaba el cerebro con un equipo de resonancia magnética. Se observó que, cuando uno se sentía excluido, se activaba la corteza cingulada anterior. Es decir, la región cerebral involucrada en el dolor físico. Además, el nivel de activación era superior en quienes se sentían más rechazados.

Esta investigadora consideró que la predisposición al dolor iba asociada a la mutación del gen *OPRM1*, que es el encargado de modificar nuestra recepción de los opioides y nos hace más propensos a la depresión. Es decir, que el dolor psíquico es también físico, comparte redes cerebrales con él y se ha asociado a mutaciones génicas que nos hacen más proclives a desarrollar cuadros depresivos. De hecho, las personas portadoras del gen *OPRM1* eran más sensibles al dolor físico y, tras una intervención quirúrgica, precisaban dosis más altas de morfina.

Esto no tiene nada de sorprendente, pues muchas de las personas que sufren dolor crónico han sufrido experiencias traumáticas en la infancia, lo que, extrapolado a situaciones difíciles o disgustos del día a día, puede amplificar la señal de alerta y poner a trabajar la red del dolor.

• • • • •

Los seres humanos, al evolucionar, crearon un vínculo en el cerebro entre la conexión social y el malestar físico. Como somos mamíferos, necesitamos estar conectados socialmente, algo que resulta fundamental para ser cuidado y, por tanto, para la propia supervivencia.

Ese vínculo está desde hace tiempo en la cultura popular; de ahí expresiones como «me han roto el corazón» o «me ha sentado como un puñetazo en el estómago» para describir el malestar generado por una vivencia de rechazo o infidelidad. La rememoración o recuerdo de las situaciones vividas puede reproducir ciertos estados fisiológicos, como por ejemplo esa pequeña punzada en el corazón. Algunas de estas situaciones pueden desbordar las capacidades adaptativas de la persona y hacer que sea incapaz de autorregularse adecuadamente. Si esto se mantiene en el tiempo, puede provocar alteraciones en el sistema inmunológico, que a su vez generen condiciones adversas que pueden ser dañinas para la salud (por ejemplo, que seamos más vulnerables a ciertas afecciones, como la dermatitis, la colitis ulcerosa, etc.).

Algunos autores han observado que incluso la infidelidad (en tanto falta de compromiso por parte de una persona significativa de nuestra vida) puede producir síntomas asociados al trastorno por estrés postraumático, ya que el sujeto puede llegar a presentar un estado psicológico que altera el equilibrio del organismo y manifestar síntomas ansioso-depresivos similares a los de dicho trastorno.

Quizá la evitación del dolor que provoca el rechazo o infidelidad de alguien esté en la base de las relaciones líquidas (tanto las amorosas como las de amistad) a las que se refiere el sociólogo polaco Zygmunt Bauman cuando explica nuestra nueva forma de relacionarnos, caracterizada por una gran fragilidad de los vínculos. Este autor las describe como relaciones de «usar y tirar», en las que, por un lado, buscamos vincularnos, pero, por otro, preferimos que el vínculo sea lo suficientemente débil para huir fácilmente si las cosas no van bien. Una forma de evitar compromisos, responsabilidades y dolor, tanto el psíquico como el físico.

Entonces, ¿tendría sentido tomar paracetamol para el dolor social?

Pues, para sorpresa o no del lector, lo cierto es que hay estudios que han intentado valorar el efecto del paracetamol sobre las emociones y han mostrado que existe un efecto modulador: quienes tomaban paracetamol en lugar de placebo veían las imágenes negativas con reacciones emocionales menos intensas. Sin embargo, estos resultados no son todavía concluyentes y hoy en día no existe ningún analgésico que pueda aliviar el dolor de una traición.

Aunque el dolor físico y el social comparten redes neuronales a nivel cerebral, parece que existen diferencias a la hora de experimentar esos dolores, que también se manifiestan en el plano neurofisiológico.

Por ejemplo, entre estas diferencias se ha observado que los sentimientos de dolor social se pueden volver a experimentar aun cuando haya pasado mucho tiempo desde el suceso que los desencadenó. De hecho, es más probable que recordemos las experiencias dolorosas relacionadas con emociones intensas (la «traición» de un amigo o una pareja) que el dolor generado por una caída o una herida física, ya que este último no se puede revivir fácilmente una vez que el episodio doloroso desaparece.

Por otro lado, el dolor físico y el psíquico, además de activar regiones cerebrales comunes, activan también otros sistemas neurales: al revivir el dolor social se produce una mayor actividad en las regiones de procesamiento afectivo del dolor (corteza cingulada anterior dorsal e ínsula anterior), mientras que en la rememoración del dolor físico, se da una mayor actividad en el sistema sensorial y discriminativo (corteza somatosensorial primaria y secundaria e ínsula posterior). Además, en el dolor físico hay una mayor participación de las vías periféricas, es decir, la parte de los nervios que recorren todo nuestro cuerpo, y en este punto es posible que radique una de las diferencias principales.

El cuerpo como lugar de penitencia

«*Mens sana in corpore sano*», decía Juvenal en sus célebres *Sátiras*. En la Roma imperial, aquello se tomaba como una broma. Su sentido original es que, para disponer de un espíritu equilibrado en un cuerpo equilibrado, hay que rezar. Por tanto, no tiene nada que ver con el sentido que hoy en día se da a la frase «mente sana en cuerpo sano». La cita original en latín es «*orandum est ut sit mens sana in corpore sano*» (dilo unas cuantas veces, quizá te ayude a estimular tus sinapsis cerebrales).

Desde la Antigüedad, el cuerpo ha sido el escenario del pecado y de la penitencia, el lugar donde expiar la culpa para purificar «el alma», por ejemplo, a través del ascetismo; se renunciaba, por tanto, a los placeres y a la satisfacción de las necesidades del cuerpo por la vía del ayuno, la castidad (control del deseo sexual) y el pudor (ante hechos mundanos como un comentario sobre la belleza).

Por otro lado, en la medicina griega clásica se estableció una íntima conexión entre la belleza y la bondad. El ser humano tenía que ser bello y bueno a la vez, ya que se entendía que el cuerpo es el espejo del alma. Así, un cuerpo que estaba ejercitado, bien alimentado y en armonía con la naturaleza, era un cuerpo bello.

Como ya adelantábamos en uno de los primeros capítulos, el cuerpo tiene dos dimensiones fundamentales, lo cual nos hace pensar en él como:

- **Esquema corporal:** dibujo o figura del cuerpo visto desde fuera. Algo así como el envase o la silueta del sujeto, su aspecto espacial, «sus coordenadas».

- **Corporalidad:**[3] se refiere a la realidad subjetiva, al cuerpo interno, experimentado y percibido desde dentro, el de la vida psíquica.

La integración de estas dos dimensiones es lo que nos da un sentido completo de nosotros mismos.

Pero la sociedad actual parece olvidarse de una parte, pues centra la mirada en el esquema corporal, en la parte estética y hedonista, la orientada a las apariencias, a la belleza y el placer. Esto puede llevar a un excesivo culto al cuerpo, pero solo del externo, no del cuerpo «interior». De ahí nuestra obsesión por ciertos cánones de belleza que dañan nuestra imagen corporal y nuestra autoestima, y que en ocasiones nos llevan al límite del trastorno.

Buena parte de la belleza moral se alcanza mediante buenas acciones que las personas pueden realizar. Este es el fundamento de un pensamiento basado en valores, de una moral que ensalce la sociedad y lo universal como bienes superiores. El daño principal del excesivo culto al cuerpo de las últimas décadas viene a través de los medios de comunicación o las redes sociales, que alteran la pirámide de valores y prioridades de cada cual y, además, restan horas al tiempo, al de reflexión y al de lectura, dos de los alimentos que nutren el cuerpo, pero sobre todo el «alma».[4]

PARA TOMAR NOTA

Aspectos para tener en cuenta en la era del excesivo culto al cuerpo:

1. No se trata tanto de cambiar el cuerpo como de modificar la mirada hacia este.

2. La imagen que transmitimos tiene mucho que ver con cómo nos sentimos, con nuestra corporalidad, y esta es una de las cosas que más podemos trabajar.

3. La belleza está en el equilibrio de lo bello y lo bueno, como decían los griegos.

4. El cuerpo no está para castigarlo, sino para cuidarlo.

• • • • •

Cuando no nos gustamos como personas, no nos sentimos válidos, nos hacemos reproches o sentimos culpa; es posible que no nos guste nuestra imagen corporal y que ese malestar con nuestra forma de ser lo dirijamos al cuerpo, que representa lo que no nos gusta.

Este rechazo corporal lo vemos con frecuencia en las personas con trastornos de la conducta alimentaria (anorexia, por ejemplo). Para ellas, el cuerpo se transforma en el peor enemigo y en un espacio donde volcar el malestar. Al mismo tiempo, pueden sentirse desconectadas de él (se disocian), lo que les dificulta regular sus emociones.

En estos pacientes será importante buscar esa reconciliación con el cuerpo, para lo cual se trabaja la distorsión de la imagen y se les enseña a regular sus emociones teniendo el cuerpo como aliado, no como enemigo. El cuerpo se presenta como un lugar desde el que conectar, donde sentirse seguros y al que hay que cuidar, no solo en lo físico, sino también en lo emocional.

El castigo a través del cuerpo: trastornos de la conducta alimentaria (TCA)

Decir «me siento vacía» es una forma de corporalizar una emoción, la de encontrarnos mal porque no somos capaces de disfrutar ni de sentir como antes. Para colmar ese vacío, algunas personas recurren a la comida a fin de «sentirse llenos» (otra metáfora para describir un estado de bienestar y plenitud con relación al cuerpo y a la alimentación).

Muchas veces, los trastornos de conducta alimentaria[5] no son sino una forma de decir lo que no se puede expresar con palabras, un modo de luchar y batallar desde el exterior cuando no se puede hacer en el interior.

En muchos de estos casos se encuentran antecedentes de experiencias traumáticas: el abandono, la mala gestión emocional familiar u otras experiencias vividas como traumáticas son situaciones que quedan grabadas a fuego en la mente y en el cuerpo, y que pueden dar lugar a los mismos fenómenos psicopatológicos.

Se ha debatido mucho sobre la distorsión de la imagen corporal en las personas con trastornos alimentarios (uno de los criterios de clasificación del DSM) y sobre las causas biológicas del exceso o déficit de control sobre la comida. Sin embargo, hoy sabemos que en muchos casos estos síntomas son secundarios a una disregulación o dificultad para la gestión emocional, que a su vez tiene su raíz en experiencias tempranas de la vida.

¿SABÍAS QUE...?

En la disregulación emocional hay una alteración en la capacidad para dar respuestas flexibles y organizadas que resulten adaptativas, tanto respecto al ambiente interno como respecto al externo. Por ejemplo, cuando manifiesto un malestar exagerado y acabo teniendo una explosión de ira que no soy capaz de controlar.

Esta disregulación emocional puede tener su origen en elementos constitutivos (es decir, biológicos), en experiencias interactuales (que dependen de nuestra forma de relacionarnos con nuestros cuidadores en la infancia) o en una combinación de ambos.

La capacidad para autorregularnos es crucial para el funcionamiento interno e interpersonal del individuo. La mayoría de los trastornos psiquiátricos pueden ser observados desde el prisma de la disregulación emocional (tanto la bulimia como el trastorno por déficit de atención e hiperactividad pueden ser comprendidos desde este enfoque). De ahí la importancia de la regulación externa en las primeras etapas de la vida y, si no se ha hecho bien, es fundamental que al menos seamos capaces de identificar el problema y trabajarlo a tiempo.

• • • • •

La voracidad que puede observarse en las personas con bulimia podría traducir una necesidad de «llenar» un vacío (el sentimiento de vacío del que te hablo más abajo), de manera que se sustituye el alimento de nuestra psique por alimentos materiales, tangibles. Como en un intento de saciar un hambre de vida con hambre de comida, o quizá una forma de buscar recompensa, amor o afirmación a través del cuerpo.

Por otro lado, en las personas con anorexia, algunos autores consideran que hay una alteración que no solo les impide distinguir el hambre y la saciedad, sino también sus sensaciones físicas y emociones más íntimas, las cuales muchas veces no son capaces de describir (alexitimia). Estos pacientes presentan un esfuerzo ingente por hacerse con el control sobre sí mismos; un control que se obtiene mediante la abstinencia extrema, como en un acto de castigo o de penitencia. De hecho, en otras épocas se asociaba la anorexia con el ascetismo de algunas santas, una especie de búsqueda de contacto con lo divino, que solo se alcanzaba con el sacrificio, la abstinencia de los placeres, etc.

Pese a tratarse de conductas aparentemente opuestas, tanto la restricción alimentaria como los atracones y vómitos parecen asociarse a un malestar emocional, a un afecto negativo y se presentan como una estrategia de distracción de una emoción negativa. Ambas traducen una dificultad en la regulación emocional con una mayor tendencia a estrategias poco funcionales como las conductas de evitación, escape o negación.

Si hay algo que me quedó claro después de pasar varios años estudiando los trastornos de la conducta alimentaria, es que la alimentación sería solo un fenómeno de algo mucho más complejo y que la anorexia no se curaba comiendo ni la bulimia dejando de vomitar. El objetivo terapéutico es mucho más global.

En trastornos de la conducta alimentaria influyen tanto factores socioculturales como componentes emocionales, de personalidad y biológicos, que, además, varían en el curso de la enfermedad.

En el esquema de la imagen, la alimentación sería vista como algo secundario, la parte visible de un trastorno que permanece invisible.

Si observamos el esquema sobre cómo puede iniciarse y mantener un TCA, podemos ver una serie de fases. El inicio de estas puede sobrevenir por influencia de las modas, presión de los cánones de belleza actuales, así como por conductas ascéticas en otro perfil de pacientes. Todo ello generalmente en edades de mayor vulnerabilidad, como es la adolescencia, pueden suponer el pistoletazo de salida, su coqueteo con la restricción, los vómitos, etc. A esto se sumaría factores relacionados con la personalidad, factores emocionales o relacionados con la propia química y fisiología del organismo, que actuarían como caldo de cultivo para el mantenimiento y avance del TCA. Asimismo, estas conductas alimentarias podrían en cierto punto funcionar como una estrategia eficaz de regulación emocional reforzada en la propia dinámica familiar.

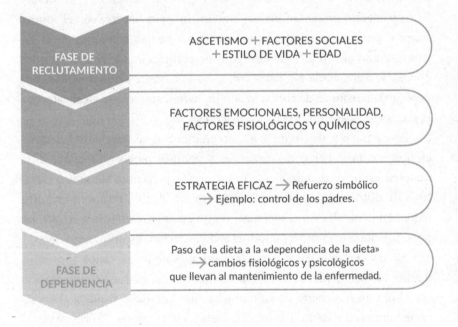

En el último paso, al igual que sucede con todo lo que se repite, este patrón conductual puede convertirse en hábito con un funcionamiento similar al de una «adicción». Así, muchos pacientes se vuelven «dependientes de la restricción alimentaria», pues el no respetar el ayuno les hace sentirse mal, culpables. Dedican gran parte del tiempo a pensar en la comida, en lo que van a restringir o vomitar. Su vida empieza a girar en torno al cuerpo y la alimentación, y sus actividades se limitan. Llegado este punto, la conducta se automatiza y puede desligarse de lo que la generó en su inicio. Por eso, gran parte de las terapias van dirigidas a la regulación emocional y a la reconexión con el cuerpo para poder integrar y elaborar ciertas dificultades y conflictos psíquicos que están en el origen de muchos de estos casos.

Sentimientos de vacío

Todos hemos tenido alguna vez una sensación de vacío por no verle sentido a las cosas tras la pérdida de algo o alguien querido (un familiar, un trabajo, la persona amada), por nuestro futuro incierto o por ciertas relaciones interpersonales. Es una sensación que nos invade y que hace que el cuerpo sea como una caja vacía. Suele ir acompañada de ánimo bajo, sentimiento de soledad, desinterés por lo que antes nos atraía, etc.

Este sentimiento de vacío lo observamos con frecuencia en personas con trastorno límite de la personalidad (un trastorno caracterizado por una deficiente regulación emocional, impulsividad, inestabilidad de la propia identidad, baja tolerancia a la frustración, etc.), aunque con unas características diferentes. En estos sujetos el sentimiento de vacío adquiere un carácter crónico y se relaciona más con la propia identidad que con aspectos externos. Con frecuencia estos pacientes lo describen como una «sensación de vacío en el estómago», «como si fuese un pozo sin fondo que nada lo pudiese llenar», «como un agujero negro». Esto puede llevarles a tratar de llenarlo o a evitarlo con comportamientos de riesgo, que, además, suelen implicar al cuerpo: abuso de sustancias, conductas autolesivas (cortes), sexo, atracones, etc. Como decíamos más arriba, es una forma de «sentir» llevándolo todo a lo físico.

Al margen de las particularidades de este trastorno, cuando tenemos estos sentimientos de vacío lo más habitual es que todo nos resulte aburrido, que no encontremos placer en lo que hacemos, que nos sintamos inseguros, nos distanciemos de los demás, que perdamos el sentido de la responsabilidad y el compromiso y que caigamos en conductas poco saludables (comer de manera compulsiva, fumar sin parar, consumir tóxicos, etc.) que nos pueden llevar a una espiral de la que nos puede costar salir. Es importante identificar estas situaciones para pararlas a tiempo y aprender de ellas.

PARA TOMAR NOTA

Algunos aspectos clave ante la presencia de sentimientos de vacío:

- Trata de analizar la situación.
- Prueba a imaginar cómo se sentiría otra persona en esa misma situación.
- Reflexiona sobre tus fortalezas y sobre las herramientas que te han permitido enfrentarte a situaciones difíciles previas.
- Empújate a hacer cosas que en condiciones normales no harías.
- Trata de salir y relacionarte aunque sea sin ganas, como si tuvieras que ir a rehabilitación si te hubieses roto una pierna (tampoco irías con muchas ganas, pero lo harías).
- Procura poner las cosas en perspectiva: piensa en lo que es realmente importante en la vida.
- No intentes buscar sentido a todo y trata de apreciar los pequeños momentos.

• • • • •

CAPÍTULO 10

LA ENFERMEDAD
A TRAVÉS DEL CUERPO

· · · · · ·

La peligrosa inercia

Vamos por la vida acelerados, repetimos eso de «Estoy estresado» o
«No tengo tiempo» varias veces al día y nos convertimos en los generadores de muchos de nuestros problemas. De ahí que el movimiento *slow*
haya tenido tanto éxito en los tiempos que nos ha tocado vivir. Asistimos
a un crecimiento vertiginoso de libros de autoayuda centrados en el «ir
despacio», de cursos centrados en el *mindfulness*, en el «contacto con
nosotros mismos», en el tener «tiempo para mí». Pero resulta que empeo-
ramos aún más las cosas porque «queremos estar solos» para centrarnos
en nosotros mismos: «yo, yo, yo». Nos repetimos una y otra vez: «Tengo
que aprender a decir que no», «Tengo que pensar más en mí», «Tengo que
poner límites…». Y así nos aislamos cada vez más y valoramos cada vez
menos lo social, sin darnos cuenta de la importancia que tienen los demás
en nuestro bienestar y nuestra felicidad.

En cierto modo vamos generándonos focos de estrés que nos restan
calidad de vida, para luego procurarnos nuevas necesidades. Así entramos

en un bucle interminable: dejamos de ir caminando al trabajo; vamos en coche o en patinete eléctrico en lugar de ir andando o en bicicleta y luego nos apuntamos al gimnasio; rellenamos el tiempo con todo tipo de actividades porque no somos capaces de estar solos con nosotros mismos y, para compensar el estrés que nos genera, nos apuntamos a clases de relajación; hacemos diez cosas a la vez porque esta es la era de la multitarea, la alta resolución, la productividad..., y luego pretendemos que nuestro cerebro «se relaje y se apague» para dormir, como si de un interruptor se tratase. Si no lo hace, lo primero que pensaremos es en tomarnos algo ¡porque no hay tiempo que perder! Paradójico, ¿no crees? Al archiconocido «pienso, luego existo», deberíamos añadirle: «Soy paradoja, luego existo».

Si prestáramos más atención al cuerpo y tuviésemos más conocimientos de cómo funciona, quizá nos lo tomaríamos más en serio. A modo de ejemplo, cuando nuestras neuronas se activan porque estamos leyendo las noticias en el móvil y las estamos sometiendo a un estímulo constante y cambiante a lo largo del día, lo que estamos haciendo es excitarlas, lo que se traduce en actividad eléctrica. Ellas son capaces de conectarse a gran velocidad, pero toda esa actividad cerebral que hemos generado no podemos apagarla de repente sin más ni más, como si de un interruptor de *on/off* se tratase. A esta inercia energética de las neuronas son especialmente sensibles los conos de la retina (neuronas fotosensibles). Valga una bonita metáfora que escuché una vez en relación con esto: un avión tarda en despegar unos minutos; sin embargo, para aterrizar necesita al menos media hora, sencillamente porque los motores de la aeronave, por su propia inercia, necesitan más tiempo para frenar.

Cómo se expresan las emociones en el cuerpo

Todas nuestras emociones se inscriben en el cuerpo.

BORIS CYRULNIK

El agotamiento no es solo físico, es también psíquico. Cuando estamos cansados o agotados psicológicamente (por ejemplo, a causa del estrés), nos bloqueamos, no podemos pensar correctamente, nos cuesta tomar decisiones o llegar a conclusiones.

Pero, cuando hablamos de agotamiento o, más bien, de conflicto psíquico, resulta que este no se manifiesta solo en el plano psíquico, sino también a través del cuerpo. Podríamos decir que la mente habla a través de él, especialmente para captar nuestra atención cuando no se la estamos prestando. Lo que no hemos podido elaborar y poner en palabras a través de la razón y del lenguaje, lo hacemos a través del cuerpo.

El cuerpo opera en muchas ocasiones de manera automatizada y muchas de nuestras batallas se libran entre lo que sabemos y lo que sentimos. Quizá no siempre como enfermedad, pero sí como síntoma, como una forma más de lenguaje.

Molestias gastrointestinales, cefaleas, dolores musculares, cansancio crónico: hay un sinfín de síntomas que no tienen una causa concreta. Vas de médico en médico y de prueba en prueba hasta que, de repente, alguien te sugiere que acudas a un psiquiatra y entonces… ¡horror! «Pero si yo no estoy loco», repiten muchos al llegar a la consulta. Pasado un tiempo, cuando empiezan a establecer una posible asociación entre los síntomas físicos y lo puramente psíquico, se preguntan: «¿Será mi cabeza?, ¿me lo estaré inventando?». La respuesta es no, no estás loco ni te lo estás inventando; solo estás somatizando.

¿Y qué es somatizar? De una manera genérica, este término hace referencia a la expresión o manifestación corporal de un conflicto psíquico. Así, los pequeños espasmos en un ojo el día antes de un examen o las molestias gástricas que experimentamos cuando tenemos problemas en el trabajo son algo bastante frecuente. Pero estos síntomas pueden ir más allá y dar lugar a un trastorno de somatización (que en el DSM5 recibe el nombre de trastorno por síntomas somáticos), el cual se caracteriza por una multiplicidad de síntomas corporales (somáticos) que causan malestar o pueden originar problemas significativos en la vida diaria.

Además, estos trastornos no son nada fáciles de diagnosticar. Las personas que los presentan consultan con muchos especialistas antes de llegar al psiquiatra. Van de un médico a otro porque están convencidos de que tienen un problema digestivo o del sistema nervioso y los propios especialistas se afanan en encontrar alguna prueba que ratifique tales intuiciones.[1] El primer paso

Lo que no resolvemos en nuestra mente, lo resolvemos en nuestro cuerpo.

es descartar lo que conocemos como organicidad. Es decir, que no haya una enfermedad física que esté causando el problema psíquico,[2] aunque no debemos olvidar que lo psíquico también es real y que también produce cambios físicos. Por eso, la consulta al psiquiatra debe tomarse como un paso más, como algo normal. Valorar lo psíquico, sea como modulador o como causa única de lo que nos pasa, es fundamental, porque el solo hecho de conocerlo hará que nuestro malestar se reduzca. Los síntomas están ahí, son reales y somatizar no es inventarse nada ni volverse loco, sino tan solo un término más que nos ayuda a poner en palabras lo que nos sucede.

«No le pasa nada, es psicológico», «Todo está en su cabeza»

Empezábamos el primer capítulo hablando de frases como estas, en las que incluso, en ocasiones, caemos los propios médicos, trazando un muro infranqueable entre lo psíquico y lo físico y quitándole relevancia a lo primero, como si este no fuese un asunto de la medicina (lo que indirectamente sería decir que no es un componente relevante de la salud).

¿Cuántas personas habrán oído alguna de estas sentencias cuando han acudido a consulta para contar sus síntomas físicos y no se ha encontrado una causa concreta que los justifique? Como si aquel dolor de cabeza, esas molestias gástricas o ese intestino acelerado que nos hace ir constantemente al baño no fueran reales; como si la mente fuese por un lado y el cuerpo por otro; como si no estuviésemos legitimados para quejarnos o encontrarnos mal si no hay una causa médica etiquetable y que pueda ser objeto de pruebas. No podemos evitar esta artificial división entre mente y cuerpo y, sin embargo, el cuerpo es uno solo y la mente es también cuerpo.

Ya hemos comentado que la homeostasis del organismo está influida por el procesamiento cerebral, es decir, por la actividad psíquica. De hecho, la idea de que la vida mental impacta de manera inevitable en la salud física y determina el desarrollo de enfermedades existe desde los albores de la cultura humana.

Todas las patologías que vemos en medicina son de alguna manera psicosomáticas, pues en todas influye nuestro estado mental. Pero, además, hay unas afecciones de presentación con síntomas físicos cuyo origen principal se encuentra en factores psicológicos, tanto en su inicio, curso o tratamiento: los conocidos trastornos psicosomáticos. Cuando los médicos tratan de explicar esto a los pacientes que reciben en consulta, automáticamente son asaltados con la pregunta clásica de «Pero entonces, ¿está todo en mi cabeza?». Lo que está claro es que, si está en la cabeza, está también en el cuerpo.

Algunos casos reflejan muy bien esta intensa relación o dependencia entre la mente y el cuerpo. Los estados convulsos de ansiedad se pueden manifestar de muy diversas maneras. La ansiedad es camaleónica: puede reproducir cualquier afección y camuflarse adoptando la forma de cualquier síntoma o enfermedad. A los que trabajamos en esto ya no nos sorprende que un estudiante de Medicina que oposita para el MIR (examen de acceso a la especialidad en medicina) de buenas a primeras presente una ceguera repentina los días antes del examen o un cuadro de mareos con caídas al suelo. El alumno acabará siendo estudiado en el hospital, se le harán todo tipo de pruebas en busca de los diagnósticos más dramáticos. «¡Un tumor cerebral! ¡Un tumor del nervio óptico!», espetará el estudiante conforme entra por la puerta, pues se habrá ocupado de repasar todos los síntomas asociados y hasta los habrá manifestado, de manera que él mismo impulsa a los médicos a buscar el supuesto tumor, ese que nunca dará la cara pero que llevará a todos de cabeza (sanitarios, familia y alumno). Al cabo de unos días recibirá el alta junto con una cita en psiquiatría. Que este estudiante acabe acudiendo a nuestras consultas dependerá de la «culturilla» general en salud mental y del nivel de estigmatización. Es muy posible que lo haga; más bien tarde que temprano, seguro que muchos años después.

Entramos aquí en el campo de lo que se conoce como cuadro conversivo, en el que lo psíquico se manifiesta principalmente a través de síntomas neurológicos. Hay casos llamativos que vemos en consulta como las pseudocrisis epilépticas. Es decir, crisis epilépticas sin foco neurológico, sin «cicatriz» cerebral, sin causa conocida, sin ondas convulsivas en el electroencefalograma (prueba neurológica en la que podemos estudiar las ondas de actividad cerebral y que se usa de manera habitual para estudiar a sujetos con epilepsia). El paciente llega a convulsionar y a tener todos los síntomas de una crisis convulsiva, pero de una manera mucho más aparatosa y abigarrada. Por lo general, el paciente no se muerde la lengua, ni se orina encima ni mueve los miembros de una manera repetida y estereotipada. Todas estas pistas clínicas orientarán al neurólogo hacia el componente psicológico de las crisis y procederá a su derivación a psiquiatría.

¿Puede entonces moverse el cuerpo involuntariamente solo por un conflicto psíquico? Exactamente. Esto es lo que observamos en lo que en muchos casos termina catalogándose como trastorno conversivo (síntomas neurológicos para los cuales no hay una explicación médica).

Veamos cómo ocurre:

En condiciones normales, un proceso fisiológico ante una emoción suele estar filtrado por el córtex prefrontal. Es el que controla la ejecución de dichos movimientos de manera consciente, dando lugar a una conducta motora. Pero cuando nuestro cerebro prefrontal falla (el control ejecutivo, el control que llamamos de arriba àbajo), el proceso motor puede tener lugar sin que medie un proceso consciente.

PROCESO FISIOLÓGICO → EMOCIÓN → CONTROL EJECUTIVO (CÓRTEX PREFRONTAL) → SISTEMA MOTOR

CRISIS EPILÉPTICA DE ORIGEN PSÍQUICO → EMOCIÓN → ~~CONTROL EJECUTIVO~~ → MOTOR

Por último, otros casos llamativos que vemos en consulta son los relacionados con la dermatología. Todavía me acuerdo de una mujer que atendí en consulta que había perdido todo el cabello (alopecia universal) a causa del estrés y el choque que le había producido la pérdida repentina de su hijo en circunstancias traumáticas. En estos casos, el propio cambio del aspecto físico juega, además, como estresor y perpetuador de los síntomas.

En resumen, cuando la mente toma el control (¿o deberíamos decir que lo pierde?), las consecuencias en el cuerpo pueden ser devastadoras. Es un exceso de «energía» que no puede ponerse en palabras o que no basta con expresar por esa vía, un sobrante que necesita salir por cualquier otro sitio, explotar, estallar.

Todos estos casos, desde los más llamativos a los más sutiles, los vemos a diario en nuestras consultas. Por eso, uno de los primeros pasos cuando se atiende a estos pacientes es dar credibilidad a lo que nos están contando y validar el sufrimiento. Si esto no se hace, el paciente no volverá a consulta y el fracaso terapéutico estará garantizado. Los síntomas que el paciente expone son tan reales como el dolor de muelas por una infección. ¿Acaso somos nosotros jueces de las distintas formas de sufrir?, ¿acaso no son todas igualmente válidas? ¿Quién juzga?, ¿quién decide qué es lo normal? ¿Que no exista un hallazgo físico medible quiere decir que la enfermedad no tiene causa? Como ya hemos dicho, lo psíquico puede producir síntomas físicos, y viceversa, y la normalidad no es más que un concepto estadístico que no puede aclarar la diferencia entre lo físico y lo mental.

¿SABÍAS QUE...?

Son numerosos los estudios que han tratado de encontrar las variables que determinan las patologías psicosomáticas. A continuación se exponen las más investigadas:

1. Experiencias que marcan

La experiencia de riesgo más documentada es la de abuso físico o sexual en la infancia o la negligencia en esta misma etapa. Se ha demostrado que son antecedentes biográficos frecuentes en sujetos con síntomas somáticos sin explicación, trastornos de conversión o trastornos de estrés postraumático. Estas experiencias parecen tener un efecto desorganizador en la regulación emocional, en el equilibrio del organismo y en la vinculación con los demás.

2. Características psicológicas estructurales

- **Alexitimia:** Incapacidad para poner en palabras las emociones. Las personas con alexitimia[3] tienen dificultades para hacer introspección y para poner en palabras las emociones. Además, presentan una limitada actividad imaginativa y de comunicación no verbal. El estilo de conducta se caracteriza por el aislamiento social y por la tendencia a la acción como estrategia de afrontamiento. Es decir, como hay dificultad para reflexionar internamente sobre las emociones, se llevan a la acción, se actúan.

Esto no quiere decir que exista una incapacidad de sentir o de empatizar, como les ocurre a los sujetos con rasgos psicopáticos, sino que la persona con alexitimia no sabe poner en palabras las propias emociones ni las ajenas. Esto hace que tenga dificultades a nivel afectivo y en su capacidad para relacionarse con los demás. De hecho, las personas más cercanas pueden tener una sensación de frialdad y de soledad cuando conviven con quienes sufren alexitimia.

Además, los individuos con alexitimia suelen huir de las reflexiones excesivamente emocionales, del lenguaje romántico y de los dobles sentidos, porque su pensamiento tiende a lo concreto y lo literal, y todo aquello les hace sentirse incómodos.

Los estudios científicos muestran además que hay una prevalencia mayor de características alexitímicas entre pacientes con síntomas somáticos sin explicación, trastornos de conducta alimentaria y consumo de sustancias psicotrópicas.

- **Estilo «megáfono»:** Se le conoce también como **estilo somatosensorial** y se entiende como una variable psicológica más temperamental, es decir, más relacionada con el componente biológico y genético de la personalidad (según Barsky). Se caracteriza por una tendencia a la atención o percepción excesiva y a la hipervigilancia de las señales provenientes del cuerpo, con una predisposición a seleccionar sensaciones banales e infrecuentes y a reaccionar ante ellas de manera alarmante.

- **Neuroticismo:** Es una dimensión de la personalidad que describe la tendencia a responder a estímulos del entorno con una activación emocional intensa y duradera. Se la ha relacionado con la activación del eje simpático-suprarrenal (el del estrés), por lo que aumenta la probabilidad de que aparezca malestar, ansiedad y síntomas corporales (cansancio, pérdida de apetito, dolores, etc.). Se tiende, además, a la experimentación de estados emocionales negativos y a las oscilaciones anímicas.

  Como la anterior, se trata de una dimensión temperamental (determinada genéticamente) que hasta hacía poco se había considerado, basándose en estudios, la variable psicológica más potente en la predicción de depresiones, trastornos de ansiedad y síntomas corporales sin explicación. Un reciente análisis exhaustivo ha mostrado que es la intolerancia a la incertidumbre la que más predispone a alteraciones afectivas.[4]

- **Hostilidad:** Tendencia a las respuestas emocionales de ira o cólera y a la exhibición de conductas agresivas. Esta ha sido vista tradicionalmente parte de lo que se conoce como patrón de conducta tipo «A», que se había considerado un determinante decisivo en el riesgo de sufrir patología coronaria (por ejemplo, infarto de miocardio), algo que está en cuestión actualmente. La hostilidad se ha asociado también a variables psicosociales indirectas. Por ejemplo, las personas con más hostilidad y agresividad carecen de apoyo social porque tienden a ahuyentar a las personas o es más probable que no se alimenten bien, que fumen o beban en exceso y todo ello influya en los factores de riesgo cardíaco.[5]

- **Afectividad negativa:** Rasgo o variable de la personalidad que habla de la predisposición de una persona a experimentar de manera más intensa las emociones negativas.[6] No se trata de una afección permanente ni de una alteración mental, sino de un rasgo que va a influenciar y modular nuestras capacidades adaptativas y nuestra mayor o menor tendencia a somatizar.

• • • • •

Ocultar las emociones no funciona

Las personas con mayor tendencia a tener cuadros psicosomáticos suelen ser también las que presentan más dificultades para expresar sus emociones y, habitualmente, tienden a taparlas, negarlas o esconderlas. La sola idea de que la causa de cuanto les sucede pueda ser de origen emocional no les gusta un ápice. Prefieren pensar que tienen un problema médico para el que habrá un tratamiento, pues esto les resulta mucho más tolerable.

Tratar de ocultar las emociones, de suprimirlas, ignorarlas o evitarlas es como tratar de sumergir un globo lleno de aire debajo del agua: este terminará llegando a la superficie de una forma u otra. Así que la próxima vez que trates de «ahogar tus penas», recuerda esta frase de Frida Kahlo: «Traté de ahogar mis penas, pero aprendieron a nadar».

La inhibición de un estado emocional concreto resulta contraproducente. Los estudios de James Gross, psicólogo e investigador de la Universidad de Stanford, mostraron cómo la inhibición de nuestras emociones provoca una mayor activación del sistema nervioso simpático. Es decir, reprimir la expresión de las emociones magnifica la respuesta fisiológica acompañante.

Los individuos planificadores, ordenados, meticulosos, estoicos, trabajadores, con tendencia al hipercontrol y mala tolerancia a la ambigüedad parecen presentar un aumento de los glucocorticoides en sangre y un aumento del tono de su sistema nervioso simpático.

Entre las estrategias más adecuadas se encuentran, por ejemplo, el observar, intentar regular o, en su defecto, aceptar las emociones o los pensamientos. Algunos experimentos así lo demuestran, pues se ha visto que las personas que tienen una mayor capacidad de compasión y amabilidad hacia sí mismos son menos propensas a utilizar mecanismos de supresión. Ejercicios como la atención plena se basan precisamente en eso, en no suprimir los pensamientos o emociones negativas, sino en dejarlos fluir y aceptarlos.

Podemos modificar la respuesta de nuestro cuerpo a través del «ejercicio mental» a fin de afrontar de una manera más exitosa las situaciones estresantes. Cuando estamos ante una situación difícil o estresante, es nuestro cuerpo el que reacciona y el que nos genera una sensación emocionalmente desagradable. Algunos estudios muestran que el tomar conciencia de estas reacciones o realizar ejercicios como la atención plena reducen la respuesta periférica del cuerpo y la respuesta al estrés. Decía William James que «nuestra mejor arma contra el estrés es nuestra capacidad para elegir una idea antes que otra», refiriéndose precisamente a esa capacidad que tenemos para modular las respuestas del cuerpo a través de la mente. Si bien es cierto que esto podría sonar un poco fantástico, Mr. Wonderful, sí que podemos utilizarlas como herramientas de prevención contra el estrés.

Se puede decir que, cuando no hay un diálogo fluido entre la mente y el cuerpo, esta relación se ve alterada, se desequilibra, aumentan las hormonas del estrés o los valores que indican inflamación (el TNF o la ahora archiconocida PCR),[7] se debilita el sistema inmune, etc. Si de repente empezamos con un cuadro de colon irritable o acentuación de una psoriasis y tratamos de poner la solución donde no está en absoluto (por ejemplo, centrándonos solo en la manifestación psíquica), es posible que la afección no solo no mejore, sino que se cronifique.

La relación mente-cuerpo es de doble dirección y el equilibrio entre ambos será clave para mantener el estado de homeostasis del organismo (constancia de las propiedades del medio interno del cuerpo).

El grado de afectación de enfermedades como el colon irritable disminuye cuando somos capaces de entender que la mente y el cuerpo no trabajan como entidades autónomas ni separadas; cuando comprendemos cómo se manifiestan nuestras emociones, cómo regularlas y sincronizarlas con nuestro sistema cardiovascular y respiratorio; cuando ponemos en práctica técnicas de relajación o adquirimos hábitos saludables físicos y mentales para afrontar la ansiedad y el estrés.

PARA TOMAR NOTA

En primer lugar, es importante distinguir el estrés de la ansiedad, ya que con frecuencia se usan indistintamente. El estrés es, generalmente, de origen identificable (una mudanza, un proceso de divorcio, etc.) y tiene una causa externa, mientras que la ansiedad suele tener un origen difuso y su origen es interno.

En el estrés, el principal mediador es la preocupación mientras que en la ansiedad es el miedo.

El estrés, en una situación ideal, debería desaparecer al cesar el estímulo que lo ha originado (por ejemplo, al terminar la mudanza), mientras que la ansiedad se alarga en el tiempo.

El estrés puede gestionarse de una manera más inmediata y accesible, pues podemos ponerle límites a la situación que lo está generando.

El estrés puede producir ansiedad, pero también puede llevar a la depresión, cuadros disociativos, etc.

Estrategias para gestionar el estrés:

- **Cuidar los buenos hábitos:** dormir siete u ocho horas, evitar el consumo de tóxicos, hacer ejercicio, etc.

- **Practicar la aceptación:** muchas veces estamos estresados porque no queremos renunciar a nada, nos negamos a aceptar que no podemos con todo y que a veces no queda otra que aceptar ciertas pérdidas.

- **Tener claras las prioridades en la vida.**

- **Practicar ejercicios de relajación y meditación.**

• • • • •

Disociación: cuando cuerpo y mente se separan

Cuando nos encontramos ante una situación límite, cuando no logramos adaptarnos o afrontar una situación que desborda nuestros recursos, puede aparecer también un mecanismo conocido como disociación, en el cual nuestra mente «se desconecta». Algo así como distanciarse o separarse para amortiguar el «golpe», para no sentir el dolor emocional que puede hacerse insoportable. Este proceso nos lleva a la amnesia o a no recordar lo sucedido, nos hace distanciarnos o separarnos de lo que hemos sentido y no nos deja distinguir lo que es real de lo que no lo es.

Se trata, por tanto, de un mecanismo adaptativo que se activa a nivel inconsciente y que observamos en situaciones en las que la persona siente que no puede escapar. Su máxima representación la encontraríamos en casos de abuso o maltrato infantil. El sujeto se queda paralizado, como una presa que se mantiene inmóvil ante su depredador para evitar que este la lesione, le haga daño e incluso acabe con su vida; está en un estado de «anestesia emocional». Ante una situación que sobrepasa nuestros recursos psicológicos de afrontamiento, nuestra mente se desconecta del cuerpo, se evade del presente y de la realidad. Se da una división de nuestra identidad que costará mantener integrada.

Según la Sociedad Internacional para el Estudio del Trauma y la Disociación, el término *disociación* se refiere en concreto a la desconexión o la falta de conexión entre elementos que habitualmente están asociados entre sí: la conciencia, la memoria, la percepción y la identidad. Así, pueden aparecer lagunas de memoria, anestesia emocional, despersonalización y desrealización.

Ante una situación traumática se dispara la liberación de opioides endógenos, que desempeñarán un papel clave como anestésicos naturales del dolor físico y emocional; aumenta el cortisol (hormona del estrés), el cual puede alterar el funcionamiento del hipocampo, que es la estructura cerebral responsable de las diversas memorias y que nos permite dar sentido a nuestra historia vital. Además, parece que se produce una desconexión entre las regiones cerebrales responsables de nuestros comportamientos conscientes (las áreas frontales) y las regiones encargadas de lo emocional (sistema límbico).

Todos estos cambios permiten explicar por qué ante un estado de disociación (por ejemplo, tras una experiencia traumática) presentamos lagunas de memoria con respecto a lo sucedido, nos cuesta reconstruir la historia en su totalidad o no somos capaces de conectar con las emociones de dolor. Hay una falta de integración de distintos aspectos del individuo: de sus emociones, de sus sensaciones corporales, de sus cogniciones, de su identidad…

Uno de los tipos de disociación que podemos ver con frecuencia es lo que se conoce como despersonalización, en la cual el individuo puede sentirse como un observador de la situación, como un autómata.

No se siente «conectado» con su cuerpo, tiene una sensación de extrañeza respecto a sí mismo, puede sentir que se observa desde fuera y no se reconoce a sí mismo o no percibe que algunas partes de su cuerpo están cambiando. Con frecuencia coexiste con la desrealización, en la que se da una percepción alterada del entorno con sensación de irrealidad. Ambas son experiencias en las que uno mismo o el entorno aparecen como extraños, cambiados, como si estuviésemos en una película o en un sueño.

El sujeto puede sentir que se está «volviendo loco» al no comprender y no poder explicar lo que le sucede. Si bien no se trata de situaciones graves o peligrosas para la persona que las sufre, sí que resultan angustiantes, perturbadoras, confusas y generadoras de un gran malestar; de ahí que se tema volver a experimentarlas. A diferencia de lo que ocurre en un cuadro psicótico, en el cual hay una pérdida de contacto con la realidad (delirios o alucinaciones), aquí la persona es consciente de que la percepción no es real.

En los casos graves, el no procesar debidamente las situaciones traumáticas puede llevarnos a cuadros de estrés postraumático, depresión, trastornos de ansiedad, trastornos disociativos de la personalidad, psicosis disociativas, etc. La elaboración de lo que no hemos conseguido procesar (lo disociado) es un proceso delicado y doloroso que precisará de ayuda especializada.

Sin embargo, no hace falta haber experimentado un trauma grave en nuestra vida para presentar momentos de disociación. Casi la mitad de la población ha tenido alguna vez experiencias disociativas en situaciones de alto grado de ansiedad o estrés. Por ejemplo, cuando tenemos que dar una charla en público y el nerviosismo y el miedo que sentimos hacen que de repente nos veamos hablando como un autómata sin conectar realmente con lo que estamos diciendo. Además, sustancias como el LSD y la marihuana también pueden provocar estas experiencias.

El *alter ego* y las diferentes identidades

El concepto de álter ego[8] se ha utilizado para denominar al «otro yo», como si fuera una modificación de la personalidad. A diferencia de la disociación, el *alter ego* no implica trauma ni amnesia ni alteraciones importantes de la identidad ni tampoco disminución de la actividad de la amígdala o el hipocampo. En el *alter ego*, el mismo individuo es capaz de experimentarse de maneras diferentes.

Este término ha sido ampliamente utilizado en el mundo de las artes, especialmente en la música y la literatura. Podemos encontrar algunos ejemplos interesantes en el ámbito musical, como el de la famosa cantante de rock de los años sesenta Janis Joplin. Descrita como una persona introvertida, tenía tanta ansiedad al subir al escenario que se creó un personaje alternativo llamado Pearl para poder enfrentarse al público. Pearl era muy distinta, una chica salvaje y mal hablada a la que no le importaban las críticas.

Janis Joplin había sufrido rechazo y *bullying* en la infancia, algo que se repitió unos meses antes de su muerte cuando durante una reunión de exalumnas de su colegio, quiso enseñar a sus antiguas compañeras cómo era la estrella de rock en la que se había convertido. Sorprendentemente, volvió a sufrir el mismo rechazo que había experimentado de pequeña. No sabemos si estuvo relacionado con su fallecimiento o no, pero lo cierto es que unos meses después fue encontrada muerta como consecuencia de una sobredosis (una estrella más del Club de los 27, como Kurt Cobain, Amy Winehouse, Jim Morrison, etc.).[9]

David Bowie desarrolló no uno, sino varios *alter ego*. En sus inicios había sido descrito por la discográfica de la BBC con la que había intentado conseguir un trabajo como un tipo «demasiado aburrido» para triunfar o para impactar en el público. Sin embargo, Bowie siguió intentándolo y no solo consiguió un contrato sino que se convirtió en un icono que trascendió lo musical.

David Bowie encarnó a cuatro personajes a los que dio vida durante años en los escenarios: Ziggy Stardust, Aladdin Sane, Major Tom, The Thin White Duke, que compaginaban la androginia y la extravagancia como señas de identidad, aunque el último fue un *alter ego* más comedido y elegante.

Así es como muchos artistas han conseguido desarrollar y cultivar otras facetas que no eran capaces de encajar y desplegar desde el yo que habían conformado a lo largo de los años. Un ejemplo típico es el que hemos descrito, en el que una persona muy introvertida puede salir airosa de diferentes situaciones sociales a través del nuevo personaje que se ha creado. El *alter ego* se convierte en una forma de sobreponerse a los miedos o la ansiedad social. Es una forma de entrar en contacto con experiencias, situaciones y personas que de otro modo sería muy difícil conocer.

Si este *alter ego* se crea a partir de un yo sólido e integrado, es decir, si se es capaz de verse y reconocerse como un ser completo y único y sin partes escindidas (partes de uno mismo que no se reconocen), puede enriquecer a la persona, que será capaz de atreverse a experimentar en otros campos. Aquí entra en juego el concepto de identidad. Es decir, tenemos una visión integrada de nosotros mismos que puede estar alterada, por ejemplo, en los trastornos disociativos y de la personalidad.

Todos llevamos en nuestro interior un artista en potencia o un divulgador curioso que, por las circunstancias, no hemos llegado a desarrollar, pero que siempre puede salir. Pensemos, por ejemplo, en un exitoso abogado de un bufete neoyorquino que de pronto decide dar rienda suelta a su pasión por la música o un serio administrativo de una poderosa empresa que presenta sus obras de arte abstracto en una exposición callejera. Crear un *alter ego* puede ser una forma de salir de los límites que nos ponemos nosotros mismos y que muchas veces se basan en nuestros propios estereotipos. Salir del yo habitual podría servir para alcanzar objetivos con menos esfuerzo. Como cuando de pequeños nos poníamos el disfraz de superhéroe o cuando en terapia hacemos ejercicios de *role playing*. En términos coloquiales, podría equivaler al *fake it until you make it* (fíngelo hasta que lo seas).

Sin embargo, muchos estarán pensando que no es un campo fácil, pues en las redes sociales vemos muy a menudo a personas que conforman su *alter ego* como un personaje muy alejado de su yo real y que no siempre resulta funcional. Y es que si este *alter ego* se desarrolla sobre una personalidad difusa, con un yo frágil, como ocurre en muchas ocasiones, estas diferentes facetas pueden crear un vacío todavía mayor en la persona. Este vacío dificultará la integración y favorecerá la difusión de la personalidad, todo lo cual generará más ansiedad y más confusión, así como la sensación de «no saber quién soy».

El caso extremo se puede observar en los traumas infantiles graves, que pueden llevar al trastorno de identidad disociativo mencionado más arriba (anteriormente conocido como trastorno de personalidad múltiple).

¿Cómo distinguir entonces el *alter ego* de un trastorno disociativo? Aunque no son rigurosamente científicas, sino más bien rasgos que presentamos a modo de curiosidad, podríamos establecer las siguientes diferencias. En primer lugar, el *alter ego* se desarrolla de una manera consciente, es decir, el artista crea un personaje con un fin específico, por ejemplo, para que se comporte de una forma más seductora y atractiva en el escenario o para que represente al personaje de una novela (*alter ego* del autor). En el trastorno disociativo, esos procesos son inconscientes y los personajes inventados controlan a la persona. En el trastorno disociativo aparece, además, una pérdida de memoria (amnesia) con respecto a ese personaje que puede ser total o parcial. En el *alter ego*, el sujeto se ha creado conscientemente una nueva personalidad y no aparecen fallos de memoria, episodios de fuga disociativos o falta de continuidad entre el pensamiento, el recuerdo y la acción.

Podría decirse que en el *alter ego* hay una continuidad, pues el sujeto se siente él mismo, mientras que en los trastornos disociativos el sujeto tiene la sensación de estar separado de sí mismo y de sus emociones o percibe el entorno de manera distorsionada y con una sensación de irrealidad.

Bajo este prisma, el *alter ego* podría permitirnos entrar en contacto con emociones y experiencias a las que nos costaría mucho más tiempo llegar. Quizás pueda considerarse una forma sana y saludable de ayudar a algunos pacientes a cambiar, como si fuese un *role playing*, o bien partiendo de este concepto se podría conseguir que aquellos pacientes que tienen partes que no han podido integrar pudiesen hacerlo a través de la figura del *alter ego*.

De la histeria como un «mal del útero» a los cuadros funcionales

Es posible que, tras lo expuesto anteriormente, todavía te creen confusión algunos de los términos mencionados como la disociación, la conversión, la somatización, etc.

Los pacientes con síntomas físicos y mentales sin causa orgánica han supuesto siempre un gran reto diagnóstico y terapéutico para la medicina. La histeria fue uno de los primeros trastornos estudiados y daba cuenta de la importancia del conflicto mental y la representación corporal. Se entendía como un trastorno caracterizado por cambios psíquicos y alteraciones emocionales que iban acompañados de cuadros físicos como convulsiones y parálisis sin ninguna causa aparente (esto es, sin una causa médica objetivable más allá de lo psicológico). En la Antigüedad se atribuía al «mal funcionamiento del útero». Jean-Martin Charcot, padre de la neurología del siglo XIX y maestro de Freud, fue uno de los grandes estudiosos de la histeria. De hecho, fue el primero en rechazar la hipótesis de que la histeria fuese un «mal del útero» y en señalar que había un problema neurológico subyacente en esas pacientes que sufrían parálisis, analgesia o hipersensibilidad. Asimismo, P. Janet y S. Freud señalaron el daño psíquico secundario a abusos sexuales en la infancia de muchas de estas pacientes.

El estudio de la histeria estableció conexiones muy fructíferas entre la neurología y la psiquiatría, ya que puso de manifiesto la relación entre lo psíquico y las afecciones motrices, pero en la actualidad sigue siendo una enfermedad misteriosa, complicada y difícil de solucionar.

La histeria es considerada por algunos como una afección que «no puede ser definida ni lo será jamás» (Lasègue). La histeria es camaleónica, es decir, sus síntomas varían con la cultura y el tiempo en que al paciente le haya tocado vivir. Su mutabilidad hace que sea muy difícil de acotar; va evolucionando según la cultura, la sociedad, las modas, los conocimientos médicos y la atención que se le presta en cada época.

A lo largo del siglo xx, las manifestaciones clásicas de la histeria fueron disminuyendo en el mundo occidental hasta que acabaron siendo sustituidas por los que ahora conocemos como síndromes somáticos funcionales (fibromialgia, síndrome de fatiga crónica y síndrome del intestino irritable, entre otros), en los cuales se apreciaban fenómenos biológicos similares a los de la histeria, pero transformados en su expresión clínica conforme al signo de los tiempos.

Los factores más importantes que han contribuido a la evolución de estos síndromes funcionales los resume muy bien el psiquiatra Luis Caballero en su libro *Un regalo de Julia*.[10] Por un lado, la desvinculación de la vida familiar y la consiguiente pérdida de sentido y utilidad (instrumental) de los síntomas histéricos en el «psicodrama» familiar. Es decir, desde un punto de vista psicológico e inconsciente, los síntomas que presentaba el paciente le servían para evitar enfrentamientos y confrontaciones y, a la vez, le permitían vengar agravios.

Por el otro lado, está la creciente sensibilidad de la población occidental a las molestias corporales, que en general se atribuyen a enfermedades físicas (mejor aceptadas que lo psicológico).[11]

Hoy en día, el término *histeria* ha caído en desuso por sus connotaciones peyorativas y sexistas y ha sido sustituido por el de *histrionismo*, sin que este ofrezca ninguna ventaja clara, ni desde el punto de vista clínico ni desde el semántico. Además, se utiliza el término *funcional*[12] para referirse a todo un grupo de síndromes en los que hay una ausencia de causa médica identificable. Algunos de los términos que se siguen usando son: *somatomorfo* o «por síntomas físicos», que hace referencia a síntomas corporales sin justificación orgánica; *psicosomático*, que es sinónimo del anterior en cuanto a que aparecen síntomas físicos sin una patología orgánica demostrable, pero aquí los síntomas se acompañan de daños de algún sistema fisiológico (por ejemplo, úlcera de estómago por estrés); *conversivo*, vocablo que indica la relación existente entre manifestaciones físicas de origen psíquico, pero que reproducen síntomas del orden de lo neurológico; o *disociativo*, término que indica que el trastorno surge a nivel inconsciente y que hay una desconexión de la mente con el cuerpo.

De todas formas, estos términos siguen generando cierta confusión y resultan imprecisos a la hora de dar cuenta de todos los factores implicados en tales cuadros.

Sin embargo, el avance en neurociencias y en técnicas que nos permiten explorar la actividad cerebral con una precisión extraordinaria (por ejemplo, la resonancia magnética funcional) nos ha permitido observar que ciertas áreas cerebrales de los pacientes que presentan cuadros de parálisis histérica son diferentes a las de los sujetos sanos que en un experimento simulaban tener esa misma parálisis.

Quizá si en el campo médico nos hemos quedado con la palabra *funcional* para referirnos a los síntomas físicos sin una causa orgánica identificable, en términos más coloquiales podamos seguir usando *somatizar* para englobar todo lo anterior y poner de manifiesto que hay síntomas mentales que se expresan a través de nuestro cuerpo.

Cuando la atención a las señales del cuerpo es excesiva

Si te pidiera que tratases de pensar en un trastorno donde hay una atención excesiva al cuerpo, es posible que lo primero que te viniese a la cabeza fuesen los trastornos de la conducta alimentaria, ya que en estos trastornos se concede una importancia exagerada a la imagen y la silueta corporal. Pero, curiosamente, también en estos pacientes encontramos una falta de conexión con su propio cuerpo.

Ahora no me refiero a este tipo de preocupación, sino a la atención excesiva hacia las señales del cuerpo, es decir, a cuando se magnifican las señales del interior (interoceptivas), como ocurre en la hipocondría.[13] En estos sujetos cualquier señal del organismo puede ser susceptible de ser interpretada como indicativo de una enfermedad. Es más, estas señales vienen a confirmar un gran temor del paciente: «Seguro que noto esta quemazón porque estoy enfermo, porque he contraído el VIH».

Además, en tiempos de pandemia, el término *hipocondría* se ha puesto de moda, se ha «viralizado» y ha comenzado a usarse con la misma ligereza con que decimos «Estoy estresado». Todos hemos experimentado algún momento de inquietud o preocupación por nuestra salud desde que estalló la pandemia. Sin embargo, a esta preocupación algo mayor de lo habitual en el contexto pandémico bien podríamos llamarla *virocondría*, pero entendiéndola como un miedo en el rango de la normalidad y proporcional a la situación que nos ha tocado vivir.

Solo cuando ese miedo es irracional y excesivo, mantenido en el tiempo y limitante (si, por ejemplo, me enlentece y me impide mantener mi actividad diaria habitual), podemos pensar en términos de trastorno.

En la hipocondría hablamos de una preocupación exagerada a padecer o contraer una enfermedad grave. La persona malinterpreta las variaciones o sensaciones físicas normales (por ejemplo, la presencia de tos o cambios normales en la frecuencia cardíaca); hay un procesamiento erróneo de la información corporal acompañado de una sensación de indefensión, lo que activa la ansiedad por la salud. Además, en estas personas suele darse una intolerancia importante a la incertidumbre y una necesidad de certeza absoluta.

Cuando este malestar se presenta de manera excesiva y duradera (más de seis meses) e interfiere con la funcionalidad del sujeto, hablamos propiamente de trastorno. Pero, en tiempos de pandemia, cabe matizar que la hipocondría puede aparecer como síntoma asociado a estados depresivos y psicóticos, es decir, se trataría de síntomas hipocondríacos transitorios que experimentan sujetos expuestos a situaciones de crisis.

Además, existe otro término que conviene distinguir. Se trata de la *nosofobia*, un cuadro que se confunde con facilidad con el anterior pero que pertenece al campo de las fobias y tiene características diferentes.

¿SABÍAS QUE...?

No toda tu preocupación por síntomas corporales es hipocondría. La mayoría de esos síntomas serán normales, pero también podría tratarse de nosofobia. Veamos las diferencias entre una y otra (para entendernos, al sujeto con hipocondría lo llamaremos H y al de nosofobia, N):

1. H tiene la convicción de tener una enfermedad grave (por ejemplo, un cáncer). N no cree tener la enfermedad, sino que tiene un miedo exagerado a contraerla.

2. H se basa en síntomas y sensaciones corporales que exhibe para confirmarse a sí mismo que padece la enfermedad. N no suele tener síntomas corporales.

3. H hiperanaliza, estudia e interpreta los síntomas corporales. N no; lo que le caracteriza es la irracionalidad (excesiva) del pensamiento.

4. H no se puede quitar de la cabeza que ha contraído una enfermedad terminal. N lleva una vida más o menos sosegada siempre que se mantenga alejado de los centros sanitarios que puedan confirmar la enfermedad.

5. H va de médico en médico (es «*Doctor Shopping*»), esperando que alguno le confirme la enfermedad. N jamás va al médico (por equivalencia podríamos llamarle «*Doctor avoidance*»).

6. H es de estilo «megáfono» o amplificador de los síntomas y de su difusión (lo cuenta, lo comparte). N es de estilo «avestruz», es decir, prefiere esconder la cabeza y vivir sin saber; estas personas son ocultadores natos.

7. H es un detective: lee, asiste a charlas, busca en todos lados información sobre la posible enfermedad. N es un evitador: no ve ni lee nada con lo que pueda identificarse o que le recuerde a enfermedad.

Si no te identificas ni con N ni con H, simplemente tendrás una preocupación normal y proporcional a la situación que te haya tocado vivir.

• • • • •

Tanto el uno como el otro nos limitan en nuestro día a día, pues nos restan tiempo, nos impiden ser productivos en nuestro trabajo, reducen nuestras relaciones sociales y, en general, disminuyen nuestra calidad de vida.

PARA TOMAR NOTA

Si eres de los que tiende a la hipocondría, aquí tienes algunas formas sanas de lidiar con ella:

- Intenta retirarte de los síntomas evitando buscar sobre enfermedades en internet.
- Identifica las limitaciones que te produce.
- Afronta los miedos y admite puntos de vista alternativos.
- Trata de hacer pruebas de realidad (por ejemplo, escribiendo algo sobre la base de la información aportada por profesionales, las posibilidades reales de nuestros miedos o preocupaciones, etc.).
- Presta atención a las limitaciones que te produce y consulta con un especialista.

• • • • •

EL CUERPO Y EL PASO DEL TIEMPO: ENVEJECIMIENTO

• • • • • •

Solo tienes un cuerpo para toda la vida, ¡cuídalo!

Aquel cuerpo me impactó. Se evidenciaba frágil, debilitado por el paso del tiempo, arrugado, encorvado, con una disminución y enlentecimiento de los movimientos (bradicinesia) de quien ha padecido lesiones osteomusculares. Allí, en el pequeño salón de actos de la Universidad de Zaragoza, se encontraba Mario Bunge a sus noventa años. Uno de los filósofos contemporáneos más importantes. Poco sabía por aquel entonces de su filosofía, así que lo que primero que captó mi atención fue algo que parecía incongruente. De ese cuerpo ya castigado por los años salía uno de los discursos más lúcidos y elocuentes que he escuchado jamás. Las palabras brotaban de manera ágil, la capacidad asociativa era abrumadora y el sentido del humor sutil, elegante y veloz. Por aquella época, yo era víctima de los prejuicios, de mis estereotipos sobre la vejez (edadismo), y desconocía mucho de lo que ocurre en esta etapa.

Mi trabajo posterior en las consultas de psicogeriatría me permitió darme cuenta de esta realidad. Hoy en día muchas personas de más de noventa años gozan de plenas capacidades cognitivas.

Como todo en la vida, la vejez es también relativa. En las consultas de psicogeriatría adonde llegan los mayores de setenta y cinco años, a los únicos que consideramos ancianos son a los de noventa y cinco para arriba. Los que están en los setenta u ochenta son jóvenes, y los de ochenta, mayores. Así lo comentamos entre los que nos dedicamos a este campo: «Ha venido un paciente joven de setenta y siete años con un cuadro depresivo». Podemos decir que el título de anciano en nuestras consultas no se alcanza hasta que no se superan los noventa.

En mi experiencia en este campo, son varios los falsos mitos que escucho con frecuencia y que generalmente traen a consulta los familiares de mis pacientes: «Con la edad ha perdido muchas capacidades cognitivas», dicen unos. «Es mayor y es normal que tenga algo de demencia», apuntan otros. Y los más extendidos entre los propios pacientes: «Soy muy mayor para hacer esas cosas» o «Ya es tarde para estudiar un idioma». La gente mayor no solo puede aprender cosas nuevas, sino que debe hacerlo.

Todos estos mitos y falsas creencias vienen de los estereotipos negativos que existen sobre la vejez y que implican que ya no es considerada como una expresión de experiencia y sabiduría, sino que se asocia con una pérdida de capacidades y decadencia, por lo que la experiencia pierde valor.

Los clichés negativos llevan a lo que se conoce como edadismo o discriminación por edad, un término acuñado en la década de 1960 por Robert Butler. Un tipo de exclusión que hace que las personas mayores tengan menos acceso a puestos laborales que los jóvenes, que sean tratadas de manera discriminatoria o incluso que reciban un trato infantilizado por parte de la población. Con esto último me refiero a lo que se ha denominado *elder talk* (hablar infantilizando a la persona mayor). Veamos un ejemplo: «¿Qué tal, Paquita? ¿Cómo van esas pastillitas? ¿Se las está tomando todas?». O bien, el profesional sanitario se dirige a los familiares directamente, ignorando o dejando en un segundo plano al propio paciente. Igual Paquita es catedrática y profesora emérita en la universidad y se encuentra en un momento de su vida en que es capaz de disfrutar más que nunca, de viajar y dedicar tiempo a las relaciones sociales, pero, aun así, es tratada como si fuese una persona incompetente.

Este tipo de estigma lo tenemos tan interiorizado que algunas personas mayores, en cuanto aparecen ciertos despistes o no encuentran la palabra que quieren decir, empiezan a temer que se les desarrolle una demencia. Muchas veces llegan a consultar por ello, sin caer en la cuenta de que estos fallos en la memoria suelen estar relacionados con un ritmo de vida acelerado y estresante o con el hecho de tener demasiadas cosas en mente. Cuando esto ocurre, disminuye el nivel de atención, una de las funciones cognitivas que facilita la memorización.

Gente joven que se siente «vieja» y gente vieja que se siente «joven»

El factor de mayor peso cuando se piensa en el envejecimiento es la edad. Sin embargo, es importante matizar que existen distintos tipos de edad:

- Edad cronológica: la que tenemos según el calendario.
- Edad biológica: la que tiene el cuerpo, que variará según lo hayamos tratado o cuidado.
- Edad física: la que aparentamos por nuestro físico, nuestro estilo de vida, etc.
- Edad psicológica: la que tenemos «según nos sentimos».
- Edad social: la que nos corresponde por nuestro grupo social, por nuestro entorno (hay gente muy joven que se rodea de gente mayor y a la inversa).

Si hay una edad que podemos modificar es sin duda la psicológica, bien a través de nuestra actitud, bien por medio de un estilo de vida saludable. Sentirse joven tiene más que ver con esa edad psicológica, con seguir sintiendo curiosidad por las cosas y por la vida, con tener avidez por seguir aprendiendo, con afrontar las dificultades con creatividad y con alejarnos de los estereotipos de la vejez.

A veces nos afanamos en luchar contra el paso del tiempo, contra la edad cronológica, intentando cambiar artificialmente la biológica, recurriendo a todo tipo de retoques estéticos e incluso a intervenciones quirúrgicas. Intentamos poner «parches al cuerpo». Y no estoy tratando de convencerte para que no recurras a estas técnicas, aunque quizá merezca la pena recordar que su uso debe ir acompañado cuando menos de la aceptación del paso del tiempo porque, si no, entraremos en una lucha interminable y sin sentido centrada en el aspecto externo del cuerpo, mientras que nos olvidaremos del interno o le dedicaremos menos tiempo.

Tener una vida plena y disfrutar de ella implica disfrutar del camino y aceptar que el paso del tiempo es inevitable y todo un privilegio.

Spoiler de las ocho etapas del desarrollo psicosocial

> *Todos consideramos mortales a cualquier persona,*
> *salvo a nosotros mismos.*
>
> SIGMUND FREUD

Con el envejecimiento tienen lugar una serie de transformaciones anatómicas, funcionales y de la vivencia corporal que cobran en la persona mayor una importancia singular. Si bien decíamos que con frecuencia el cuerpo pasa desapercibido, para muchos ancianos el cuerpo puede llegar a «presencia constante» y con una connotación negativa: el cuerpo duele, pesa o se siente falto de energía. Se toma contacto con la fragilidad de la materia del ser humano. La muerte deja de ser algo impersonal y lejano para convertirse en un hecho real e ineludible, tanto para los otros como para uno mismo.

Otros cambios suponen también un reto psicológico para el adulto mayor:

- una repetida pérdida de familiares y amigos; puede producirse, por tanto, un empobrecimiento del tejido relacional y social, y un mayor número de duelos por pérdidas de personas significativas en la vida;
- un cambio importante en los factores que proporcionaban reconocimiento, poder o sensación de utilidad, como por ejemplo el trabajo;
- una sensación de indefensión ante los aspectos económicos (pensión), que no siempre dependen del esfuerzo personal sino de decisiones políticas;

- una mayor institucionalización; las mudanzas y los cambios en su vivienda habitual son generadores de estrés; hay una mayor tendencia a la interioridad, a revisar la propia vida y a buscarle el sentido.

La capacidad para superar estos cambios dependerá de la aceptación del paso del tiempo, así como de la capacidad para adaptarse y vivir una vida con sentido.

Algunos de estos aspectos pueden variar ligeramente según la época que le haya tocado vivir a la persona o la cultura en la que haya crecido, pues en algunas culturas orientales la vejez va ligada a sabiduría y capacidad para aportar a los demás y los mayores tienen autoridad en las familias; en las sociedades occidentales, sin embargo, esta puede verse desprovista de muchos de los apoyos de los que disponía en etapas anteriores.

Alcanzar esta fase de la vida en la que se unen pasado y futuro implica aceptarla y adaptarse a ella; para muchos será también momento de disfrute, de relajación, de goce del tiempo para seguir cultivando sus pasiones. La manera de afrontar esta etapa va a depender no solo de las circunstancias que nos acompañen, sino de nuestra actitud, de nuestra capacidad de adaptarnos a un tramo de la vida en el que nos vemos obligados a contemplar la muerte de cerca.

El reconocido psicoanalista E. Erikson ha señalado que existen ocho fases en el desarrollo psicosocial de la persona, desde el nacimiento hasta la edad adulta tardía. No es mi intención detallarlas todas, pero sí recalcar una, la última, aquella que, dicho sea de paso, deberíamos tener más presente.

Cada una de las etapas descritas por este autor se basa en la superación exitosa de la anterior. Todas se caracterizan por una crisis psicosocial de dos fuerzas contrapuestas. Si superamos con éxito estas crisis, se agregan nuevas fortalezas a nuestro yo que nos disponen y capacitan para la superación de la etapa siguiente:

- **Etapa 1:** Confianza frente a desconfianza (0-18 meses de edad).

- **Etapa 2:** Autonomía frente a vergüenza y duda. (18 meses-3 años).

- **Etapa 3:** Iniciativa frente a culpa (3-5 años).

- **Etapa 4:** Laboriosidad frente a inferioridad (5-13 años).
- **Etapa 5:** Exploración de la identidad frente a difusión de la identidad (13-21 años).
- **Etapa 6:** Intimidad frente a aislamiento (21-40 años).
- **Etapa 7:** Generatividad frente a estancamiento (40-60 años).
- **Etapa 8:** Integridad del yo frente a desesperación (a partir de los 60 años).

La integridad se refiere a la capacidad para evaluar la propia vida, darle sentido; considerar todo lo que ha merecido la pena ser vivido; de responsabilizarnos y aceptar las distintas experiencias, y haber podido elaborar las pérdidas o afrontar con creatividad las desilusiones de la vida. Todo ello para poder aceptar la propia finitud y la muerte.

Las personas que han trascendido su propio ser mediante el cuidado de hijos, nietos u otras personas o colectivos humanos, y que han aportado algo en el terreno emocional, relacional, laboral, científico, etc., por poco que haya sido, alcanzan un estado de integridad y aceptan su vida como algo único e irrepetible.

Sin embargo, muchas de estas cualidades pueden verse comprometidas por las condiciones físicas y psicológicas del sujeto o por circunstancias adversas. No siempre será fácil mantener el sentimiento de bienestar personal y, de hecho, pueden aparecer sentimientos de desesperación por el temor y angustia que provoca la muerte. La persona puede tener la sensación de que no es capaz de reelaborar todo lo perdido, de que no le queda vida o tiempo para volver atrás, etc.; se impone entonces el sentimiento de pérdida.

Sin duda, la realidad de la vejez es compleja y a veces se ofrecen modelos de generalistas y simplistas que resultan inadecuados para abordar el envejecimiento porque están basados en un culto desmesurado a la juventud.

Quizá una de las claves más importantes sea tomar las riendas de la vida a tiempo, desde muy pronto, para no vivir a la deriva ni ajenos al paso del tiempo, sin hacernos responsables ni aceptar la realidad que se nos impone. Conocer estas etapas y saber qué es lo que está en nuestras manos cambiar nos será de gran ayuda, hará que tengamos una mayor probabilidad de llegar con integridad a la última etapa.

Al mismo tiempo, tomar conciencia de nuestros límites nos permitirá vivir de manera más responsable y plena con nosotros mismos, apreciar las pequeñas cosas de la vida y emocionarnos, que es de lo que se trata.

El paso del tiempo en nuestro cuerpo

¿Qué ocurre realmente en nuestro cuerpo con el paso del tiempo? ¿En qué momento empezamos a envejecer? Todo sucede de una manera muy lenta y los cambios los tenemos que buscar primero en nuestras células. A medida que envejecen, su funcionamiento se deteriora y, al final, esas células envejecidas morirán, algo propio del funcionamiento de nuestro organismo.

Existe una especie de muerte programada, de harakiri o suicidio celular al que llamamos apoptosis. Muchas células están programadas para ello y esto viene codificado en sus genes y a su vez determinado por la edad de la célula. De este modo, las células ya envejecidas morirán para dejar sitio a las nuevas.

Las células también pueden morir por otros factores, como el hecho de que haya un exceso de células o que algunas estén heridas (por sustancias nocivas como la radiación, por medicamentos de quimioterapia, por los radicales libres, etc.).

Por otro lado, las células de nuestro cuerpo se mueren por sí solas porque solo se pueden dividir un número limitado de veces que está inscrito en sus genes. Cuando una célula no puede seguir dividiéndose, se hace más grande y muere al poco tiempo. El mecanismo que pone límite a esta división celular está directamente relacionado con una estructura que tenemos en los cromosomas y que se denomina telómero. Los telómeros son los extremos de los cromosomas y están compuestos por unas secuencias cortas y repetidas de ADN que garantizan la estabilidad genómica y que se acortan en cada división celular hasta que se hacen tan pequeños que peligra la estabilidad cromosómica. Algo así como los cronómetros celulares, los que llevan la «cuenta atrás». Con el tiempo, los telómeros se vuelven tan cortos que la célula no puede dividirse más. Por eso algunos hablan de una «senescencia programada», la que tiene lugar cuando la célula deja de dividirse. Para recordarlo con mayor facilidad, los telómeros se han comparado con los extremos de los cordones de los zapatos.

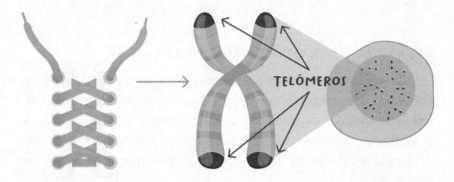

El buen funcionamiento de nuestros órganos depende del buen funcionamiento de nuestras células. Si estas envejecen y funcionan peor o mueren y no son reemplazadas (como ocurre en algunos órganos), el número total de células disminuirá y alterará poco a poco el órgano correspondiente.

Sin embargo, no todos los órganos envejecen a la misma velocidad. En las gónadas (testículos y ovarios), el número de células disminuye de manera notable con la edad. Otros órganos más expuestos, como por ejemplo la piel, mostrarán los primeros signos del envejecimiento pasada la veintena, cuando asoman las primeras arrugas. La mayoría de las funciones internas también disminuyen con la edad: poco antes de los treinta años comienza un descenso gradual pero constante. En este terreno, el cerebro se nos presenta como un órgano especial, ya que aquí el envejecimiento es mucho más lento, hasta el punto de que, si la persona tiene buen estado de salud, su cerebro puede llegar prácticamente intacto a la edad adulta avanzada.

¿Cuándo comienza el envejecimiento?

En sentido estricto, podría decirse que envejecemos desde que llegamos al mundo. De hecho, si medimos biomarcadores como los telómeros, veremos que en el recién nacido son mucho más largos que en el niño de corta edad y que se van acortando conforme vamos cumpliendo años.

Pero esto resulta llamativo y muy paradójico, ¿no? Porque uno esperaría que el envejecimiento empezase justo cuando finaliza el crecimiento, al terminar de desarrollarnos. Si tenemos en cuenta que el desarrollo del cerebro va en paralelo al de nuestras capacidades cognitivas superiores, nuestra capacidad reflexiva, de ética y de moral, podríamos decir que coincide con la culminación del desarrollo del córtex prefrontal, en torno a los veinte años. Es el momento en que tenemos plenas facultades mentales, cuando se nos pueden exigir responsabilidades legalmente porque se nos hace responsables de nuestra conducta.

¿SABÍAS QUE...?

Son varios los marcadores biológicos que se han estudiado en relación con el envejecimiento:

- **Los telómeros**, mencionados más arriba. Esos extremos de los cromosomas cuyo desgaste indica un aumento del riesgo de cáncer y cuyo acortamiento se ha asociado con el envejecimiento.

- **La metilación del ADN**: es el proceso por el cual se añaden grupos metilo (-CH3) al ADN, lo cual impacta en la transcripción génica (por ejemplo, desactivando ese gen) y hace que se formen patrones que permiten estimular lo rápido o despacio que envejecemos en relación con nuestra edad cronológica. Este proceso, de hecho, es la base de la epigenética de la que te hablaré en las siguientes páginas. Es un importante predictor del riesgo de contraer enfermedades neurodegenerativas como el alzhéimer, enfermedades cardiovasculares o cáncer.

- **Los biomarcadores inmunitarios**: la presencia de algunos tipos concretos de nuestras células de defensa, los linfocitos, se ha asociado a una aceleración o enlentecimiento del envejecimiento.

• • • • •

290 • UNA MENTE CON MUCHO CUERPO

Nada más nacer, estos marcadores son los que determinan en gran medida el envejecimiento, pero conforme cumplimos años es el ambioma el que pasa a tener un peso mayor. Por su carácter acumulativo, parece lógico pensar que, cuando acabamos de nacer, no nos ha dado tiempo a interaccionar con el ambiente y, por consiguiente, casi todo depende de lo que traemos de fábrica en nuestros genes. Afortunadamente, parece que esto se invierte con la edad y que, por tanto, podemos influir en cómo envejecemos, es decir, que podemos modularlo, acelerarlo o ralentizarlo. Nuestro estilo de vida, el ruido ambiental, la contaminación, la alimentación, el estrés y nuestra herencia genética interaccionan entre sí y modelan nuestra salud y nuestra calidad de vida. Aunque hay factores que escapan a nuestro control, como el hecho de haber nacido en un país en guerra o de haber experimentado sucesos traumáticos en la infancia, hay otras variables ambientales que sí está en nuestra mano cambiar, por ejemplo, el estrés, la alimentación, el aire que respiramos; en definitiva, lo que hacemos por nuestra salud.

El cerebro es el *new sexy*

> *Todo ser humano, si se lo propone, puede ser escultor de su propio cerebro.*
>
> SANTIAGO RAMÓN Y CAJAL

Decíamos que no todos los órganos envejecen al mismo tiempo ni pierden el mismo número de células. El cerebro es el mejor ejemplo. Una persona sana que llega a la edad adulta avanzada no tiene por qué haber perdido mucha capacidad mental. Ahora bien, en la enfermedad de Alzheimer, de Parkinson o en un accidente cerebrovascular u otras enfermedades de las llamadas neurodegenerativas sí que se da una pérdida progresiva de neuronas y, por ende, de funciones.

Una persona que no sufra enfermedades no tendría por qué presentar deterioro cognitivo, es decir, una merma de sus capacidades cognitivas superiores (lenguaje, memoria, atención, concentración, funciones ejecutivas, etc.). ¡No hay excusa! Podemos tener un cerebro añoso, pero joven al mismo tiempo. Quizá por eso la mayor parte de las personas repiten a menudo: «Me siento igual que cuando tenía veinte años, atrapado dentro de un cuerpo arrugado».

El cerebro dispone de más neuronas de las que necesita para realizar la mayoría de sus funciones; a esto se le llama redundancia. Esta propiedad, junto a la capacidad de establecer nuevas conexiones sinápticas a través de las células cerebrales y la capacidad de neurogénesis (formación de nuevas neuronas) de algunas áreas cerebrales, hace que el cerebro pueda compensar el paso del tiempo.

Además, el cerebro funciona en gran medida bajo el lema *use it or loose it* (úsalo o deshazte de ello). Cuanto más impulsamos este órgano con nuevos estímulos, como por ejemplo el aprendizaje de nuevas destrezas, mayor será el número de conexiones neuronales (sinapsis) que se establecerá. Es decir, se abren nuevos caminos, nuevas vías, nuevas sendas en el cerebro (circuitos cerebrales). Cuantas más tengamos, mayor puede ser nuestra capacidad para adaptarnos y resolver conflictos, porque seremos capaces de plantear distintas opciones para resolver un problema. Sin embargo, si siempre hacemos lo mismo y no introducimos ningún cambio, novedad o aprendizaje, nuestro cerebro se acostumbrará a pensar de la misma manera, a ir siempre por el mismo camino; y, como si de una senda en una montaña nevada se tratase, cuanto más pasamos por ella, más fácil nos resultará desplazarnos, mientras si abrimos un nuevo camino, tendremos que esforzarnos mucho más.

Y aquí tenemos que hablar de la famosa neuroplasticidad, esa propiedad que tiene el cerebro para establecer nuevas conexiones y, por ende, para modificarse y moldearse a sí mismo como si estuviese hecho de plastilina. Podríamos decir que tenemos el potencial para esculpir nuestro propio cerebro a partir de la interacción con el entorno. Nuestro cerebro no es un músculo, pero es plástico y, por eso, podemos también entrenarlo. El premio Nobel Eric Kandel, a quien debemos este maravilloso concepto, decía que nuestro cerebro está en continuo cambio y que hasta la misma terapia produce cambios cerebrales.

¿SABÍAS QUE...?

Nuestro cerebro es mucho más flexible de lo que piensas. De hecho, es plástico o, mejor dicho, ¡neuroplástico! Hoy en día sabemos que el cerebro es capaz de generar nuevas neuronas en algunas regiones y hasta de modificarse, tanto a nivel funcional como estructural.

La neuroplasticidad se produce porque nuestras neuronas se activan y se transmiten información entre sí y, cuando esta activación simultánea se repite con una determinada frecuencia, las propias neuronas emprenden un intenso proceso de unión entre ellas mediante la creación de ramificaciones neuronales que modifican su microestructura. Así estarán mucho mejor predispuestas para mandarse información y para activarse al mismo tiempo. De ahí la conocida frase en el mundo científico de «*neurons that fire together stay together*» (las neuronas que se activan a la vez se mantienen conectadas).

La plasticidad neuronal muestra, por tanto, la facultad de nuestro cerebro para reestructurarse y hacer frente a ciertas lesiones (deterioro cognitivo, tumores, etc.). Será cuestión de tiempo que el conocimiento de esta fascinante capacidad pueda utilizarse para hacer frente a ciertas enfermedades y trastornos neurodegenerativos.

La plasticidad sináptica la demostró el científico Eric Kandel, quien recibió el Premio Nobel de Medicina por su investigación sobre el fortalecimiento de las conexiones neuronales asociadas al aprendizaje y la formación de memoria a largo plazo. De hecho, se observó que los taxistas de Londres que se aprendían de memoria las rutas para poder obtener la licencia tenían una mayor cantidad de sustancia gris en el hipocampo derecho (área relacionada con la navegación espacial) y que, en cambio, los malabaristas presentan más sustancia gris en zonas relacionadas con la actividad motora y visual. Estudios similares se están haciendo con personas que meditan y los hallazgos son muy prometedores.

Esta plasticidad neuronal hace que nuestra capacidad para adaptarnos a las circunstancias sea muy alta, así que es importante tenerla presente y no desaprovecharla.

• • • • •

Pero, entonces, ¿podemos hablar de cambios cerebrales compartidos por todas las personas de edad avanzada? En líneas generales, estas personas pueden tener el mismo rendimiento cerebral que las personas más jóvenes. Las diferencias estriban en que las personas mayores reaccionan y ejecutan tareas con mayor lentitud, pero, si se les proporciona un poquito más de tiempo, son capaces de realizarlas de manera correcta. A partir de los setenta años, algunas funciones mentales, como la velocidad de procesamiento (funciones ejecutivas) y el nivel de atención, pueden verse disminuidas y afectar secundariamente a otras funciones como la memoria. De ahí, como decíamos antes, que sea tan frecuente que, con la edad, las personas comiencen a temer que están desarrollando demencia en cuanto notan fallos de memoria que, en realidad, son consecuencia de otras funciones y no directamente de la memoria.

Por último, los estudios de neuroimagen muestran una mayor intervención de regiones cerebrales concomitantes para conseguir el mismo resultado, como si el cerebro tuviese que utilizar más recursos y hacer un esfuerzo mayor para llegar al mismo punto. Sin embargo, si han llegado sanos a la edad adulta y disponen del tiempo necesario, las personas de edad avanzada pueden llegar a los mismos resultados que las más jóvenes. No debemos olvidar que el conocimiento acumulado nos da otra perspectiva y una buena capacidad asociativa. La clave está en seguir sorprendiéndonos y estimulando nuestro cerebro con algunos de los factores que están avalados científicamente como impulsores de la mejora de nuestra cognición, como por ejemplo la actividad física, el enriquecimiento cognitivo y las relaciones sociales.

¿Se puede frenar el envejecimiento?

La suerte favorece a la mente preparada.

LOUIS PASTEUR

El envejecimiento es entendido por la mayor parte de la comunidad científica como un proceso natural e inevitable. Las grandes empresas se han lanzado a una irrefrenable carrera por encontrar el elixir de la eterna juventud y hay quienes incluso ven el envejecimiento como una enfermedad que se podrá tratar y curar.

Sin embargo, con los datos de la ciencia actual, no podemos hacer tal afirmación sobre el envejecimiento. Digamos que no estamos en condiciones de rebatir la famosa frase de Winston Churchill: «Solo hay dos cosas seguras en esta vida: los impuestos y la muerte», por lo menos en toda su extensión, ya que más de uno se vale de artimañas para evadir impuestos… Ahora bien, si no podemos curar la muerte, siempre podemos retrasarla o, cuando menos, modularla. Y para hablar de esto tenemos que hablar primero de epigenética.

¿Qué es la epigenética?

Somos el resultado de una bonita danza entre nuestros genes y nuestro ambiente.

Si te preguntara con qué prefieres quedarte, con los genes o con el ambiente, ¿cuál elegirías? La genética sería algo así como las semillas que uno siembra bajo la tierra para plantar un árbol, mientras que el ambiente representaría la tierra que lo rodea, su localización geográfica, el entorno directo o familiar donde se encuentra, el abono y cuidados que recibe, etc. El ambiente representa la parte más moldeable, aunque en los primeros años de vida también nos venga impuesto (por ejemplo, si nos ha tocado nacer en un país en guerra), y también será determinante en la germinación de esas semillas.

Es posible que no lo veas claro, pues tan importante puede parecer lo que heredamos en nuestros cromosomas como el ambiente que nos rodea. Ahora bien, la genética no es tan inamovible como pueda parecer. De hecho, una experiencia emocional intensa o traumática podría modificar nuestros genes y llegar a nuestra descendencia. Esto lo explica la epigenética, la ciencia que nos permite entender por qué dos gemelos idénticos (monocigóticos) desarrollan personalidades distintas o presentan diferentes afecciones médicas pese a compartir el mismo ADN. La razón se encuentra, precisamente, en esa modulación de la expresividad del ADN que viene mediada por el ambiente. Esta modulación se ejerce a través de la colocación de unos broches sobre el ADN que se conocen como «metilación», unas marcas químicas que, situadas sobre el material genético, son capaces de activar o desactivar la expresión del ADN.

En definitiva, nuestro ambiente puede llegar a producir cambios en el ADN y, desde este punto de vista, el potencial de lo que nos rodea y de lo que nos rodeamos se multiplica. Tenemos el potencial para influir tanto en lo que hemos recibido por genética como en las circunstancias ambientales, por lo menos hasta cierto punto.

¿SABÍAS QUE...?

Epigenética viene del griego *epi*, que significa «en» o «sobre», y *genética*. Se refiere al estudio de los mecanismos que regulan la expresión de los genes sin que haya una alteración en la secuencia del ADN en sí misma.

El funcionamiento de las células implica que la secuencia génica pueda ser leída y transformada en proteínas, que son justamente las que hacen efectiva la función celular. Cuando sobre este ADN añadimos un marcador, como los conocidos grupos metilo, podemos bloquear o reprimir la expresión génica y estos son la marca de la epigenética, de cómo influye el ambiente y puede modular nuestro ADN.[1]

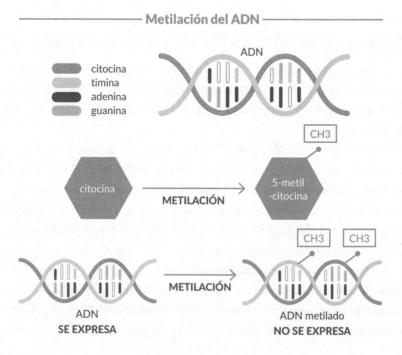

——— **Metilación del ADN** ———

Estos mecanismos se encuentran en el epicentro de muchas de las investigaciones más novedosas en oncología y neurociencia, ya que podemos intervenir e influir sobre el genoma reduciendo el peso que tiene este en nuestras vidas. De hecho, se habla de epigenética positiva o negativa: el tabaco, el estrés, el consumo excesivo de alcohol o de radiación solar son ejemplos de una epigenética negativa, mientras que los hábitos de vida saludables, como el ejercicio físico, serían un tipo de epigenética que podríamos llamar positiva.

Algunos investigadores consideran que el avance en este campo permitirá revertir el envejecimiento con lo que se conoce como reprogramación celular, que consiste en eliminar todas las marcas epigenéticas (los broches o metilaciones del ADN) que hemos acumulado a lo largo de la vida.

Raúl D. Morales resume la epigenética en una bonita metáfora apta para todos aquellos científicos que llevan la ciencia hasta las relaciones de pareja: «¿Qué es epigenética? ¿Y tú me lo preguntas? Epigenética eres tú...».

• • • • •

Los ahorros cerebrales, el elixir de la eterna juventud

Si te preguntara cuáles son tus ahorros, estoy segura de que sabrías responderme a la perfección. Pero ¿y si te dijera que me refiero a tus ahorros cerebrales? ¿Cuánto llevas invertido en tu cerebro?, ¿cuánto has conseguido ahorrar?

Si estás leyendo este libro, es muy probable que seas de los que se han planteado esta cuestión o se la plantearán en un futuro cercano. Y es que se habla mucho de inversiones y ahorros para obtener cosas materiales o frenar el envejecimiento exterior (el del cuerpo a través de las cirugías e intervenciones plásticas y estéticas), pero bien poco se comenta sobre la inversión en términos neuronales.

¿Conoces el concepto de reserva cognitiva? La reserva cognitiva es aquella que nos va a permitir hacer frente al paso del tiempo o a las pequeñas agresiones que podamos llegar a sufrir (una tensión arterial o colesterol elevados pueden dar lugar a pequeños microinfartos cerebrales). Equivaldría a la capacidad del cerebro para seguir funcionando de una manera óptima pese al daño o lesión. En un lenguaje más coloquial, a la reserva cognitiva podríamos llamarla ahorros cerebrales, porque nos permiten amortiguar los efectos negativos derivados de un daño sobrevenido e inesperado.

Hoy sabemos que, ante una lesión o agresión cerebral, no todo el mundo responde igual, con los mismos déficits y las mismas carencias. Imagina que pudiésemos escanear el cerebro de todas las personas (por ejemplo, con una resonancia magnética) y escogiésemos un grupo de edad, digamos, el de setenta años. Es posible que encontráramos cerebros más bien intactos y otros con muchas microlesiones (es decir, microinfartos, acumulación de amiloide, etc.). Pues bien, en caso de que haya el mismo daño cerebral, esas personas podrían mostrar capacidades mentales muy diferentes: una presentaría déficits manifiestos y otra estaría perfecta. ¿Cómo es posible? Esto es debido precisamente a esa reserva cognitiva o ahorros cerebrales que hemos acumulado a lo largo de la vida.

De esta manera, la realización de actividades que ponen en marcha nuestras capacidades cognitivas (lectura, cálculo, socialización, ejercicio, etc.) puede protegernos del envejecimiento prematuro y del deterioro cognitivo.

Se han descrito dos tipos de reserva cognitiva: la reserva cerebral o modelo pasivo y la del modelo activo. El primero hace referencia al sustrato anatómico del que partimos, algo así como lo que traemos de fábrica, ya que no todos los cerebros son exactamente iguales. El segundo, que es el que más nos interesa aquí, es el que hace referencia a la capacidad de adaptación y a la flexibilidad de las redes y circuitos neuronales, que es lo que hace que sean más eficientes. Esta reserva cerebral o ahorros cerebrales es la que podemos estimular a través de la actividad física, el estudio, las relaciones sociales, etc. Es decir, es justamente en lo que debemos invertir y, para ello, hay que llevar un estilo de vida saludable. Aunque ambos modelos van a determinar que podamos compensar con más o menos éxito una lesión cerebral o que podamos recuperarnos de ella, el segundo es el que resulta más accesible.

El grado de estimulación física y cognitiva que reciba nuestro cerebro a lo largo de nuestra vida va a estar en relación directa con esa reserva cognitiva. ¿Y cuáles son las principales vías para estimularlo?

- **Conocimiento (la educación, los estudios):** el factor más repetidamente señalado en las investigaciones como predictor de la reserva cognitiva.

- **Trabajo**: cuanto más estimulante, mejor.

- **Actividades de ocio** y relaciones sociales.

- **Idiomas:** aprendizaje de nuevas reglas de lenguaje.

- **Ejercicio físico:** gracias a la estimulación de los factores neurotróficos (el «alimento» del cerebro) y la disminución del estrés, como vimos en el capítulo 6.

Hábitos saludables

Más allá de lo anterior, se suele decir que los hábitos saludables para el corazón lo son también para el cerebro. Estos hábitos de vida saludable son de sobra conocidos: dieta equilibrada, descanso (horas suficientes de sueño nocturno), hacer ejercicio físico, mantenerse activo intelectualmente, no consumir tóxicos (tabaco, alcohol, etc.), incorporar estrategias de afrontamiento del estrés, mantener relaciones sociales, etc. Como suponen un beneficio global que además está en nuestra mano potenciar, serán siempre nuestros mejores aliados.

El ejercicio físico, por ejemplo, ha demostrado tener importantes efectos beneficiosos en nuestro cerebro y en nuestras capacidades cognitivas. Algunos estudios incluso han observado que las personas con mayor riesgo de desarrollar la enfermedad de Alzheimer (portadoras del gen *Apoe4*) con el ejercicio adquieren mecanismos de protección cerebral que permiten mitigar las secuelas de esta enfermedad.

Todos estos hábitos tienen un elemento en común: nos alejan del estrés, uno de los mayores enemigos de nuestro equilibrio cuerpo-mente cuando este se presenta en exceso o nos sobrepasa. El estrés puede ser un estupendo aliado si nos estimula o nos mantiene a tono para rendir, por ejemplo, en un examen o para afrontar una situación desafiante. Sin embargo, si nos pasamos con el estrés o este se mantiene en el tiempo, puede llegar a bloquearnos.

El estrés aumenta la liberación de hormonas como el cortisol,[2] capaz de debilitar nuestro sistema inmune y de favorecer nuestra predisposición a algunas enfermedades. Actúa como un virus que está socialmente aceptado. Un virus que avanza sigilosamente en nuestro organismo y nos va quitando energía, vitalidad y, en definitiva, salud física y mental. Algunos de los daños del estrés a largo plazo incluyen:

- Cambios cerebrales, más en concreto tenemos pruebas científicas de que el estrés reduce el tamaño del hipocampo (la región más destacada en los procesos de memoria) y del córtex prefrontal.

- Afecta directamente al sistema cardiorrespiratorio, es decir, pone a nuestro organismo en situación de alarma, por lo que trata de distribuir más rápidamente el oxígeno por todo el cuerpo a través de la sangre. Los vasos sanguíneos también se estrecharán para llevar el oxígeno hasta los músculos y permitirnos huir en caso de que sea necesario.

- Debilita el sistema inmunitario, lo que nos predispone a contraer resfriados y cualquier tipo de proceso viral.

- Obliga al hígado a producir más glucosa en sangre para obtener más energía, lo que tiene efectos nocivos añadidos por el aumento de aquella en el organismo.

- Produce cambios en el sistema digestivo: malas digestiones, reflujo gástrico, aparición de úlceras, diarrea o estreñimiento.

- Debilita la piel y el cabello. Todos hemos podido observar cómo tras temporadas de estrés, de repente, presentamos alguna cana o una piel con un aspecto más debilitado. Que se lo digan a los políticos. ¿Cuál de ellos no ha salido de Moncloa con el cabello más encanecido?

En resumen, el estrés produce todo tipo de estragos en el organismo. Igual hasta te estés estresando al leer esto, pero, ojo, que ser capaces de anticipar noticias negativas nos ayuda a disminuir los niveles de estés. Además, tenemos herramientas todavía más potentes para contrarrestar sus efectos, como los ya mencionados hábitos de vida saludable que todos tenemos a nuestra disposición.

Por cierto, he olvidado mencionar un factor importante que debería ser incluido entre estos hábitos de vida: los abrazos. Estos son capaces de reducir nuestros niveles de estrés. En algunos estudios con ratas, si estas recibían caricias y contacto físico durante los primeros años de vida, segregaban menos glucocorticoides (hormonas del estrés) en la edad adulta, lo que a su vez tenía un efecto protector en los procesos de envejecimiento. Esto también sucede en humanos, pues, como hemos mencionado en el capítulo 4, el sentido del tacto es imprescindible en las primeras etapas de la existencia y continúa siendo relevante durante el resto de la vida. Aunque es posible que no podamos curar el envejecimiento a base de abrazos, sí que tenemos un potencial innegable de modularlo.

Por último, estar satisfechos con la vida, aceptar el paso del tiempo, así como el hecho de sentirnos respetados y necesitados durante las últimas etapas, desempeñará un papel muy importante.

Cuestión de actitud

El envejecimiento es inevitable, dirán algunos, y es cierto. Se trata de un proceso inevitable y complejo, pero sobre el que sí podemos influir, no solo con los hábitos, sino con nuestra actitud. Y no, no es «positivismo tóxico».

Hay estudios que así lo indican. Nuestra concepción sobre la vejez influye en nuestra propia esperanza de vida. Una percepción más positiva va ligada a un aumento del tiempo vivido (7,6 años) si se controlan las demás variables.

Los estereotipos sobre la vejez se empiezan a adquirir en los primeros años de vida y se ha visto que influyen en determinados aspectos de la salud mental de los mayores, de forma que en muchas personas acaban convirtiéndose en profecías autocumplidas.

El impacto de estos estereotipos llega hasta un fenómeno muy interesante que aprovecho para contarte aquí mismo: se trata del efecto *priming* o imprimado (influencia de la exposición a determinados estímulos en nuestra conducta), estudiado por Bargh y sus colaboradores, que mostraron cómo individuos que habían estado expuestos a palabras relacionadas con la vejez, pero sin ser conscientes de ello, caminaban de forma más lenta durante los minutos siguientes a la exposición que los que habían estado expuestos a otros contenidos semánticos.

¿SABÍAS QUE...?

En un experimento realizado por John Bargh y sus colaboradores, se pedía a un grupo de jóvenes de entre dieciocho y veinte años que formaran frases de cuatro palabras con un grupo de términos (por ejemplo: *amarillo, encuentra, lo, él, instantáneamente*) pero a algunos de los jóvenes se les habían intercalado palabras relacionadas con la vejez (*olvido, arrugas, canas*, etc., sin mencionar nunca la palabra *vejez*). Al terminar se les pedía que fueran a otra sala para realizar otro experimento en un despacho que estaba más alejado hasta el que tendrían que caminar. Esa corta distancia era precisamente el objetivo del experimento. Como Bargh había predicho, aquellos que habían estado expuestos a palabras relacionadas con la vejez caminaron más despacio por el vestíbulo.

Es decir, el conjunto de palabras relacionadas con la edad avanzada había potenciado una conducta como la de caminar despacio, la cual se asocia a las personas ancianas.

Este estudio es un ejemplo clásico de cómo funciona el efecto *priming* y cómo la información recibida puede modular nuestra conducta.

• • • • •

La interiorización de los estereotipos sociales sobre las personas mayores y las actitudes negativas subyacentes a la marginación por motivos de edad se adquieren durante los primeros años de vida. Estos estereotipos y actitudes hacen que la edad se alce como el elemento clave de la vejez.

Además, los refuerzan y sostienen diversos colectivos, incluidos los profesionales sanitarios a través del *elder talk*. Sin embargo, hoy sabemos que la edad avanzada de un sujeto no es un indicador suficiente para hablar de su estado de salud y funcional, del rendimiento intelectual, de su integración y de su adaptación a los cambios.

Por tanto, es importante deshacernos de los estereotipos sobre la vejez, entender bien los efectos del paso del tiempo en nuestro cuerpo y en nuestro cerebro y tener una visión optimista y realista, ya que todo ello nos hará vivir más y mejor.

Por otra parte, los estudios indican que los niveles de autosatisfacción no decaen con la edad. El adulto de mediana edad suele definirse a sí mismo como un sujeto sano, aun cuando tenga pautadas entre tres y ocho pastillas distintas.

Ponle más arrugas a la vida

Procura vivir como si fueras a morir mañana y aprende como si fueras a vivir siempre.

MAHATMA GANDHI

Si pudiésemos traducir con algún tipo de medidor el número de «arrugas cerebrales» y hacer una ecuación, sería algo así:

EXPERIENCIAS VIVIDAS + CONOCIMIENTO + HÁBITOS DE VIDA
= N.º DE ARRUGAS CEREBRALES

La capacidad de replegarse sobre sí mismo que tiene nuestro cerebro se ha relacionado con su capacidad de establecer interconexiones, lo que parece que nos diferencia de otras especies. De alguna manera, cuanto más arrugado y plegado esté el cerebro, más capacidad mental parece que puede albergar. Así que esas arrugas tanto temidas en otras partes del cuerpo resulta que son muy queridas para nuestro cerebro.

Las «arrugas» cerebrales (circunvoluciones y surcos o fisuras) le permiten al cerebro ocupar menos espacio. De hecho, si pudiésemos extenderlo, mediría cerca de 2.500 centímetros cuadrados, el tamaño de una mesa pequeña de Ikea. La ausencia de arrugas cerebrales es lo que se conoce como lisencefalia, una afección que provoca un grave retraso cognitivo y motor. En la enfermedad de Alzheimer, por ejemplo, se reduce el tejido cerebral y se ensanchan los surcos. Además, los ventrículos, esto es, las cámaras del cerebro que contienen líquido cefalorraquídeo, están notablemente agrandados.

Un mayor número de pliegues o «arrugas» cerebrales se ha asociado con unas capacidades cognitivas superiores, como las del ser humano frente a otras especies. Sin embargo, aun siendo la especie «considerada» más inteligente, algunos animales presentan cerebros con una mayor cantidad de giros (por ejemplo, los delfines, los elefantes, etc.).

Lo que sí parece claro es que cuantos más pliegues cerebrales, más posibilidades hay de que se establezcan conexiones neuronales (sinapsis). Así que ya sabes: «No le quites arrugas a la vida y ponle más vida a las arrugas», porque seguro que ellas llevan la cuenta de todo lo vivido, aprendido y disfrutado.

De hecho, al ritmo que vamos con los retoques estéticos acordes a toda una serie de cánones muy marcados, que nos llevan a rostros cada vez más parecidos, en el futuro ligaremos más por nuestras arrugas cerebrales que por la ausencia de arrugas faciales. La «sapiosexualidad» o atracción por lo intelectual tendrá el camino abierto para generalizarse. ¿Imaginas un futuro donde la realidad aumentada nos permita visualizar las arrugas cerebrales del que tenemos enfrente?

PARA TOMAR NOTA

¿Cómo conseguir un cerebro «sexy» y arrugado?

Invierte en tu vejez. Y no me refiero a los planes de pensiones, sino a los buenos hábitos de los que hemos hablado. Estamos obsesionados con prolongar la vida y, sin embargo, no hacemos más que acortarla acelerando el tiempo, ocupándolo sin saber aprovecharlo. Si todavía estás por aquí leyendo estas líneas, ya estamos en el camino: leer esto es asumir un rol pasivo (entenderlo); el siguiente paso es ponerlo en práctica (aprenderlo). Para conseguirlo:

- Imagina situaciones nuevas y llévalas a la práctica.
- Aprende cosas nuevas.
- Practica ejercicio físico.
- Potencia las relaciones sociales.
- Aprende a regular tus emociones (de ello te hablaré en las próximas páginas).

• • • • •

CAPÍTULO 12

LA ADVERSIDAD COMO OPORTUNIDAD

• • • • • •

SNACKS DE NEUROCIENCIA

Todos podemos ser resilientes y adaptarnos a las circunstancias. La resiliencia tiene su correlato en el cerebro, que tiene que ver con la capacidad neuroplástica de este, con su facilidad para generar nuevas sinapsis y nuevas conexiones neuronales.

¿Cuál es tu grado de tolerancia a la incertidumbre?

La especie que sobrevive no es la más fuerte ni la más inteligente, sino la que mejor se adapta a los cambios.

CHARLES DARWIN

Cada vez que tiene lugar una crisis, lo primero que hacemos, además de preocuparnos, es anticiparnos. Todos los medios de comunicación se lanzan a enviarnos cifras, test, estimaciones estadísticas y pronósticos sobre el futuro socioeconómico.

Nos pasamos la vida planificando el futuro y tratando de predecirlo para controlar la incertidumbre, pero asistimos a «ilusiones de predicción», ya que no somos capaces de prever lo que pasará mañana. De hecho, si pudiésemos predecirlo, estaríamos continuamente planificando «cisnes blancos». Sí, lo contrario a cisne negro. Si no has leído el libro del mismo título, te invito a que lo hagas.

El concepto de *cisne negro* fue desarrollado por el filósofo e investigador libanés Nassim Nicholas Taleb. Se refiere a sucesos de muy baja probabilidad pero de altísimo impacto. Es una metáfora sobre cómo un efecto inesperado o sorpresivo, que va a tener grandes repercusiones, podría haber sido anticipado (claro que eso lo sabemos a posteriori, cuando lo analizamos retrospectivamente). Hace referencia a señales que habrían pasado inadvertidas para la mayor parte de la población, una auténtica ceguera colectiva que explicaría sucesos como el ascenso de Hitler al poder. Hechos que solo podríamos ver y analizar a posteriori.

En la lógica del cisne negro tiene más importancia lo que no sabemos que lo que sabemos. Así que ¡vamos listos! Entre esto y el «solo sé que no sé nada», me temo que no nos haremos ricos.

Pero imagínate algo peor, piensa no en todo lo que no sabes, sino en todo lo que no sabes que no sabes...

Cosas que sabes

Cosas que sabes que no sabes

Cosas que no sabes que no sabes

La tolerancia a la incertidumbre está asociada a algunos rasgos de la personalidad, pero en ella, como en casi todo, hay grados: desde los que no la toleran en absoluto hasta los que la adoptan como filosofía de vida. Así, mientras los primeros utilizan todos los recursos cognitivos para resolver la incertidumbre, cosa que les puede llevar a altos grados de ansiedad, los segundos se pierden en ella y a veces hasta pecan de poco realistas.

Si pudiésemos medir la intolerancia a la incertidumbre con un termómetro, sería algo como lo mostrado en la imagen. Medido en rollos de papel higiénico (objeto que debería convertirse en unidad de medida desde la crisis del SARS-CoV-2), los primeros tendrían la casa llena, mientras que los segundos improvisarían y tirarían de servilletas y de lo que encontraran por casa cuando este se les acabase. Es decir, mientras los primeros habrían hecho acopio de papel higiénico, los segundos no habrían estado muy preocupados.

¿Qué otras características presentan los sujetos con baja tolerancia a la incertidumbre?

- Necesitan revisar las cosas una y otra vez.
- Tienden a la indecisión y la evitación.
- Tienen dificultad para delegar, necesitan tener el control.
- Sobreestiman lo negativo (la probabilidad de que pase algo malo).
- Se preocupan en exceso.
- Tienden a la ansiedad.

Si te reconoces en muchos de estas definiciones y sientes que tus niveles de tolerancia a la incertidumbre están bajos, igual pueden serte de ayuda algunas de las sugerencias que presento en estas páginas.

PARA TOMAR NOTA

- Aceptar la incertidumbre como parte de la vida y como oportunidad.
- Aceptar lo que no se puede cambiar.
- Analizar lo que nos lleva a la vivencia de la incertidumbre y diferenciarlo de otras situaciones similares de nuestras vidas.
- Imaginar diversos escenarios y respuestas ante la situación problemática (se puede hacer junto a algún familiar o amigo que nos ayude a mirarlo con perspectiva).
- Tratar de hacer cosas distintas (por ejemplo, practicar un deporte o una disciplina que consideramos que no casa con nuestra forma de ser) puede sorprendernos.
- Mirar la situación con curiosidad.
- Tratar de vivir el presente.

• • • • •

Incertidumbre, necesidad de creer y teorías de la conspiración

La incertidumbre acentúa nuestros miedos, nuestras preocupaciones y nuestra necesidad de control. Cuando no tenemos respuestas o explicaciones sobre lo que sucede en nuestro entorno, las buscamos a toda costa, aun cuando resulten de lo más absurdas; todo con tal de reducir la incertidumbre.

De ahí que situaciones como las de la pandemia sean el campo de cultivo ideal para que emerjan teorías conspirativas, es decir, teorías que van más allá de los hechos y datos comprobados empíricamente.

En cierto modo se parecen a los delirios que vemos en algunos trastornos mentales, ya que el contenido de tales propuestas no parte de la evidencia empírica ni es compartido por la mayoría de personas y los argumentos en su contra pueden acabar intensificándolas (polarización).

Factores como el estrés, las redes sociales y la infodemia (término acuñado por la OMS para referirse a la epidemia de bulos y noticias falsas en las redes), influyen en el aumento y transmisión de dichas teorías conspirativas.

Este tipo de teorías han existido siempre y no indican patología. Cuando encontramos una explicación sobre el mundo, sobre lo que nos sucede, nos identificamos con ella. Pues bien, a mayor identificación, mayor motivación para defenderla. Una vez que hemos adoptado una creencia, encontrar evidencia contraria nos produce malestar: es lo que se conoce como disonancia cognitiva. ¿Y cómo vencemos esta disonancia? Buscando información que confirme estas creencias y que nos permita rechazar la idea contraria. Así, nuestra mente prestará más atención a lo que va en consonancia con nuestras ideas e irá desechando las otras. A esto se lo conoce como sesgo de confirmación (comentado en el capítulo 5 donde hablo de los sesgos cognitivos): a medida que fortalecemos una creencia nuestra y nos involucramos más en ella, la presión para sostenerla es mayor y nos costará más desprendernos de ella. Si esta se difunde y la comparte más gente, nos sentiremos mejor.

Combatir este tipo de creencias no es tarea fácil. Cuando queremos convencer a alguien de que se equivoca, cuantos más argumentos en contra le demos, más potenciaremos e intensificaremos sus creencias, ya que por cada argumento que le ofrezcamos, su mente trabajará en uno de carácter contrario, lo que aumentará la polarización. Quizá una técnica más efectiva sería pedirle a la persona que argumente las ideas y razones de su creencia, pues ese esfuerzo puede hacer que se cuestione a sí misma al no encontrar razones suficientes para su defensa.

En términos generales, una amplia y rica educación que potencie el desarrollo de un pensamiento crítico ayudará a mitigar la propagación de bulos y teorías conspirativas.

Por lo común, las personas que creen en teorías conspirativas suelen creer en varias a la vez. Es frecuente, por ejemplo, que sean ese tipo de personas que creen en los horóscopos, los cuales se basan también en la «necesidad de creer». Es lo que se conoce como efecto Barnum o efecto Forer.

¿SABÍAS QUE...?

El horóscopo tiene mucho pero que mucho sentido y el que lo desarrolló lo hizo tan bien como el que lo desmanteló. Pongamos el horóscopo al desnudo y veamos de qué trata.

¿Has oído hablar alguna vez del efecto Forer (o Barnum)? Se produce cuando nos identificamos con descripciones genéricas y vagas como las del horóscopo. Es decir, descripciones que pueden acoplarse fácilmente a todos nosotros y que vienen mediadas por nuestros deseos, expectativas y necesidad de dar sentido a explicaciones poco precisas.

Aquí entra en juego el sesgo de confirmación, que tiene lugar cuando leemos o vemos algo que confirma nuestras creencias, da sentido a una de nuestras experiencias o apela a nuestras propias esperanzas o ilusiones.

¿Quién no está durante una temporada más cansado o tiene ganas de embarcarse en un nuevo proyecto? Además, el horóscopo no aclara si está hablando de un proyecto grande o de un proyecto pequeño, así que es fácil que todos tengamos proyectos en cualquier momento.

Otro ejemplo: si estás «de bajón» y, de repente, el horóscopo pronostica que «estás pasando por momentos difíciles pero conseguirás superarlos y serán un trampolín para un proyecto nuevo que te espera»... ¿A quién no le agrada pensar esto?

Este fenómeno lo estudió en la década de 1950 el psicólogo americano B. R. Forer, quien realizó el siguiente experimento. Entregó un test de personalidad a un grupo de alumnos a los que posteriormente les dio los resultados con su correspondiente análisis (entregó el mismo a todos, pero ellos no lo sabían). A continuación les pidió que opinaran si dichos resultados se ajustaban realmente a su personalidad (0, puntuación mínima; 5, puntuación máxima de exactitud). Pues bien, la media de las puntuaciones fue de 4,26, es decir, la mayoría de los alumnos consideraron que los resultados del test reflejaban muy bien su forma de ser. Lo que no sabían es que esos resultados los había extraído de un horóscopo.

Además, algunos factores intensifican este efecto. Por ejemplo:

- Cuando se incluyen aspectos positivos sobre nosotros mismos.
- Cuando la persona evaluada otorga autoridad al evaluador.
- Cuando, en apariencia, el resultado está personalizado.

Esto explica el éxito de ciertas disciplinas de dudosa o ninguna evidencia científica.

• • • • •

No es ansiedad, es preocupación

El arte de ser sabio es el arte de saber qué pasar por alto.

WILLIAM JAMES

Ante las situaciones de incertidumbre también se acentúa el miedo, aparece preocupación, la ansiedad anticipatoria... Son factores que ponen en jaque a nuestra mente y nuestro cuerpo, que pueden alterar su estado de homeostasis o equilibrio.

Pero ¿qué es realmente la ansiedad y qué diferencia hay con la preocupación?

La preocupación es lo que sucede cuando le damos vueltas a algo concreto. Por ejemplo, te preocupa que no te dé tiempo acabar una tarea de la universidad o el trabajo. Las preocupaciones activan nuestros recursos para intentar resolverlas y son el componente mental de la ansiedad.

La ansiedad, en cambio, es un mecanismo adaptativo natural que nos permite ponernos en alerta ante sucesos estresantes. Surge ante miedos que no sabemos precisar e incluye tanto un elemento mental como una respuesta corporal (se nos acelera el corazón y la respiración, nuestros músculos se contraen, etc.). Es decir, mientras la preocupación ocurre en la mente, la ansiedad ocurre tanto en el cuerpo como en la mente.

La preocupación excesiva y mantenida puede provocar ansiedad. Pero tanto esta como la ansiedad en su justa medida pueden ser positivas y adaptativas. Por ejemplo, una ansiedad moderada puede ayudarnos a mantenernos alerta en un examen o en la preparación de unas oposiciones. Pero, si nos sobrepasa, puede jugarnos una mala pasada (bloqueo, paralización, etc.) y provocarnos alguna de las afecciones que solemos ver en consulta.

Como dijo el filósofo chino Lao Tse: «La ansiedad es un exceso de futuro, mientras que vivir en el presente es vivir en paz».[1] Bueno, la frase no es exactamente así; en realidad, habla también del pasado, refiriéndose a que la depresión es un exceso de pasado, una bonita metáfora sobre algunos aspectos de la depresión pero para los que no hay evidencia científica. Lo que sí parece algo muy extendido y que es foco de estrés repetido es el hecho de que vivimos en una sociedad que tiende a olvidar el pasado y vive continuamente preocupada por lo que no ha llegado. Y es que mucho de lo que nos sucede y de lo que tememos tiene que ver con la anticipación constante de lo que todavía no ha sucedido. Nos angustiamos, nos anticipamos, nos preocupamos, nos desesperamos e intentamos acelerar el tiempo corriendo detrás de él. Sin embargo, deberíamos frenar con más frecuencia y recordar:

- El pasado es nuestra fuente de conocimiento y aprendizaje.
- El futuro es nuestra fuente de motivación y energía.
- El presente es nuestra fuente de realidad, es el aquí y ahora, donde realmente vivimos y vamos construyendo los recuerdos y edificando el futuro.

Mantener un equilibrio entre estos tres tiempos es clave. Un exceso de cualquiera de ellos nos resta calidad de vida. Para entenderlo, basta que te plantees la siguiente pregunta: «Si en una semana me diagnosticaran una enfermedad grave o perdiera a un ser querido, ¿me gustaría verme haciendo lo que estoy haciendo?».

Identificar las situaciones que incrementan nuestras preocupaciones y centrarnos y ponernos a trabajar en las cosas que sí podemos cambiar hace que la mente pueda descansar y centrarse en tareas más productivas.

PARA TOMAR NOTA

¿Cuáles son nuestras mejores herramientas para enfrentarnos a la ansiedad?

- La capacidad para establecer rutinas y hábitos, porque nos estructuran y nos dan estabilidad emocional.
- Incluir descansos en esas rutinas.
- Hacer ejercicio físico, llevar una alimentación equilibrada y garantizar el descanso nocturno.
- Evitar el consumo de alcohol y de otros agentes tóxicos (cannabis, etc.), ya que, paradójicamente, todos pueden generar ansiedad, ánimo bajo e insomnio.
- Mantener el contacto social.
- Anotar en un papel lo que nos preocupa.
- Utilizar la técnica del «tiempo basura»: establece un horario para pensar y reflexionar sobre lo que te causa ansiedad (por ejemplo, todos los días de cinco a seis de la tarde). Sí, esto te parecerá artificial, pero funciona. Es una forma de que las preocupaciones y los pensamientos circulares no aparezcan espontáneamente todo el tiempo.
- Evitar las conductas evitativas.
- Aceptar la incertidumbre como parte de la vida y como oportunidad.
- Involucrarse en nuevas actividades (por ejemplo, estudiar todos los días veinte minutos un nuevo idioma).
- Regla de ORO: Optimismo + Responsabilidad + Oportunidad.

Si todo esto no funciona, hay muchos ejercicios de relajación que puedes practicar (en la red hay infinidad de ellos):

- Respiración profunda diafragmática: inspiraciones profundas a lo largo de varios segundos, que se siguen de retención del aire y exhalaciones sonoras también de varios segundos.
- Relajación muscular progresiva de Jacobson: ejercicios de tensión-relajación de los diferentes grupos musculares del cuerpo.

Si aun así sientes que no eres capaz de gestionar el malestar, consulta con un especialista; pero sobre todo no te mediques por tu cuenta.

• • • • •

Evitar la evitación

Este apartado merece atención especial. Hoy sabemos que la mera repetición de ciertas conductas modifica la relación entre ellas y la respuesta o activación de estrés que se produce en nuestro organismo. Una investigación clásica que se hizo con paracaidistas mostró que la primera vez que saltaban del avión estaban aterrorizados y esto se reflejaba en su cuerpo, concretamente en los niveles de noradrenalina y glucocorticoides (moléculas del estrés). Sin embargo, cuando repitieron la experiencia varias veces se produjo un proceso de habituación que limitaba aquella primera respuesta reduciendo, por tanto, el estrés.

Pero no hace falta hablar de estudios científicos. La mayoría de los padres le cuentan esto a sus hijos cuando quieren animarles a perder el miedo a alguna cosa sin necesidad de saber nada de procesos psicológicos ni fisiológicos. Mis padres, por ejemplo, cuando yo era estudiante y les planteaba mis dudas sobre si elegir una especialidad quirúrgica o médica, por lo estresantes que me parecían las operaciones, solían decir: «A todo se acostumbra uno». Mi padre, en concreto, solía poner siempre el mismo ejemplo: «Si a uno no le queda más remedio que trabajar cogiendo cangrejos, los tres primeros días lo pasará mal, pero al cuarto lo hará igual que cualquier otro». Aquello me gustó y lo he aplicado toda la vida, aunque lo cierto es que, en el caso de la medicina, yo acabé estudiando psiquiatría y no cirugía.

Estrategias de afrontamiento

¿Qué herramientas tienes para resolver los problemas? En redes sociales algunos bromean y contestan: «Me debato entre autodestruirme con drogas y alcohol, matarme de hambre, comer hasta reventar o aislarme de la humanidad».

Las estrategias de afrontamiento son esas capacidades que ponemos en marcha cuando nos encontramos ante una situación difícil, reto o problema. Vienen en gran parte moduladas por nuestras experiencias y por todo lo que hemos aprendido a lo largo de la vida.

En cierto modo, cuanto más variados y numerosos sean estos recursos, más probabilidades tendremos de salir exitosos o fortalecidos de una situación y, por ende, de adaptarnos.

Sin embargo, la capacidad de afrontamiento no se refiere únicamente a la resolución práctica del problema, sino también a nuestra capacidad para gestionar las emociones y el estrés que presentamos ante dicho contratiempo. Además, valoramos si la situación ante la que nos encontramos excede nuestra capacidad de adaptación o nuestros recursos.

Fundamentalmente, existen tres tipos de estrategias de afrontamiento:

1. **Centradas en el problema:** la persona pone el foco en afrontar la situación, analizándola y buscando posibles soluciones.

2. **Centradas en las emociones:** la persona trata de gestionar las emociones disparadas por la situación estresante para que no le desborden.

3. **Basadas en la evitación:** la persona aplaza el afrontamiento activo, lo evita y trata de hacer otras cosas para no pensar en ello. Lo demora en el tiempo.

Por ejemplo, una persona que ha sufrido una ruptura de pareja puede dejarse arrastrar por el malestar, la frustración, la incomprensión, la impotencia... Si bien es cierto que toda pérdida conlleva un duelo, algunas personas pueden bloquearse y atascarse de una manera extrema y caer en un pensamiento rumiativo y repetitivo sobre los motivos de la ruptura. Por otro lado, esa persona puede adoptar una actitud resiliente y plantearse manejar de un modo más efectivo sus emociones (reevaluación cognitiva), buscando el apoyo de amigos, haciendo alguna actividad nueva y emocionante, saliendo a hacer ejercicio físico, etc.

Cuidado, no hay que confundir esto con pensar que saliendo a correr o pidiendo ayuda podemos curar una depresión. Aquí siempre nos referimos a lo preventivo, a que en ese continuo entre lo normal y lo patológico podamos parar a tiempo conductas o patrones que, si se suceden de manera repetida, pueden evolucionar hacia lo patológico.

Resiliencia no quiere decir «sin cicatrices»

Cuando no podemos cambiar una situación, tenemos la obligación de cambiarnos a nosotros mismos.

VIKTOR FRANKL

El término *resiliencia* es un concepto que viene de la física, de la propiedad de los materiales para recuperar el estado inicial cuando ha cesado la perturbación a la que había estado sometido. En un ser vivo, es la capacidad de adaptación frente a un agente o estado o situación adversos. Aplicado al ser humano, es la capacidad de hacer frente a una situación adversa y salir reforzado de dicha situación; nuestra capacidad de adaptarnos con éxito al estrés, el trauma o las dificultades que podamos experimentar. Se trata, además, de utilizar dicha adversidad como aprendizaje.

A nivel neurocientífico, algunos estudios han mostrado cómo en el cerebro de las personas resilientes los niveles elevados de adrenalina, noradrenalina y cortisol que aparecen ante situaciones amenazantes se regulan a la baja rápidamente cuando desaparece el foco de estrés. Además, en ellas se apreciaban mayores niveles de dopamina (neurotransmisor del placer y la recompensa), lo cual podría facilitar los procesos de regulación.

Por el contrario, en el cerebro de las personas menos resilientes se observó la persistencia de niveles elevados de adrenalina, noradrenalina y cortisol, lo que podría explicar sus dificultades para regularse.

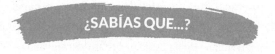

¿SABÍAS QUE...?

Algunos rasgos de la personalidad contribuyen a la resiliencia:

- **Capacidad para autoobservarse:** sopesar qué parte del problema podemos cambiar y qué parte no, qué parte tiene que ver con nosotros mismos y cuál no (aspecto relacionado con el locus de control que se menciona más adelante).

- **Capacidad para autorregularse.**
- **Apertura a la experiencia:** esto abarca la fantasía, la sensibilidad estética, la atención a los propios sentimientos, la preferencia por la variedad y la curiosidad intelectual.
- **Curiosidad y creatividad:** si somos capaces de crear y usar el pensamiento lateral, podremos encontrar alternativas adaptativas.
- **Autoconfianza:** confianza en uno mismo para desarrollar actividades vitales, como la toma de decisiones, la asunción de poder, etc.

• • • • •

Uno de los factores clave en la resiliencia es el apego (vinculación afectiva intensa entre dos personas) que hemos recibido en la infancia. Así, unas relaciones seguras y un círculo social favorecedor estimularán una actitud más resiliente hacia la vida y las dificultades. En cambio, aquellos que hayan experimentado eventos traumáticos en etapas tempranas lo tendrán más difícil para enfrentarse al mundo.

Visto así podría sonar determinista, como si viniésemos de serie con una buena o mala resiliencia. Sin embargo, podemos aprender y desarrollar la resiliencia a partir de nuevas experiencias vitales y merced a la neuroplasticidad del cerebro, de la que te hablé en el capítulo anterior. Las situaciones nuevas, la puesta en cuestión de esquemas y actitudes a los que estamos acostumbrados, entre otros, nos ayudan a hacernos más resilientes.

Daniel Goleman, el gran divulgador de la inteligencia emocional, y Daniel Kahneman, psicólogo y premio Nobel de Economía, ya señalaron que nuestras interacciones sociales desempeñan un papel clave en el remodelado de nuestro cerebro gracias a sus propiedades neuroplásticas, porque las experiencias repetidas van creando nuevas conexiones sinápticas. Nuestras relaciones clave pueden también ir modelando ciertos circuitos neurológicos. Así, el hecho de ser nutridos emocionalmente por alguien con quien pasamos mucho tiempo a lo largo de los años puede reconfigurar nuestro cerebro. Por lo tanto, las relaciones tienen impactos sutiles pero poderosos, entre otras cosas, pueden ayudarnos en la reparación del daño psíquico (traducido también en físico) que hayamos sufrido con anterioridad.

¡Ojo, que resiliente no quiere decir «sin cicatrices»! Podemos llegar a tener alguna, pero salir fortalecidos. Una bonita metáfora de esto lo encontramos en el arte japonés del *kintsugi*, en el cual se utiliza polvo dorado o plateado para resaltar la grieta o rotura en lugar de ocultarla, lo cual hace que aumente la belleza y el valor del objeto reparado. Esto admite varias lecturas. Por una parte, cuando algo se rompe o ha sufrido, se vuelve más bello. Es prueba de la fragilidad de la materia, pero también ejemplo de resiliencia, de cómo recuperarse y hacerse más fuerte. Es una experiencia valiosísima en la construcción de lo humano que deberíamos adoptar como filosofía de vida.

PARA TOMAR NOTA

Antes de leer los factores que expongo a continuación, trata de pensar en cómo te imaginas a una persona resiliente y luego revisa si hemos coincidido en alguno de estos puntos:

- Aceptan la realidad: no la minimizan ni la magnifican.
- Mantienen una actitud positiva: son optimistas.
- Muestran una disposición a aprender.
- Han desarrollado una buena capacidad para el autocontrol emocional.
- Tienden a ver las situaciones adversas como una oportunidad.
- Perseveran cuando afrontan un objetivo o una dificultad, no se rinden.
- Contemplan «arriesgarse» como camino para aprender.
- Se cuidan.
- Utilizan el sentido del humor.
- Se conocen a sí mismos y se ponen a prueba.
- Saben pedir ayuda.
- Por último, una buena forma de entrenar la resiliencia es con el superpoder de hacer un poco cada día.

• • • • •

La indefensión aprendida como un tipo de virus

Hay personas que no han tenido la oportunidad de desarrollar la resiliencia por haber sufrido, por ejemplo, situaciones muy adversas en la infancia. Todos hemos escuchado a alguna persona cercana decir eso de «No hay nada que yo pueda hacer», «Es imposible cambiarlo», «Nada mejorará».

Verbalizaciones como estas traducen una situación conocida como indefensión aprendida, es decir, la persona no ve salida, no ve alternativas. Se dice que es aprendida porque la persona *aprende* a no poder defenderse. Esta indefensión estaría relacionada con la depresión y con otros trastornos en que la persona siente ausencia de control sobre una situación («No hay nada que yo pueda hacer para cambiarlo»).

¿SABÍAS QUE...?

Martin Seligman y sus colaboradores estudiaron en 1967 la indefensión aprendida en un experimento con perros. Aunque este estudio, como algunos que ya hemos comentado, tampoco cumpliría los criterios éticos que se exigen hoy día a tales investigaciones, aportó una importante información que merece la pena conocer.

Los experimentadores seleccionaron a un grupo de perros a los que se sometió a una molesta descarga eléctrica en las patas a través del suelo de la jaula donde estaban encerrados. Los perros tenían la posibilidad de escapar simplemente saltando a otro compartimento en el que no había descargas. Durante el experimento se observó que algunos no hacían nada al recibir la descarga, excepto gemir y esperar a que cesara el estímulo adverso. Es decir, no eran capaces de aprender o adoptar una respuesta de escape sencilla después de una situación concreta (descargas). Y justamente los perros que no huían de la descarga eran los que previamente habían participado en otros experimentos en los que no había opción de escapar al dolor y, por tanto, habían aprendido que no se podía hacer nada. ¿Para qué seguir intentándolo si no se podía hacerle frente?

Algo similar se observa en las personas expuestas a una situación estresante durante mucho tiempo y con incapacidad para aliviar el estrés de ninguna manera. Si uno piensa que haga lo que haga, las cosas van a seguir igual, acaba tirando la toalla.

• • • • •

El sujeto siente que no puede controlar ni predecir los acontecimientos de su día a día. Y esto tiene mucho que ver con nuestros aprendizajes del pasado, los cuales condicionan y modulan nuestras actitudes y conductas, tanto presentes como futuras. Es decir, esto se plantea cuando la persona se ha enfrentado de manera repetida a situaciones ante las cuales sus actos no surtían ningún efecto. Como consecuencia, tiene una sensación de impotencia porque está convencida de que no puede hacer nada para controlar o modificar su entorno. Incluso si se consigue el resultado deseado, termina por pensar que no ha sido el resultado de sus acciones, sino puro azar.

La indefensión puede actuar como un virus sobre nuestras emociones y provocar una serie de acontecimientos internos que culminan en bloqueo y anulación total.

Un ejemplo clásico lo vemos en animales que han estado sometidos a duras condiciones de adiestramiento (elefantes en zoológicos) o encerrados en una jaula durante mucho tiempo y que luego ya no quieren escapar. ¿Para qué luchar?

Esto mismo se observa con frecuencia en niños que han sufrido situaciones de maltrato, negligencia o violencia de género. El pequeño aprende que no es posible la anticipación o el cambio y que tendrá que vivir en esa situación sin luchar activamente o sometiéndose o paralizándose. También se observa cuando la persona ha estado sometida a valoraciones negativas (etiquetas) a lo largo de su desarrollo interiorizando: «Eres torpe», «Lo tuyo no son los estudios», etc. Quien ha estado expuesto a tales valoraciones las interioriza y tendrá muchas menos probabilidades de luchar para cambiar: «¿Para qué hacerlo si nada lo va a modificar?».

Ante la indefensión aprendida uno tiende a tirar la toalla, no tiene ganas de luchar, disminuye su proactividad y esto le lleva a la apatía y el abandono. Habrá un bloqueo y una paralización ante emplazamientos que requieren una respuesta rápida, aparece la tendencia a evitar situaciones incómodas, a huir de los problemas...: la incapacidad para ayudarse a sí mismo. Todo esto desemboca en baja autoestima y falta de motivación e, incluso, en ansiedad y depresión.

¿Se puede desaprender la indefensión aprendida?

La buena noticia es que sí y una de las estrategias principales será desaprender la propia indefensión. No es tarea fácil porque algo que hemos desarrollado a lo largo de tantos años nos costará mucho cambiarlo.

Tendremos que empezar por detectar cuáles son las creencias y pensamientos que consolidan nuestra indefensión, hacen de estaca y nos tienen inmovilizados. Detectarlos y descubrir su origen hará que pierdan fuerza.

Se tratará de aprender comportamientos alternativos a los que provocaron el problema.

PARA TOMAR NOTA

He aquí algunos comportamientos que permiten trabajar y desaprender la indefensión:

• Trata de reforzar tu autoestima revisando tus fortalezas y no solo centrándote en tus debilidades.

• Aprende a perseverar ante la adversidad.

• Identifica áreas en las que sientas que tienes control y refuérzalas para que te sirvan de trampolín para aventurarte en otras. Acepta lo que no se puede cambiar.

• Aprende que en este momento no estás viviendo la misma situación que en el pasado. La actual es diferente y no eres el mismo. Hazte preguntas del estilo: «¿Qué pasó entonces?», «¿Qué sucede ahora?», «¿Cómo era yo entonces?», «¿Cómo soy ahora?».

• Trabaja en la resolución de problemas porque con cada solución encontrada y puesta en práctica con éxito aumenta la autoconfianza con las soluciones no encontradas se adquiere un enorme conocimiento.

• • • • •

En busca del locus de control

¿Dónde tienes tu locus de control? O, mejor dicho: ¿en qué grado sientes que tienes el control de lo que te sucede en la vida? Tanto en situaciones cotidianas como en problemas mayores, las personas podemos sentir que «gobernamos nuestro destino» cuando consideramos que nuestras decisiones y capacidades importan, o bien podemos considerar que no tenemos ningún control sobre nada y que todo es consecuencia de agentes externos como la suerte, el karma o el mandato de Dios.

A esto se le conoce como locus de control, un término introducido por Julian Rotter en 1966 como parte de su teoría del aprendizaje social. Se refiere, por tanto, al resultado que atribuimos (externa o internamente) a una situación determinada. Esto va a depender de factores muy diversos, como por ejemplo la personalidad del sujeto, sus experiencias previas, sus expectativas, etc.

En el locus de control interno, la persona atribuye el éxito o fracaso de un suceso a algo propio de ella, por ejemplo, a sus capacidades y esfuerzo. Por eso entiende que el resultado es controlable y que está en sus manos modificarlo. Así, podrá motivarse y centrarse en potenciar aquellas habilidades que la ayuden a conseguir el resultado buscado. Habrá, pues, una mayor tendencia a tomar las medidas pertinentes para cuidarse, protegerse, etc.

———————————————— Locus de control ————————————————

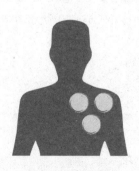 

YO INFLUYO SOBRE
MIS RESULTADOS
(Locus interno)

LOS RESULTADOS ESTÁN FUERA DE MI CONTROL,
ES EL DESTINO QUIEN DECIDE POR MÍ
(Locus externo)

Aquí se funciona bajo el lema «Tengo el poder para influir en mi futuro» o el de «Hago que las cosas pasen».

Por el contrario, en el caso del locus de control externo, el sujeto atribuye el resultado de un evento a factores externos que escapan a su control, como por ejemplo el azar, el destino o decisiones ajenas. Así, estas personas pueden sentir que «no se puede hacer nada», ya que las circunstancias escapan a su control. Se funciona bajo consignas como «echar balones fuera», «las cosas malas solo me pasan a mí», «no hay nada que yo pueda hacer». Este modo de ver las cosas nos quita responsabilidad respecto a los actos o decisiones que tomamos.

Por tanto, la manera como percibimos las situaciones y la explicación causal que les damos son los elementos que marcarán en gran medida el éxito o fracaso de nuestras decisiones. Como en casi todo, la clave está en el punto medio: ser conscientes de que tenemos la capacidad de llevar las riendas de la vida para conseguir lo que nos propongamos y ser agentes activos y responsables de lo que hacemos. Al mismo tiempo, debemos ser capaces de reconocer que hay situaciones que escapan a nuestro control.

Resolución de problemas y pensamiento divergente

Mi vida ha estado llena de terribles desgracias, la mayoría de las cuales jamás sucedieron.

RENÉ DESCARTES

Es posible que, si alguna vez has estado inmerso en un gran dilema que no sabías resolver, te hayas planteado cómo podrías pensar de manera diferente.

PENSAMIENTO DIVERGENTE — PERMITE CREAR ELECCIONES | PERMITE HACER ELECCIONES — PENSAMIENTO CONVERGENTE

De una manera genérica, podemos dividir el pensamiento en dos tipos:

1. Por un lado, encontramos un pensamiento convencional, que va de arriba abajo y es lineal: es el «pensamiento vertical» o convergente. Se basa en una secuencia de ideas, es el pensamiento lógico y deductivo y, en él, cada paso debe ser correcto e indispensable. Es el tipo de pensamiento con el que nos han enseñado a estudiar y aprender. Además, es un pensamiento analítico, repite patrones y esquemas conocidos, explica e interpreta, crea categorías y clasificaciones. Es replicable.

2. El pensamiento divergente va en otras direcciones, puede efectuar saltos y las ideas que se plantea no tienen por qué aparecer en el mismo orden ni son indispensables en su conjunto. Es el pensamiento en el que generamos varias alternativas a partir de una información dada (según J. P. Guildford). Es pensar en nuevas posibilidades, pensar «sin filtros». Según algunos autores, es la base del pensamiento creativo. Un ejemplo clásico sería el *brainstorming* o lluvia de ideas, un ejercicio consistente en plantear todas las opciones posibles sin censurarlas ni juzgarlas. A diferencia del anterior, no crea categorías o, en caso de tenerlas, son permeables y mutables. Es un proceso probabilístico en el que no siempre se llega a una solución ni siempre a la misma. En lenguaje científico, no existiría replicabilidad, es decir, no siempre llegaríamos de la misma manera al mismo resultado. A mí me gusta imaginarlo como las partículas en suspensión que pueden verse a través de los rayos de sol que entran en una habitación y que al desplazarnos por esta se mueven y colisionan entre ellas. De esa colisión emergerían las ideas.

El pensamiento divergente es asimismo muy útil en la resolución de problemas, en el proceso de encontrar nuevos caminos. Desempeña un papel clave en nuestra capacidad de adaptación al cambio y de superación de la adversidad.

Resulta que nos han enseñado a pensar en el modelo de pensamiento convergente o vertical, pero mucho menos en el divergente; de ahí que nos cueste tanto. Y es curioso porque precisamente son los niños los que utilizan este último tipo de pensamiento todo el tiempo. Sin embargo, con los años y el modelo educativo basado en el pensamiento más analítico, construimos unos andamios y unos esquemas mentales de los que nos cuesta enormemente retirarnos.

Por suerte, son muchos ya los colegios que están prestando atención a esto tratando de fomentar un modo de aprendizaje que favorezca el pensamiento divergente mediante el trabajo por proyectos y el fomento de actividades como las artes plásticas, que son mucho más transversales que otro tipo de enseñanzas.

Ahora bien, aunque tradicionalmente el pensamiento creativo se ha asociado al pensamiento divergente, lo cierto es que en este también participa el pensamiento lógico. Según Robert W. Weisberg,[2] el pensamiento creativo también surge del ensayo y el error, del *feedback* y la reflexión. Sin embargo, para entendernos, vamos a intentar distinguirlos.

La mayor parte de las situaciones de la vida requieren mucho más del segundo tipo de pensamiento, del divergente, el que nos permitirá encontrar alternativas, el que facilita el pensar *outside of the box* o fuera de la caja.

Las personas que tienen dificultades para adaptarse, con un estilo de vida más cerrado e inflexible, tienen una mayor vivencia de la injusticia, mayor frustración, mayor estrés, hostilidad y malestar, que a su vez puede potenciar el ánimo depresivo.

La carencia de esta flexibilidad de pensamiento es lo que conocemos como rigidez cognitiva, algo que vemos en pacientes con trastornos del espectro autista (TEA), como por ejemplo el Asperger, o en la evolución de algunos pacientes con esquizofrenia. Es frecuente que toleren mal los cambios porque les hacen sentirse inseguros e incluso pueden crearles angustia y ansiedad. Necesitan tener sensación de control y, por eso, responden mal a la incertidumbre, a las modificaciones en sus rutinas habituales, a los cambios de contexto... De ahí su tendencia a moverse en la monotonía y su desinterés por introducir actividades nuevas. De hecho, si tenemos un familiar, amigo o compañero con TEA, conocer esto nos facilitará la interacción con él.

La flexibilidad cognitiva es, por tanto, la capacidad humana para mantener una apertura mental, para aceptar las cosas, para observar sin juzgar, para sentir compasión, para estar aquí y ahora, para generar y adquirir hábitos congruentes con nuestros valores y aspiraciones; en definitiva, nuestra capacidad para adaptarnos.

PARA TOMAR NOTA

Como casi todo en la vida, el pensamiento divergente se puede entrenar. Veamos algunos puntos que pueden ayudarte, por ejemplo, en la resolución de problemas:

- Reserva un tiempo y un espacio para ejercitarlo, aunque puedas también practicarlo en situaciones cotidianas.

- Prueba a plantear supuestos problemas o dilemas que podrían darse y piensa en más alternativas de lo habitual.

- Trata de dividir el tema en cuestión en varias partes para que puedas encontrar otros puntos de vista.

- Practica estos mismos ejercicios con alguien y observa sus respuestas.

- Trata de evaluar el tema, la situación o el problema en cuestión desde diversos prismas: por ejemplo, pregúntate qué diría un niño en la misma situación, qué habría hecho tu profesor, cómo lo habría resuelto un amigo tuyo.

- Prueba a utilizar herramientas de apoyo utilizando todos los sentidos: por ejemplo, pregúntate cómo dibujarías ese problema o situación, ¿qué olor tendría?, ¿qué música le pondrías? Crear, imaginar y jugar con las diversas situaciones en diversos ambientes será de gran ayuda.[3]

- Utiliza mapas mentales.[4] Son una técnica gráfica donde se conectan unas ideas con otras, como si de las ramificaciones de las neuronas se tratase. Se empieza, por ejemplo, con una idea central de la que van saliendo ramas que giran en torno a esa idea y luego de cada rama van surgiendo nuevas ideas. Al final se genera una composición de la que pueden emerger más fácilmente ideas secundarias. Prueba a usar esta plantilla para orientarte:

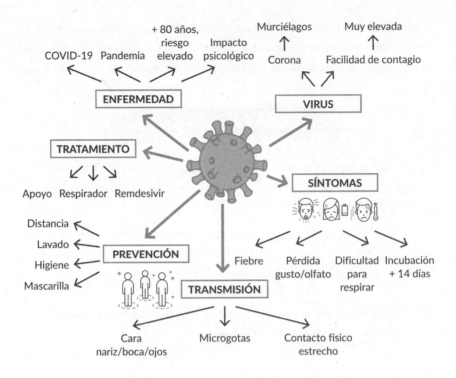

─────────────── Mapa mental ───────────────
(Añade tu texto)

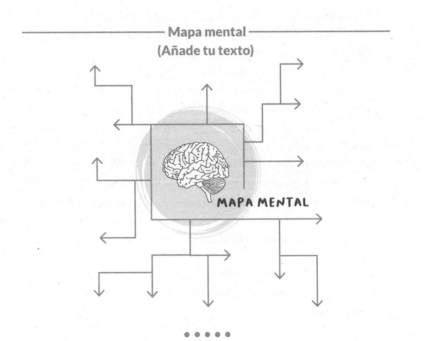

• • • • •

Regulación emocional

Las emociones son como olas en una orilla de la playa. Si nadie enseña a los niños a surfearlas, las olas vendrán y no pararán de hundirles.

DAN SIEGEL

La homeostasis, el estado de equilibrio del cuerpo cuando tiene un funcionamiento saludable, puede ser medida a través de diversas variables. Los niveles de glucosa y la temperatura de nuestro cuerpo son algunas de ellas. Pero también existe una homeostasis psicológica, un equilibrio entre nuestras necesidades y la satisfacción obtenida; entre nuestro cuerpo, nuestras emociones y nuestros pensamientos. Por eso, cuando decimos «Estoy bien», no nos referimos al hecho de estar contento, a una emoción concreta, sino a un estado global que incluye desde la emoción hasta nuestras sensaciones somáticas (corporales) y nuestros pensamientos.

La capacidad para regular las emociones la incorporamos desde nuestra más tierna infancia, como decíamos en capítulos anteriores, gracias a la ayuda de nuestros cuidadores y desarrollo de nuestro sistema límbico o parte blandita del «cerebracate», en coordinación con la capa más externa de este y más en concreto con la «Marie Kondo cerebral».

En ocasiones, debido al estrés exagerado que se ha mantenido durante largo tiempo, esta homeostasis puede romperse y la persona ya no es capaz de volver al punto de equilibrio, aun cuando la situación se haya resuelto. Entonces aparecen los síntomas de ansiedad, depresión, etc.

Ya sabemos que las emociones y los sentimientos modifican nuestro pensamiento. Además, reprimirlos tiene un impacto a nivel fisiológico. Por ejemplo, se ha apreciado un aumento de la presión arterial en quienes tienden a la represión de emociones e incluso se producen cambios en los efectos de un tratamiento merced a las expectativas del paciente sobre el mismo.

Por eso es importante aprender a regular las emociones: me refiero a regular y no a «controlar», porque el control puede terminar por jugarnos malas pasadas y no responde realmente a lo que queremos explicar aquí. Otros verbos que podemos utilizar para referirnos a estos procesos son gestionar, modular o transitar.

La regulación emocional puede definirse como el conjunto de procesos internos y externos dirigidos a monitorizar, evaluar y modificar nuestras reacciones emocionales para poder alcanzar nuestras metas, sean conscientes o inconscientes. Por ejemplo, para reducir un estado afectivo negativo que se haya vuelto muy intenso y duradero (estamos bloqueados, sentimos mucho malestar y rabia por un comentario que nos ha hecho un compañero de trabajo, etc.). Pero también podría tratarse de que tuviésemos que regular un estado afectivo positivo por el contexto social. Por ejemplo, porque este pueda resultar inadecuado, como pudiese ocurrir si estuviésemos especialmente eufóricos y contentos por haber recibido una buena noticia, pero tuviésemos que acompañar y apoyar en el dolor a un amigo que ha sufrido la pérdida repentina de un ser querido.

PARA TOMAR NOTA

La regulación emocional engloba lo siguiente:

- Capacidad para inhibir un comportamiento inadecuado por sus emociones agradables o desagradables sumamente intensas.
- Capacidad para disminuir la activación fisiológica (aceleración del corazón, de la respiración, sudoración, etc.) derivada de estas emociones.
- Capacidad para refocalizar nuestra atención o para dirigirla más allá de los estímulos y emociones desencadenantes. Algo así como aprender a diversificar nuestra atención.
- Organizar las emociones hacia la consecución de objetivos y el bienestar a largo plazo.

• • • • •

¿SABÍAS QUE...?

En realidad, la regulación emocional es un asunto clave en casi cualquier aspecto de la vida. A nivel cerebral, es el resultado de un equilibrio entre las regiones cerebrales más profundas, primitivas y automáticas —que a su vez vehiculan toda la información del cuerpo— y las regiones cerebrales más superficiales, como el córtex prefrontal (recuerda, la «Marie Kondo cerebral»), que ejercen el autocontrol mediante el estímulo o inhibición de la información recibida de las regiones anteriores. En términos neurocientíficos, podría hablarse de mecanismos *top-down* (de arriba abajo) en las regiones de regulación de la emoción (por ejemplo, cuando nuestra Marie Kondo cerebral nos frena para no decir una barbaridad cuando nos enfadamos) y, a la inversa, de mecanismos *bottom-up* (de abajo arriba), cuando nuestras emociones moldean o matizan nuestros pensamientos.

Un ejemplo típico de disregulación emocional lo vemos en lo que el neurocientífico Joseph Ledoux ha llamado secuestro de la amígdala (*amygdala hijack*), reacciones emocionales incontrolables y desmesuradas en las que la amígdala cerebral (de nuestro cerebro emocional) se encuentra hiperactivada, toma el control y el mando del resto del cerebro, «lo secuestra», y no deja e impide salir a la parte más racional. Por ejemplo, cuando nos enfadamos mucho podemos llegar a decir o actuar de una manera desproporcionada. En este tipo de reacciones desempeña un papel clave esa región de nuestro cerebro, la amígdala. Pertenece al sistema límbico, la capa intermedia del «cerebracate», el del cerebro caliente. En este tipo de situaciones resulta enormemente complicado activar el cerebro racional, el pausado y reflexivo, «la Marie Kondo», se encuentra bloqueada; estamos dominados y «secuestrados» por nuestro cerebro más primitivo, que pasa a tomar las riendas; es como si nuestra amígdala fuese un caballo desbocado al que no puede controlar el jinete.

Esto podemos observarlo con frecuencia en los niños pequeños cuando tienen una rabieta. La diferencia reside en que en su caso está un poco más justificado que en los adultos, dado que su cerebro racional y del autocontrol todavía no está lo suficientemente desarrollado.

• • • • •

La importancia de la regulación emocional radica en que muchos de nuestros problemas cotidianos tienen que ver con una dificultad para gestionar nuestras emociones.

Las respuestas emocionales intensas en las que están implicadas las regiones cerebrales profundas (sistema límbico o parte blandita del «cerebracate»), han desempeñado un papel crucial en nuestra supervivencia desde el punto de vista evolutivo (nos han permitido salir corriendo cuando nos encontrábamos ante un riesgo para la vida, por ejemplo, para huir de un depredador). El problema es que en nuestra época, los desencadenantes de este sistema de alarma que tenemos ya no son fieras amenazantes, sino que en muchos casos nuestra principal amenaza es el estrés del día a día. No ser capaces de regular o canalizar nuestras emociones o ser víctimas de este tipo de atrapamientos de la amígdala, pueden resultar desadaptativos.

El conocimiento y regulación de nuestras emociones debería ser una asignatura obligatoria como las matemáticas o impartirse como una materia de las clases de lengua. Para que desde bien pequeños practicásemos poner nombre a las emociones y su regulación a través de ejemplos, experiencias o cuentos.

Y todo esto sin perder de vista que la mejor enseñanza es siempre el mejor ejemplo. Te dejo unas notas sobre cómo ayudar a tus hijos a transitar sus emociones.

PARA TOMAR NOTA

Cómo trabajar la regulación emocional con los niños:

- El juego es una buena oportunidad para aprender sobre las emociones, para aprender a expresarlas, modularlas y regularlas.

- Puedes aprovechar para ver dibujos o películas con ellos e ir narrando, comentando o explicando cómo se sienten los personajes.

- Puedes jugar a dar nombre, forma, color y textura a las emociones. Por ejemplo: «¿Cómo describirías el miedo?», «¿Es un color oscuro?», «¿Tiene textura rugosa o lisa?», «¿Formas picudas o redondeadas?».

- Puedes enseñarle a localizar las emociones en el cuerpo buscando el contacto físico (por ejemplo, poniendo la mano sobre su pecho y explicándole que a veces la tristeza se siente ahí como un dolor u opresión en el pecho).

- Da ejemplo regulando tus propias emociones. Si perdemos el control, puede ser una oportunidad para explicar también esa situación: «Mamá/papá estaba muy enfadado y no lo ha hecho bien; la próxima vez intentará hacerlo mejor». Una forma de mentalizar al otro, de enseñarle sobre los estados emocionales de los otros.

- Enséñales a pedir perdón haciéndolo también con ellos. Muchas veces son los niños los que nos corrigen: «Mamá, has cruzado el semáforo en rojo». Aprovecha para reconocer el error: «Lo siento, llevas razón; mamá iba despistada...».

- Ayúdales a pensar en alternativas y a elegir y probar una o varias. Por ejemplo, si tu hijo dice estar enfadado con un amiguito, trabaja con él las opciones que tiene: «Puedes tratar de preguntarle por qué hizo eso que tanto te dolió, invitarle a merendar a casa y hablarlo con él, ¿qué opinas?».

• • • • •

También existen mecanismos de regulación emocional desadaptativos, es decir, que no resuelven el problema, sino que lo empeoran o cronifican; por ejemplo, algunas personas recurren al alcohol o a alguna otra sustancia tóxica para calmarse, desconociendo que ese supuesto alivio momentáneo se seguirá de un empeoramiento de los síntomas, pues tanto el alcohol como otros tóxicos han demostrado tener una relación directa con los síntomas de ansiedad y depresión. El alcohol, lejos de ser ansiolítico (que elimina la ansiedad) como se piensa, es ansiogénico (produce ansiedad), es decir, la empeora. De ahí que la principal intervención cuando nos encontramos con alguien en consulta que bebe alcohol de manera habitual sea suspender el consumo.

En otras ocasiones, personas con grandes dificultades en la gestión emocional necesitan incluso llevarlo al cuerpo en forma de conductas autolesivas (por ejemplo en forma de cortes con un objeto afilado en algunas partes del cuerpo); una manera de aliviar el dolor psíquico con el dolor físico, como ya comentamos en el capítulo 9.

Otros mecanismos muy poco eficientes de gestión emocional serían la rumiación (dar vueltas a la cabeza), la evitación o la supresión. Todos ellos pueden ser muy improductivos. Por eso, en esta era de tanta productividad, me gusta contar a mis pacientes y amistades que la estrategia más productiva de todas es el tener una buena salud mental.

Entrar en contacto con las emociones, ponerlas en palabras y regularlas será algo clave en nuestra capacidad adaptativa al entorno y a las circunstancias de la vida. Ojo, que tampoco se trata de dar rienda suelta a todas las emociones sin más; se trata de regularlas.

Pero si estamos deprimidos, ansiosos o simplemente cansados porque hemos dormido mal, nuestra capacidad para regularnos puede colapsar o ser muy difícil de manejar. Algunos autores han comparado esta capacidad con la de un músculo que se cansa cuando es utilizado en exceso.

Después de esta larga exposición, habrá quien esté pensando: «No paras de hablar de estrategias de regulación e incluso nos das ejemplos para los hijos. ¿Y a nosotros no nos dices nada?». Pues lo cierto es que existen muchas formas de abordar este tema, pero sin duda lo más efectivo es transformar situaciones cotidianas en terapéuticas. Por eso creo que puede ser más útil hablar de «hábitos de higiene emocional», los cuales expondremos en las siguientes páginas.

PARA TOMAR NOTA

Algunas claves que te pueden ayudar en la regulación emocional:

- Reconocer y poner nombre a las emociones.
- Aprender a encajar las críticas y utilizar el sentido del humor.
- Aprender a relativizar; hay muy pocas cosas que sean tan terribles.
- Tratar de poner en perspectiva la situación: «¿Cómo me sentiré dentro de diez años cuando piense en esta situación?», «¿Qué diría o cómo se sentiría mi familiar o amigo en ese mismo contexto?».
- Revisar nuestras fortalezas para adaptarnos y buscar estrategias propias.

- Demorar las preocupaciones, «Ya lo resolverás mañana». Tomarse un tiempo ayuda a ver el asunto con distancia y a transitarlo mejor.

- El ejercicio físico y la meditación son formas muy efectivas de regularnos a través del cuerpo y de la mente conjuntamente.

- Apoyarse en los demás o pedir ayuda de un profesional.

- Recordar que «primero duele, después te da rabia y termina dándote risa. Así se cierran los ciclos».

• • • • •

Hábitos de higiene emocional

1. El descanso

> *Si es bueno vivir, todavía es mejor soñar, y lo mejor de todo, despertar.*
>
> ANTONIO MACHADO

Alguno se estará preguntando que por qué abordo el sueño en este capítulo. El descanso nocturno es uno de los principales factores de disregulación emocional. Una buena regla mnemotécnica para no olvidarse de ello es la siguiente. El insomnio produce las cinco íes: irritabilidad, impulsividad, inatención, inestabilidad e incapacidad para tomar decisiones. Así que tener el sueño controlado será un elemento esencial en nuestra capacidad para autorregularnos.

Que no se nos olvide: el día no empieza a contar por la mañana, cuando nos levantamos; empieza por la noche, al acostarnos. Cuando hablamos sobre cómo hemos pasado el día, generalmente nos referimos a las horas que hemos estado despiertos y nos olvidamos de las horas de sueño. Sin embargo, el día que dormimos muy bien es casi seguro que tengamos un buen día.

Parece que pudiésemos prescindir de dormir. El sueño ha pasado a un segundo plano y, si tenemos que quitar tiempo de algo, se lo quitamos al sueño sin ningún reparo. Y así vamos por la vida, derrengados, «siempre cansados», en lugar de reparar en que necesitamos dormir para mantenernos despiertos.

El sueño es una necesidad fisiológica y hoy sabemos que desempeña un papel clave en las funciones de memoria, inmunes y endocrinas. Vamos a repasar aquí lo que de ahora en adelante llamaremos enemigos del sueño:

- **Alcohol:** aunque parezca que nos ayuda a dormir, el alcohol solo produce somnolencia y sedación y altera los ritmos y fases del sueño profundo. Diversos estudios han mostrado que una actividad cerebral alterada hace que nos despertemos o que tengamos dificultades para dormir profundamente, por lo que nuestro sueño no será reparador y estaremos cansados durante el día.

- **Excitantes:** la cafeína, la teína, etc., están en muy diversas bebidas y dificultan la conciliación del sueño; por eso debemos evitarlas a partir del mediodía.

- **Tecnología:** la luz azul y la continua estimulación (móvil, tabletas, etc.) alteran la conciliación del sueño. Esta luz artificial que emiten los dispositivos electrónicos ha demostrado alterar nuestro ritmo circadiano.

- **Ruido:** parece obvio, pero con frecuencia olvidamos que hay diversos tipos de ruido más allá del físico: el mental (el de las preocupaciones) y el visual (una habitación desordenada, por ejemplo). Cuando te acuestas con la habitación desordenada, esa es la última imagen que se te queda en la retina antes de cerrar los ojos y esa imagen se lo pondrá un poquito más difícil a tu mente para poder conciliar el sueño.

- **Falta de horarios fijos:** si nos acostamos cada día a una hora estaremos poniéndoselo muy difícil al cuerpo y no podrá conciliar el sueño. Tenemos en nuestro interior unos relojes biológicos que nos marcan un ritmo. Si los alteramos, nos será mucho más difícil dormir.

- **Hiperproductividad:** ese no poder parar, esa sensación de perder el tiempo es una trampa mental. Creemos que podemos hacer diez cosas a la vez sin agotarnos cuando lo cierto es que cada estímulo, cada cambio de foco que le imponemos al cerebro supone un desgaste. Algo similar a las decisiones hormiga de las que hablamos en el capítulo 5.

- **Enamoramiento:** es una causa importante de insomnio, pero si hay que saltarse a algún «enemigo del sueño», por favor, ¡que sea este!

¿SABÍAS QUE...?

Recuerda que debes coger el tren del sueño siempre a la misma hora. ¿Por qué? Pues por los ritmos, no los ritmos latinos, sino los que se conocen como ritmos ultradianos, unos ritmos menos conocidos que los circadianos de veinticuatro horas. Se trata de ciclos de minutos y horas (de menos de veinte horas en lugar de las veinticuatro del ritmo circadiano) que tienen lugar tanto en la vigilia como en el sueño. Su descubridor, Nathan Kleitman, lo llamó el «ciclo básico de descanso-actividad». Estos ciclos explican por qué en unos momentos estamos alerta y lúcidos y, al rato, cansados y adormilados. Cuando esto ocurre es porque hemos pasado de un «ciclo de actividad» a uno de «descanso».

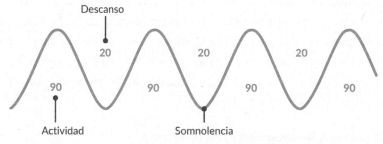

Estos ciclos tienden a repetirse cada noventa minutos, así que presta atención porque podemos hacerlos predecibles y sincronizarlos en nuestro beneficio.

Si te acuestas siempre en la misma franja horaria (por ejemplo, entre las once y las doce de la noche), tu cuerpo se acostumbrará y hará que la fase de «descanso» empiece siempre a la misma hora, por lo que te será más fácil conciliar el sueño.

Así que ya sabes: trata de «sintonizar» tus ritmos ultradianos.

Por último, ten siempre a mano una libreta de notas y un bolígrafo. No para anotar tus sueños, sino para registrar tus preocupaciones, las cosas pendientes, etc. A veces, al acostarnos, como estamos relajados, nos acordamos de que no hemos enviado «el mail de...», no hemos «llamado a...». Pues no te levantes a hacerlo: anótalo en esa libreta.

• • • • •

2. El ejercicio físico

Este es mi favorito. No cabe duda de que el ejercicio físico es uno de los mejores reguladores emocionales y una de las mejores prevenciones en salud mental, ya que disminuye los factores de estrés que actúan como disparadores de muchos de los cuadros que atendemos psiquiatras y psicólogos, entre otros profesionales. Podría casi decirse que el deporte es el mejor «ansiolítico», pero sobre todo de carácter preventivo, porque nos ayuda a que esta ansiedad no aparezca (no es tan fácil ponerse a hacer ejercicio físico una vez que esta ha aparecido). El ejercicio físico es, además, uno de los mejores euforizantes, por delante de cualquier pastilla o droga, porque carece de los efectos secundarios de las primeras o de las consecuencias negativas para la salud de las segundas. El matiz importante es que no estamos diciendo que podamos solucionar un trastorno mental a base de ejercicio físico, pero sí que es una de las herramientas más efectivas para prevenir algunos de los disparadores de estos y para ayudarnos a mantener nuestro estado de equilibrio u homeostasis física y mental. Del ejercicio físico ya te he hablado mucho en capítulos anteriores, así que no insistiré más en ello.

3. Lo social y la regulación a través del otro

Como ya comenté en capítulos anteriores, somos seres sociales y sin lo social no podríamos vivir. Al nacer, nuestra capacidad de autorregulación emocional es muy limitada, son nuestras figuras de apego las que nos ayudarán a consolarnos y calmarnos (heterorregulación). Cuando un niño pequeño está jugando, por ejemplo, en un parque, y se cae al suelo o se asusta por algo, inmediatamente va corriendo a buscar consuelo en sus padres. A veces es cuestión de segundos hasta que el niño se tranquiliza y sale corriendo de nuevo para seguir jugando.

A medida que nos hacemos adultos y aprendemos a autorregularnos, nos olvidamos de que no todo es autorregulación, sino que seguimos regulándonos en parte a través de nuestros congéneres. La regulación emocional es un equilibrio entre la autorregulación, y la «corregulación» a través del otro. Cuando hablamos con los demás y explicamos nuestras preocupaciones, nos estamos regulando mediante la escucha activa de los otros, a través de sus miradas, de su lenguaje corporal y verbal, de la consideración de otros puntos de vista...

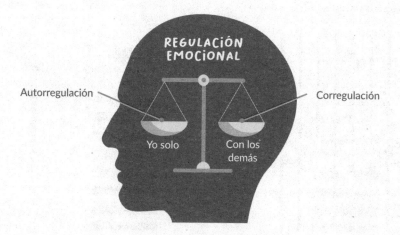

Sin embargo, pedir ayuda nos cuesta una barbaridad; lo vivimos como un fracaso, como una incapacidad y muchas veces preferimos aislarnos o llevarlo todo en silencio. Quizá amparándonos en la falsa creencia de que «si no lo digo, no existe». En ocasiones preferimos no hablarlo ni con nosotros mismos, pero, como decíamos en el capítulo 10, lo que la mente calla muy a menudo lo expresa el cuerpo.

Pedir ayuda, sea a un familiar, a un amigo o a un profesional, es ya de por sí una estrategia de regulación emocional. Así que, si te sientes desbordado y no consigues avanzar, ten esta herramienta en mente.

4. Perdonarte y perdonar

Ira, rencor, frustración, impotencia... son emociones que hemos tenido todos cuando nos hemos sentido heridos o traicionados por alguien. Emociones que sentimos en todo nuestro cuerpo y nos generan un importante malestar psicológico.

Cuando nos hacen daño, quedamos vinculados a la otra persona por las consecuencias de la ofensa en una relación que es claramente asimétrica: uno siente ira o rencor (la víctima) y, en términos ideales, el otro se siente culpable (el agresor). En los enfrentamientos o agravios más cotidianos, podemos observar que muchas veces quedamos atrapados en esa relación emocional durante años, nos sentimos «encadenados» y perpetuamos el ciclo del rencor con rumiaciones improductivas y lesivas para nuestra psique.

RENCOR   PERDÓN

En la relación víctima-agresor, la primera tendría cierta autoridad sobre la segunda. En ese contexto, es a la víctima a quien le corresponde poner fin a la relación asimétrica mediante la exculpación. Podríamos decir que, en el acto del perdón, se produce un híbrido entre los siguientes mecanismos:[5]

1. Al perdonar damos permiso a la otra persona para hacer «borrón y cuenta nueva», para reanudar la relación desde la neutralidad: «Yo te perdono y te libero de la culpa», «Te doy permiso para volver a tratarme como antes». Es lo que podríamos llamar un perdón directivo.

2. La víctima también se compromete a partir de cero: «Me comprometo a dejar de sentir rabia por lo que me hiciste». Es lo que llamaríamos un perdón compromisivo.

En esa situación ideal, lo importante es partir de cero y no utilizar el perdón como un arma para manipular al otro tiempo después.

Cuando perdonamos, la víctima, la que ha sufrido el agravio, queda «liberada», independientemente de la intención o actitud del otro. El perdón podría traducirse en cambios adaptativos neurofisiológicos, que tendrían como consecuencia final la extinción de la rabia.[6] Si bien hay una amplia colección de estudios que observan los cambios cerebrales relativos al acto del perdón, no están exentos de importantes limitaciones, por lo que es necesario seguir profundizando en el asunto. De todas formas, a nivel clínico, y refiriéndonos quizá solo a los agravios más cotidianos, sí que parece apreciarse una mejora de la salud física y mental, un aumento del empoderamiento y un aprendizaje en la sensación de esperanza y de cambio positivo.

Desde este punto de vista, podríamos decir que el perdón no te hace más débil, sino más libre. Perdonar puede liberarnos de las pesadas cadenas del rencor, y debemos tener en cuenta que el proceso de perdón no tiene por qué suponer un proceso de reconciliación con el agresor, sino más bien de liberación personal.

Ojo, que, como ya estará anticipando el lector, esto puede ser muy complicado cuando nos enfrentamos a situaciones graves que implican un conflicto importante o un trauma. En estos casos, el camino de la psicoterapia será fundamental.

PARA TOMAR NOTA

Hay muchos modos de perdonar. He aquí algunos pasos que pueden ayudarte a hacerlo:

- Decidir un momento concreto para perdonar y tratar de olvidar o aparcar el daño.
- Aceptar el daño que te causaron.
- Reducir el impulso de venganza o castigo.
- Aumentar la compasión hacia la situación.
- Perdonar: deja de sentir rencor, de querer tomar represalias. Se trataría de no esperar nada del otro. Podemos escribirle una carta, que no necesariamente tenemos que enviar.

• • • • •

Pero no solo el perdón del prójimo tiene beneficios para la salud. También lo tiene el perdonarnos a nosotros mismos. De hecho, esta es la base de terapias como la de los doce pasos del alcoholismo o la de aceptación y compromiso.

A veces tenemos que pedirnos perdón a nosotros mismos porque nos convertimos en nuestros mayores enemigos; por ejemplo, cuando nos exigimos demasiado por ser muy perfeccionistas o cuando no nos perdonamos o mantenemos un férreo control sobre el cuerpo y la comida, como sucede en el caso de las pacientes con anorexia.

La culpa puede limitarnos; nos impide aprender y seguir con nuestra vida. Si nos aceptamos con nuestras imperfecciones, nos tratamos de una manera amable y afectuosa y nos perdonamos, podremos dejar de lado la culpa y sentirnos valiosos y dignos de respeto.

5. Cambiar para que no se repita

> *La locura es hacer lo mismo una y otra vez esperando obtener resultados diferentes.*
>
> ALBERT EINSTEIN

«Si no cambias, todo se repite.» El filósofo y psicólogo Paul Watzlawick hablaba del efecto «más de lo mismo» para explicar el comportamiento de las personas que «se amargan la vida», entrando en un bucle incesante de repeticiones fallidas.

En una situación que nunca fructifica, estas personas responden siempre de la misma manera cuando intentan resolverla e incluso aumentan la intensidad de su respuesta, en lugar de plantearse que, si su enfoque no funciona, no hay que perseverar en él, sino cambiar de plan. De ahí que sea tan importante explorar en consulta «las soluciones intentadas» por el paciente, para que sea capaz de reconocerlas y no incurra en más de lo mismo.

Cada situación que se repite es una oportunidad para hacer algo diferente. Entonces, ¿por qué nos cuesta tanto?

Cambiar tú y no al otro

Cuando hablamos de cambio, no solo nos referimos a aspectos que pueden tener que ver con nuestros logros, sino también con las relaciones interpersonales.

A veces nos obcecamos en querer cambiar a los demás, lo que nos hace frustrarnos. Tratar de cambiar a los demás es la mejor manera de no avanzar. ¿Por qué no te centras en lo que sí que puedes cambiar?

Imagina que fueses una gota de agua y quisieses cambiar un océano. No podrías, claro está. Pero, si te modificases un poco, si tu gota se hiciese más grande o cambiara de forma, podría impactar en las gotitas colindantes, desplazarlas, moverlas.

Las personas con las que nos relacionamos en la vida cotidiana, como la familia o nuestros amigos más cercanos, constituyen un «sistema». Dentro de estos sistemas tendemos a repetir los mismos patrones de comportamiento. Es decir, en un grupo de amigos puede que seamos el que menos habla o el que siempre está organizando cosas;[7] y lo más probable es que tu forma de comportamiento en el grupo tienda a repetirse. Es algo que puede apreciarse con mayor facilidad en el seno de la familia. Cuando nos enfadamos, repetimos el mismo patrón una y otra vez. Por ejemplo, los que cierran la puerta de un portazo cuando se enfadan suelen repetir una y otra vez la misma conducta, lo que a su vez desencadena la misma reacción en el otro, que por ejemplo puede responder: «Vaya, ya está el enfadica este que no sabe discutir».

En otros casos, un hijo adolescente tiene frecuentes discusiones con sus progenitores, pero estos tienen grandes dificultades para cambiar su proceder habitual. Es posible que el hijo haya tenido una conducta totalmente inadecuada y fuera de lugar y los padres no hayan conseguido siquiera que escuche lo que le están diciendo: «¡No escuchas! ¡Eres un desordenado! ¡No haces nada en la casa, así no vas a encontrar nunca a nadie que te aguante!». Pero esa misma noche, la madre o el padre prepara la cena, pone un plato en la mesa para el hijo adolescente y le dice: «Anda, ven al menos a cenar».

¿Qué ocurriría si el chico que se enfada cerrando la puerta dejara de hacerlo y en su lugar empezara a reírse de buenas a primeras? ¿Cómo reaccionaría el hermano? Y, en el caso del hijo adolescente, ¿cómo reaccionaría si ese día nadie hubiese preparado la cena? ¿Iría a hablar con los padres? ¿Habría captado al menos el mensaje de lo que no quiso escuchar verbalmente?

Cuando uno de los elementos del sistema cambia, ese cambio repercute en el resto de los elementos que lo constituyen, porque esa modificación inevitablemente modificará, aunque sea parcialmente, la reacción del otro. Sería el efecto que tendría una gota de agua que ha variado su tamaño al caer en el mar. De ahí que una de las mejores formas de influir en los demás sea cambiando nosotros mismos. Así influiremos en el sistema (las personas de nuestro alrededor) y, si este no cambia, al menos habremos invertido en nosotros mismos.

Como dice una bonita metáfora que oí una vez: si estamos en la orilla del mar y las olas vienen hacia nosotros, no podemos impedir que vengan ni elegir su tamaño o su fuerza. Pero sí podemos modificar nuestra forma de reaccionar ante ellas.

6. Conectar con el propio cuerpo y el ambiente

Conectar con el cuerpo para liberar la mente. Relajarse, bailar, escuchar música, observar nuestras emociones y permitirnos sentirlas... En los capítulos anteriores hemos visto la importancia que tiene la información interoceptiva, la del interior de nuestro cuerpo, la cual influye incluso en la toma de decisiones.

Conectar con nuestras sensaciones corporales nos proporciona un sentido de integridad y continuidad. Según A. B. Craig, esto es algo tan relevante que el adagio cartesiano del «pienso, luego existo» debería ser sustituido por «siento, luego existo». Reivindica así el papel del cuerpo, al cual presenta como «el yo material», la fuente de uno de los conocimientos más profundos de nosotros mismos, que viene de nuestras vísceras como el latido del corazón, el rugir del estómago, o la expansión de los pulmones. Sensaciones que están con nosotros desde que venimos al mundo.

Teniendo en cuenta que a lo largo del libro ya hemos visto una sustitución similar de la famosa frase de Descartes («soy mirado, luego existo», decía Fonagy), podríamos concluir que pensar, ser pensado y sentir son tres claves de una misma cosa: el sentido del yo. Sin un cuerpo, una mente y un «otro» con el que interactuar, posiblemente no habría un yo.

7. Poner en palabras las emociones

Los límites de mi lenguaje son los límites de mi mundo.

LUDWIG WITTGENSTEIN

Suelo decirles a mis pacientes que el solo hecho de venir a consulta, aunque sea una sola vez, y hacer el esfuerzo de responder a todas las preguntas que se les plantean tiene ya un efecto terapéutico. ¿Por qué? Pues porque durante la consulta no solo les preguntamos por sus emociones, sino que también hacemos un recorrido por su vida y factores sociales, laborales, familiares, lo cual nos permite crear un escenario individualizado y contextualizado. Con todo ese relato, el paciente ha traído al presente su situación personal en un espacio neutral (sin juicios, sin cuestionamiento), lo ha puesto en contexto (pocas veces tenemos la oportunidad de hacer un recorrido tan detallado), y, a través de la palabra, ha podido objetivar y delimitar con precisión lo que siente. Es como si pudiésemos materializar lo abstracto, como si pudiésemos tocarlo o apreciarlo mejor y esto le hiciese perder fuerza o de repente nos pareciese más pequeño, se tornara más tolerable y fácil de afrontar.

No le des la espalda al miedo
(de frente no asusta tanto)

Poner en palabras lo que sentimos tiene un efecto regulador en sí mismo. Diversos estudios de neuroimagen han mostrado que las personas que ponían palabras a las emociones mostraban menor actividad en las amígdalas cerebrales, que a su vez se acompañaba de una disminución de la activación fisiológica (electroconductancia dérmica). Es decir, poner en palabras tiene un efecto regulador, calmante y de sosiego.

Pues bien, si poner en palabras las emociones ya tiene un efecto terapéutico por sí mismo, anotarlas en un papel es aún más efectivo. Como dijimos en el capítulo 5: anotar nos ayuda a cambiar.

Y, de la misma manera que todo médico se tiene que hacer con un lenguaje y con conocimientos para poder ejercer, uno de los primeros pasos para ser partícipe de tu propio cambio es hacerte con un buen diccionario emocional.

PARA TOMAR NOTA

Un pequeño ejercicio para acabar. Veamos cómo estás de lenguaje emocional. A veces no sabemos poner en palabras la emoción que nos asalta y poder expresarla nos ayuda a ventilarla. Primero porque la delimitamos, la dejamos salir y podemos compartirla con los demás, lo cual hace que disminuya de intensidad. Al tratar de explicar cómo nos sentimos, nuestro cerebro procesa y elabora, pone contexto, tira de recuerdos, sopesa la emoción...

Así que aquí te dejo un pequeño diccionario emocional:

- **Abulia:** falta de voluntad o energía para hacer las cosas. Se refiere fundamentalmente a la iniciativa. Implica falta de interés en el presente o el futuro.

- ***Acting out*:** para la psiquiatría no psicoanalítica son actos impulsivos que, en contraste con el funcionamiento habitual, son relativamente aislables y se presentan como autoagresión o heteroagresividad (*auto*: hacia uno mismo; *hetero*: hacia los demás).

- **Alexitimia:** dificultad para poner en palabras las emociones propias.

- **Anhedonia:** incapacidad para experimentar placer.

- **Apatía:** falta de motivación y de ganas de hacer cosas.

- **Astenia:** alude a la parte más física de la falta de energía. Sería una sensación de fatiga y debilidad generalizada.

- **Disociación:** alteración y/o separación de funciones de la conciencia (identidad, percepción del ambiente, memoria), que normalmente van integradas. Por ejemplo, después de haber vivido una experiencia traumática, se tiene la sensación de no sentir nada (embotamiento emocional).

- **Embotamiento** o aplanamiento emocional: falta de respuesta emocional en situaciones que en condiciones normales suscitarían una intensa alegría o tristeza y ante las cuales el sujeto se mantiene impasible.

- **Filia:** gusto o preferencia por determinados estímulos o situaciones. Sería lo opuesto a la fobia. Una mezcla de las dos la tendríamos en la filofobia o fobia a enamorarse.

- **Neotimia:** sentimientos de nueva aparición como la experiencia extática o éxtasis, estado de exaltación, de bienestar extremo asociado a un sentimiento de gozo o gracia espiritual.

- **Neuroticismo:** se refiere al nivel de inestabilidad emocional de un individuo. Se asocia a niveles elevados de ansiedad y cambios del estado emocional. Cuando viven situaciones muy estresantes, algunos se preguntan si no estarán volviéndose locos, cuando en realidad quieren decir que quizá se están poniendo un poco «neuróticos».

- **Paratimia o afecto inadecuado:** respuesta emocional discordante o no coherente con la situación vivida o inapropiada para el contexto situacional en el que se desarrolla. Por ejemplo, hablar de algo muy triste con una sonrisa.

- **Secuestro de la amígdala (*amygdala hijack*):** se refiere a las reacciones emocionales incontrolables, en las que la amígdala (región implicada en la respuesta emocional) toma el control y el mando del resto del cerebro, «lo secuestra», y no deja salir a la parte más racional.

¿Cuántos de estos términos conocías o has aprendido después de leer este libro?

• • • • •

Ante la duda, el punto medio y, a veces, ni eso

¿Te has parado a pensar alguna vez en el tipo de mensaje que tendemos a recibir ante el ritmo de vida que llevamos? No hay más que observar que ahora que todo sucede rápido y sin pausa, nos invitan a frenar y parar, a aburrirnos. Sin embargo, unos años atrás se decía todo lo contrario, que había que ocuparse (que no preocuparse).

Si eres de alto rendimiento y productividad, el mensaje que recibirás repetidamente y al que tu mente tenderá a prestar atención será que «tienes que parar y frenar, dejarte llevar por el movimiento *slow*, porque aburrirse es bueno, es importante, tú ya eres suficientemente bueno...». De hecho, este libro está más enfocado a estas personas que no paran nunca que a aquellas que se mueven en el otro polo, posiblemente por los aspectos que la propia autora trata de cambiar en sí misma.

Por el contrario, si eres de los que se arrellana en el sofá, le cuesta ponerse a trabajar o estudiar, eres caótico, etc., es muy probable que el mensaje que tiendas a recibir sea bien distinto.

Lo que indirectamente nos dice esto es que la clave del éxito está en el punto medio. Así que no quisiera despedirme sin recordar dos cosas:

1. La clave de casi todo está en el equilibrio.

2. Las posiciones polarizadas y restringidas nos debilitan.

Pero, ojo, porque este punto medio no siempre está a nuestra disposición. De hecho, muchas de las estrategias que se comentan en este libro, que implican indirectamente mejorar nuestra capacidad de predicción, potenciar lo social y desarrollar más estrategias para la frustración, entre otros, no son aplicables a todas las circunstancias, personas y tipos de problemas.

Sin embargo, cuando se hace un «viaje» (en este caso la lectura de este libro), aunque muchas de nuestras vivencias no podamos llevárnoslas de vuelta a casa, siempre hay sitio para el aprendizaje y, por tanto, para el cambio. Este cambio implica dejar al menos una pequeña huella física y mental. Y lo más fascinante de todo, esa huella no será estática, inamovible sino moldeable y se actualizará al evocar la información o volver a leer los contenidos de este libro. Mientras tanto, quién sabe, quizá nos encontremos en otro «viaje» y ni tú ni yo seamos los mismos.

CONCLUSIÓN

......

El caso clínico de A. y la experiencia emocional correctiva

Si has llegado hasta aquí, me gustaría hacerte una pregunta: ¿qué le dirías al chico del que te hablé en la Introducción, que a su corta edad solo entendía la muerte como salida y que solo era capaz expresar el dolor psíquico por medio del dolor físico? Uno podría sentirse tentado de contarle y explicarle tantas cosas... Pero ¿realmente le ayudaría eso? ¿Qué contarías tú en una intervención en urgencias si no tuvieras más que una hora para hablar con él? ¿Con qué derecho, con qué autoridad podríamos lanzarnos a contarle y recomendarle cosas, a darle consejos? Es posible que si lo hiciésemos, por su mente se cruzase la idea de «ya me dan muchos consejos y no les hago caso, no te molestes, no necesito más».

Los profesionales que nos dedicamos a la salud mental no damos consejos, sino que usamos otro tipo de estrategias que posicionan al sujeto en un rol activo y de control en el arduo camino que habrá de recorrer él solo. Podemos actuar como guía o figura neutral (frente a la guía que puedan ofrecer amigos y familiares) en la que el paciente puede mirarse, recomponerse, asentarse en la realidad, relativizar y contextualizar.

Como si de un copiloto se tratase, vamos guiando y rectificando si la persona se sale demasiado del camino que ella misma se ha propuesto recorrer. Pero, además, esas rectificaciones no las haremos ofreciendo afirmaciones, órdenes o consejos, sino a base de preguntas y tratando de que la persona se percate ella sola de sus «trampas» mentales. Cuando esto ocurre, cuando es la propia persona la que cae en sus propias revelaciones, estas son incorporadas e integradas mucho más rápidamente. El tipo de preguntas que usamos pueden ser: ¿cómo crees que te sentirás si vuelves a llamar a esa persona que tanto daño te hizo?, ¿cómo crees que se sentirá ella?, ¿cómo te sentirás si no responde de la manera que esperas?...

A diferencia de otras especialidades médicas, la psiquiatría tiene un importante componente subjetivo, pero aun así se pueden observar patrones de comportamiento que tienden a repetirse y que nos permiten anticipar la evolución del paciente en función de si este decide tratarse o no. Por ejemplo, un sujeto que tiende a los sentimientos de vacío, que presenta baja tolerancia a la frustración, inestabilidad, impulsividad, desregulación emocional, visión dicotómica de las cosas..., tiene un patrón de funcionamiento que no se ha forjado de la noche a la mañana, sino que su origen puede encontrarse en la infancia. Por eso, en estos casos los psicofármacos serán tan solo un apoyo o una ayuda para momentos críticos. La terapia solo funcionará si hay compromiso por parte del paciente y deseo de cambio, entre otras cosas. Lo que «se ha cocinado a fuego lento» a lo largo de muchos años no podemos modificarlo en cuestión de días.

Nuestras conductas y pensamientos no cambian de la noche a la mañana, aunque las experiencias sí que queden grabadas para toda la vida, tanto en la mente como en el cuerpo, y según la intensidad de dichas experiencias, será más o menos fácil la consecución del cambio. Personas que han sufrido situaciones impactantes o intensas (un accidente, por ejemplo), suelen relatar vivencias semejantes: «Aquello fue revelador, fue un antes y un después en mi vida».

Es la base de lo que se conoce como experiencia emocional correctiva, un concepto que se utiliza en algunas terapias y que se fundamenta en el potencial de cambio que nos proporcionan las vivencias emocionales intensas. Con ellas se busca hacer vivir a la persona situaciones reveladoras, sea a través de las surgidas en la terapia o de las que se plantean en su vida cotidiana.[1] Experiencias que pueden tener un carácter excepcional o desconcertante para la persona.

Me pregunto si, en el caso de A., aquella experiencia en el hospital tan desacostumbrada, tan novedosa para él, en un escenario y con unos protagonistas quizá algo distintos a lo que él hubiese esperado encontrar, habrá impactado de alguna manera o se habrá parecido a una «experiencia emocional correctiva». Es difícil de predecir porque dependerá de muchos otros factores y aspectos que desconocemos.

Lo que sí es muy probable es que dicha escena se le quede grabada para siempre, si no a nivel consciente, al menos en el plano corporal («inconsciente»), como unos imperceptibles hilos que lo recorren y que hacen de memoria implícita.

La vida está llena de todas estas pequeñas experiencias y oportunidades de aprendizaje que van modulando nuestro cerebro gracias a su capacidad neuroplástica, especialmente si vienen de la interacción con el otro. Si estamos más atentos a ellas, podremos sacarles mucho más partido. También es posible que algún día, en algún futuro, A. sea capaz de ayudar a otras personas que se encuentran en situaciones similares y reproduzca inconscientemente algo de lo que vivió aquel día.

Es posible también que la pandemia haya sido para muchos de nosotros una auténtica experiencia emocional correctiva, que nos haya llevado a cuestionarnos nuestra escala de valores y nuestras prioridades en la vida.

AGRADECIMIENTOS

· · · · · ·

Gracias a todos los que desde redes sociales me habéis acompañado y ayudado tanto en este proyecto. El libro es el fruto de lo intercambiado y compartido con todos vosotros, sin lo cual no hubiese sido posible.

A mis compañeras de profesión y formación en el Hospital Clínico San Carlos de Madrid, que me han ayudado a revisar este libro: a Helen Trebbau, por su amistad, su apoyo incondicional a las nuevas ideas y por ser fuente de inspiración inagotable; a Beatriz Torres Pardo, por su generosidad, su sabiduría y sus puntualizaciones siempre tan acertadas; y a Marina Carretero Gómez, por ser el ojo que todo lo ve, por tener una saliencia especial y por su generosidad y sensibilidad.

A todos esos pacientes y profesionales innumerables que han sido fuente de inspiración.

NOTAS

······

Introducción

1   *Happycracia* es el título de un libro de Edgar Cavanas y Eva Illouz sobre cómo la ciencia e industria de la felicidad nos controla la vida.

Capítulo 1: Poner el cuerpo en el centro

1   Las primeras pruebas de la inmunosupresión inducida por el estrés datan de los años treinta, cuando Selye observó que algunas ratas sometidas a trastornos inespecíficos presentaban atrofia en el tejido inmunitario (por ejemplo, en el timo).

2   Diversos estudios han mostrado que el estrés puede inhibir la respuesta inmunitaria sin necesidad de que se produzca una secreción de glucocorticoides, lo cual indica que existen otras vías.

3   Robert Sapolsky se refiere a la obra de Stephen Jay Gould en donde este explica que no todos los rasgos del organismo tienen que ser forzosamente producto de la evolución de la especie humana para adaptarse al ambiente.

4   Esto lo vemos también en personas que toman corticoides como medicación o en pacientes que tienen el síndrome de Cushing por exceso de cortisol. En todos ellos, el organismo es mucho más vulnerable a las enfermedades infecciosas.

5   Bonhoeffer hablaba en 1912 de la importancia de los síntomas gastrointestinales en la depresión; Cimbal fue el primero en referirse en 1929 a los equivalentes vegetativos; y Ziegler recogió en 1939 casos de enfermos referidos por médicos generalistas que no encontraban explicación para los síntomas somáticos que padecían y que eran enfermos con depresión primaria. En 1966, López Ibor utilizó el término *equivalentes timopáticos* para referirse a estos casos. También se los ha denominado depresión sin depresión (Weitbrecht), equivalentes afectivos (Da Fonseca), depresión somatoforme (Barcia) o depresión larvada.

6   Kielholz, P., 1973.

7   Tal y como afirmaba el neuropsiquiatra López Ibor, la evaluación y la historia clínica tendrán el valor de una «prueba funcional».

Capítulo 2: Conocer el cuerpo en sus coordenadas

1   Esto se ha relacionado con la incapacidad para predecir las consecuencias de las acciones propias por la ausencia de predicciones adecuadas. En la interpretación de una acción como propia interviene un sistema de atenuación sensorial que estos pacientes parecen tener alterado.

Shergill, S. S. *et al.* «Functional magnetic resonance imaging of impaired sensory prediction in schizophrenia». *JAMA Psychiatr, 71*, 28–35 (2014).

Synofzik, M., Thier, P., Leube, D. T., Schlotterbeck, P. & Lindner, A. «Misattributions of agency in schizophrenia are based on imprecise predictions about the sensory consequences of one's actions». *Brai, 133*, 262-271 (2010).

2   El estudio de este experimento es obra de Botvinick y Cohen (1998), del Instituto de Neurociencia de Princeton.

3   En las conexiones cerebrales a nivel corticoestriatal.

4   El neurólogo V. S. Ramachandran, de la Universidad de California, es el creador de la terapia de la caja espejo, que trata de reducir el dolor fantasma y comparte rasgos con la ilusión de la mano de goma.

5   En concreto, se cree que tiene que ver con las sensaciones de «activación cruzada» entre el córtex desaferenciado y las áreas cerebrales que lo rodean.

6   Susan Hurley, Andy Clark y David Chalmers son los principales autores que han introducido la hipótesis de la mente extendida en los debates sobre filosofía de la mente.

7   El modelo del cerebro triuno de Paul MacLean pone de manifiesto la conexión evolutiva de nuestra especie con los reptiles y los mamíferos inferiores, ya que considera que el cerebro humano tiene tres partes diferentes en términos filogenéticos (una explicación desfasada porque no consigue explicar toda la complejidad del cerebro humano pero que resulta didáctica). Estas partes serían el cerebro reptiliano, el cerebro paleomamífero y el cerebro neomamífero, los cuales estarían alojados en el tallo cerebral, el sistema límbico y el córtex respectivamente. El cerebro neomamífero nos proporcionaría la capacidad para la metacognición o la autoconciencia, mientras que el cerebro reptiliano y el paleomamífero son cerebros no verbales, que influyen a un nivel no consciente en el procesamiento del cerebro neomamífero.

8   El «yo» o *self*, tal como lo entendemos en los seres humanos, solo aparece en nuestra especie cuando surge en nosotros el lenguaje, que nos permite interactuar con los demás, y una conciencia de orden superior (la conciencia de tener conciencia).

9   Según J. Hughlings Jackson (1835-1911), «las estructuras cerebrales filogenéticamente más jóvenes son las primeras en sucumbir a la enfermedad mental».

Capítulo 3: Entender el mapa de las emociones corporales

1   En términos generales, la alexitimia implica: 1) dificultad para identificar y/o describir sentimientos; 2) dificultad para distinguir sentimientos de las sensaciones corporales de la activación emocional; 3) reducción o ausencia de pensamiento simbólico, y 4) un estilo cognitivo orientado hacia lo externo y concreto.

2   Esta alteración de la inervación es detectable desde etapas precoces de la enfermedad de Parkinson con técnicas como la gammagrafía miocárdica.

3   Un concepto cercano al intracuerpo que denominaba Ortega o el de corporalidad (*embodiment*) de J. J. López Ibor.

4   Con una variación en función de la edad: a medida que cumplen años, las mujeres muestran una menor preocupación por el cuerpo.

5   La teoría de la objetivación explica una realidad a la que se enfrentan las mujeres de las culturas occidentales y las consecuencias psicológicas que en ellas tiene (Fredrickson y Roberts, 1997). La tendencia a monitorizarse de manera continua a través de las redes sociales es una forma de autoobjetivación cada vez más extendida y que afecta también a los hombres.

Capítulo 4: Ir con tacto por la vida

1 Disminuyen los niveles de endorfinas y de dopamina, mientras que aumentan las hormonas del estrés, entre otras. Estos cambios crearán un ambiente tóxico que inhibirá el correcto desarrollo del cerebro y harán que el niño sea más vulnerable a lo largo de la vida.

2 Rosenfeld, 1987.

3 Lo que tienen en común todos los sujetos con un trastorno narcisista es un sentimiento de inferioridad y de insuficiencia no siempre visible desde fuera, ante el cual desarrollan conductas compensatorias. Presentan un miedo continuo a mostrar su propia inadecuación, lo que a su vez les suscita sentimientos de envidia hacia los que supuestamente lo tienen todo. Esto genera en ellos crítica e intentos de destruir al otro, ya sea denigrándolo o despreciándolo.

4 Adaptado de Ricardo Ramos Rodríguez, «"Abrázame, que nunca se sabe", la carta de un lector», en *XLSemanal*, disponible en <https://www.xlsemanal.com/xlsemanal/20201130/abrazame-nunca-se-sabe-la-carta-lector.html>.

Capítulo 5: Decidimos con el cuerpo

1 La tarea del juego de azar de Iowa (IGT, Iowa Gambling Task) fue diseñada para el estudio de la toma de decisiones, en la cual intervienen distintos mecanismos cognitivos, como la memoria de trabajo, la atención, la flexibilidad cognitiva, la inhibición de respuesta y la impulsividad personal.

2 Daniel Kahneman distinguió entre dos tipos de pensamiento: uno rápido o sistema 1 y otro lento o sistema 2. El primero es instintivo, emocional, automático e inconsciente, mientras que el segundo es un sistema más lento, analítico, estructurado, lógico y consciente.

3 Esta expresión se la escuché al psicólogo Luis Muiño en el pódcast *Entiende tu mente* y me pareció una metáfora fantástica de cómo los pensamientos pueden agitarse en nuestra mente de una manera compulsiva, pero, ojo, no siempre placentera.

Capítulo 6: Comunicamos con el cuerpo

1 Francisco Varela, biólogo y filósofo de la mente chileno, investigador en neurociencia cognitiva, publicó, entre otros, *La mente encarnada* o *The Embodied Mind*.

2 Debe su nombre al neurólogo Guillaume Duchenne, experto en fisiología del movimiento.

3 Casi todos los síntomas que evaluamos en salud mental se mueven en un contínuum que va de la normalidad a lo patológico y, generalmente, son el tiempo, la duración, la intensidad y las limitaciones de tales manifestaciones los que nos indican la disfuncionalidad.

Capítulo 7: Somos movimiento

1 La red neuronal por defecto es un sistema de áreas cerebrales conectadas que muestran una mayor actividad cuando una persona no se concentra en tareas concretas. Abarca tres zonas: el área media de los lóbulos temporal, prefrontal y parietal.

Capítulo 8: Somos seres sociales

1 Estas teorías del apego son, además, la base de la autorregulación.

2 Una «madre» suficientemente buena implica también que no hay una situación de desigualdad, maltrato o presión social que impida que se garanticen unos cuidados correctos y con esto nos referimos al componente emocional. Porque esa «madre» no tendrá la disponibilidad psicológica y emocional necesaria. Regiones como la amígdala del bebé se harán sensibles y recibirán el estímulo externo del miedo, que acabará produciendo inseguridad en el menor.

3   Los estilos de apego son susceptibles de ser modificados, pero, como influyen también en nuestra vida emocional y en nuestro funcionamiento neuroinmunológico, no siempre puede haber una modificación completa.

4   Según explica D. Winnicott: «La madre suficientemente buena emprende experiencias lúdicas con su bebé y de esta manera se asocian los estados de elevada activación con el contacto personal y el placer, lo que ayuda al niño a tolerar los cambios rápidos en su nivel de activación».

5   Tuve la suerte y el privilegio de conocer a este célebre investigador hace unos años, cuando la Fundación Canis Majoris organizó un acto especial que le tuvo como invitado. Según mi compañero, el psicólogo e investigador Raul Alelú, el próximo en recibir el Nobel, si no lo ha hecho ya para cuando se publique este libro, debería ser G. Rizzolatti.

Capítulo 9: Las emociones a través del cuerpo

1   Las autolesiones han recibido una atención especial en el DSM-5 y se han incluido dentro de «Afecciones que necesitan más estudio», con su propio origen, curso, evolución y sintomatología.

2   Durante mi primer embarazo recuerdo haberme planteado dar a luz sin epidural porque estaba convencida de que gran parte del dolor que podría sentir estaba en mi mente y de que sería capaz de modularlo. Sin embargo, aquella fantasía se esfumó en cuanto aparecieron las primeras contracciones. No me paré ni a coger el bolso, ni a ponerme la ropa que había preparado, ni mucho menos a maquillarme o peinarme para llegar al centro hospitalario con buena cara. Aquello fue una lucha por sobrevivir, o así lo sentí yo, que me creía morir. En lo único que podía pensar era: «Epidural, epidural, ¡¡¡epiduraaal!!!». A pesar de ello, y convencida de que mi experiencia no cuenta como muestra desde el punto de vista científico, estoy convencida de que muchas personas son más capaces de modular el dolor de lo que lo fui yo.

3   J. J. López Ibor.

4   Entendemos la mente como única entidad que emerge del cerebro y el cuerpo, pero lo cierto es que el término *alma* resulta en ocasiones mucho más poético.

5   Quizá una denominación incorrecta, ya que la conducta final sobre la alimentación es más una consecuencia que el origen del problema.

Capítulo 10: La enfermedad a través del cuerpo

1   A diferencia de estos sujetos, los que padecen de hipocondría o del ahora llamado trastorno por ansiedad por enfermedad, están prácticamente convencidos de que padecen una enfermedad por las señales que emite su cuerpo y las interpretaciones que hacen de ellas. En el trastorno por somatización, la persona no sabe qué es lo que le ocurre y describe molestias varias e inespecíficas.

2   Aunque el manual de las clasificación de los trastornos mentales permite que el origen de los síntomas sea orgánico siempre y cuando la reacción de la persona ante esos síntomas sea excesiva (criterio B).

3   El término *alexitimia* fue acuñado en 1972 por el profesor de Psiquiatría Peter Sifneos.

4   Se trata de un metaanálisis realizado por Mc Evoy en 2019.

5   Además hay evidencia sugestiva de que influye en el inicio de los trastornos cardiovasculares por la excesiva reactividad emocional.

6   Los psicólogos estadounidenses David Watson, L. A. Clark y A. Tellegen desarrollaron un cuestionario para clasificar estos rasgos.

7   Los estresores psicosociales pueden elevar los valores de las citocinas proinflamatorias que pue-

den acompañar a los cambios neuronales, del estado del ánimo y del comportamiento. A algunas de ellas se las conoce como proteínas de fase aguda PCR o proteína C reactiva. Diversos estudios apoyan la idea de que la depresión está acompañada por la activación del sistema de respuesta inflamatoria.

8 Este término se atribuye al médico Franz Mesmer, quien durante sus sesiones de hipnosis observó que algunas personas mostraban otras facetas de su forma de ser. A estas otras facetas las llamó otro yo *alter ego*, ese «villano» o ese artista potencial todavía no desarrollado.

9 El Club de los 27 aglutina a músicos, artistas y actores que fallecieron a la edad de veintisiete años.

10 En su libro se refiere a la obra *From Paralysis to Fatigue*, de Edward Shorter. Un clásico de obligada lectura para la comprensión de todos estos cuadros.

11 Se han invocado también los siguientes factores determinantes de la variación de la histeria y los síndromes somáticos disfuncionales: la escisión entre la psiquiatría y la neurología a principios del siglo xx, la parcelación del conocimiento médico y su posterior separación en trincheras académicas, los excesos interpretativos de las teorías psicológicas, el temor de los médicos a los errores diagnósticos y la presión de algunos pacientes para ser diagnosticados de enfermedades orgánicas por creer que es menos estigmatizante y más merecedor de atención médica que lo «psiquiátrico».

12 Para el doctor Caballero, *disfuncional*.

13 Ahora llamado trastorno de ansiedad a la enfermedad según la clasificación psiquiátrica DSM-5.

Capítulo 11: El cuerpo y el paso del tiempo: envejecimiento

1 Estos procesos se han asociado con enfermedades neurodegenerativas como el alzhéimer, el síndrome de Rett (alteración MeCP2) y trastornos del espectro autista (alteraciones en MBD5), entre otros.

Existen dos tipos de metilación, la de *novo* (DNMT3a y 3b) y la de mantenimiento (DNMT1). La primera silencia genes en momentos determinados de la función celular, mientras que la segunda «perpetúa» la acción durante la división celular.

2 Más en concreto, se desencadena una respuesta en la que la glándula pituitaria y la corteza suprarrenal liberarán las hormonas del estrés, los llamados glucocorticoides, el más importante de los cuales es el cortisol.

Capítulo 12: La adversidad como oportunidad

1 La cita completa de Lao Tse es la siguiente: «Si estás deprimido, estás viviendo en el pasado. Si estás ansioso, estás viviendo en el futuro. Si estás en paz, estás viviendo en el presente».

2 Robert W. Weisberg, *Creatividad. El genio y otros mitos*, Labor, Barcelona, 1987.

3 Un interesante libro que nos recuerda la importancia de seguir jugando en la edad adulta es *Play* (Avery, 2010), del psiquiatra Stuart Brown.

4 Dos personas que han escrito sobre esto son Tony Buzan (mapas mentales) y J. D. Novak (mapas conceptuales).

5 Este tema lo debatimos en marzo de 2017 con Manuela Costa, licenciada en Filosofía y doctora en Neurociencia Cognitiva, quien asistió a una de las reuniones mensuales que organizamos a través del Grupo de Neurociencia Clínica de Madrid (GINC-CAM). Manuela nos habló de los cambios que podían producirse a nivel cerebral a través del perdón. El debate fue de lo más rico, pues allí nos reuníamos psiquiatras, psicólogos, neurólogos e incluso un lingüista, una pequeña representación de aquellos interesados y fascinados por el estudio de la mente, el cerebro, la psique y el ser social.

6   Como es de suponer, los datos de los estudios científicos son limitados y tienen sentido dentro de los pequeños agravios cotidianos. Queda sin resolver lo que sucede en situaciones más complejas, como los traumas por abusos, los cuales se manifiestan a través del cuerpo y de la mente en forma de pensamientos recurrentes.

7   Los roles que adoptamos dentro de los grupos no tienen por qué ser siempre los mismos. Por ejemplo, en el grupo de compañeros de trabajo puede que asumamos un rol bien distinto al que tenemos entre nuestro grupo de amigos.

Conclusión

1   Un ejemplo clásico de experiencia emocional correctiva lo encontramos en *Los miserables*, de Victor Hugo, donde el personaje de Jean Valjean, un exconvicto, experimenta un cambio radical por la inesperada bondad del obispo a quien trata de robar.

BIBLIOGRAFÍA

• • • • • •

American Psychiatric Association (APA), *Manual diagnóstico y estadístico de los trastornos mentales DSM-5*, Madrid, Editorial Médica Panamericana, 2014.

Andrade, Jackie, «What Does Doodling do?», en *Applied Cognitive Psyhcology*, vol. 24, n.º 1, 2010.

Atenas, Tomás Labbé *et al.*, «Cognición Social: Conceptos y Bases Neurales», en *Revista chilena de neuro-psiquiatría*, vol. 57, n.º 4, 2019.

Bargh, John A., Mark Chen y Lara Burrows, «Automaticity of social behavior: Direct effects of trait construct and stereotype activation on action», en *Journal of personality and social psychology*, vol. 71, n.º 2, 1996.

Baron-Cohen, Simon, «Theory of mind and autism: A review», en *International Review of Research in Mental Retardation*, vol. 23, 2000.

Barsky, Arthur y Grace Wyshak, «Hypochondriasis and somatosensory amplification», en *The British Journal of Psychiatry*, vol. 157, n.º 3, 1990.

Bauman, Zygmunt, *Amor líquido. Sobre la fragilidad de los vínculos humanos*, Barcelona, Paidós, 2018.

Baumeister, Roy F., «Ego depletion and self-regulation failure: a resource model of self-control», en *Alcoholism, clinical and experimental research*, vol. 27, n.º 2, 2003.

—, Ellen Bratslavsky, Mark Muraven y Dianne M. Tice, «Ego depletion: is the active self a limited resource?», en *Journal of personality and social psychology*, vol. 74, n.º 5, 1998.

Bechara, Antoine, António R. Damásio, Hanna Damásio y Steven W. Anderson, «Insensitivity to future consequences following damage to human prefrontal cortex», en *Cognition*, vol. 50, 1994.

—, y António R. Damásio, «The somatic marker hypothesis: A neural theory of economic decision», en *Games and Economic Behavior*, vol. 52, n.º 2, 2005.

Billingsley, Joseph y Elizabeth A. R. Losin, «The Neural Systems of Forgiveness: An Evolutionary Psychological Perspective», en *Frontiers in Psychology*, vol. 8, n.º 737, 2017.

Blanco, Carlos, *Historia de la Neurociencia. El conocimiento del cerebro y la mente desde una perspectiva interdisciplinar*, Madrid, Biblioteca Nueva, 2014.

Bossone, Eduardo, Gianluigi Savarese, Francesco Ferrara, Rodolfo Citro, Susanna Mosca, Francesca Musella, Giuseppe Limongelli, Roberto Manfredini, Antonio Cittadini y Pasquale Perrone Filardi, «Takotsubo cardiomyopathy: overview», en *Heart Failure Clinics*, vol. 9, n.º 2, 2013.

Boursier, Valentina, Francesca Gioia y Mark D. Griffiths, «Objectified Body Consciousness, Body Image Control in Photos, and Problematic Social Networking: The Role of Appearance Control Beliefs», en *Frontiers in Psychology*, vol. 11, n.º 147, 2020.

Bunge, Mario, *Filosofía para médicos*, Barcelona, Gedisa, 2012.

Burke, Judith Lee, «Young children's attitudes and perceptions of older adults», en *International Journal of Aging and Human Development*, vol. 14, n.º 3, 1981-1982.

Caballero, Luis, *Un regalo de Julia. Breve ensayo a propósito de un caso de histeria e hipnosis*, Barcelona, Caligrama editorial, 2020.

Carter, Evan C. y Michael E. McCullough, «Is ego depletion too incredible? Evidence for the overestimation of the depletion effect», en *Behavioral and Brain Sciences*, vol. 36, n.º 6, 2013.

Catani, Marco, «A little man of some importance», en *Brain: a journal of neurology*, vol. 140, n.º 11, 2017.

Chekroud, Sammi R., Ralitza Gueorguieva, Amanda Blue Zheutlin, Martin Paulus, Harlan M. Krumholz, John H. Krystal y Adam M. Chekroud, «Association between physical exercise and mental health in 1.2 million individuals in the USA between 2011 and 2015: a cross-sectional study», en *Lancet Psychiatry*, vol. 5, n.º 9, 2018.

Cipriano, Annarosa, Stefania Cella y Paolo Cotrufo, «Nonsuicidal Self-injury: A Systematic Review», en *Frontiers in Psychology*, vol. 8, n.º 8, 2017.

Clarck, Andy y David J. Chalmers, «La mente extendida», en *CIC Cuadernos de Información y Comunicación*, vol. 16, 2011.

Corcoran, Katja, Jan Crusius y Thomas Mussweiler, «Social comparison: Motives, standards, and mechanisms», en *Theories in social psychology*, Oxford, Wiley-Blackwell, 2011.

Craig, Arthur, «Interoception: the sense of the physiological condition of the body», en *Current Opinion in Neurobiology*, vol. 13, n.º 4, 2003.

Damásio, António, *El Error de Descartes. La razón, la emoción y el cerebro humano*, Barcelona, Crítica, 2010.

Davidson, Richard y Sharon Begley, *El perfil emocional de tu cerebro. Claves para modificar nuestras reacciones y mejorar nuestras vidas*, Barcelona, Destino, 2012.

De Frutos-Lucas, Jaisalmer, Pablo Cuesta, David López-Sanz, África Peral-Suárez, Esther Cuadrado-Soto, Federico Ramírez-Toraño, Belinda M. Brown, Juan M. Serrano, Simon M. Laws, Inmaculada C. Rodríguez-Rojo, Juan Verdejo-Román, Ricardo Bruña, María L. Delgado-Losada, Ana Barabash, Ana M. López-Sobaler, Ramón López-Higes, Alberto Marcos y Fernando Maestú, «The relationship between physical activity, apolipoprotein E ε4 carriage, and brain health», en *Alzheimer's Research and Therapy*, vol. 12, n.º 1, 2020.

Delgado, Mauricio R., «Fool me once, shame on you; fool me twice, shame on oxytocin», en *Neuron*, vol. 58, n.º 4, 2008.

Delgado Suárez, Jennifer, «Efecto Diderot – ¿Cómo nos convertirnos en esclavos del consumismo sin darnos cuenta?», en Rincón de la psicología, <https://rinconpsicologia.com/efecto-diderot/>.

Didier, Anzieu, *El Yo-Piel*, Madrid, Biblioteca Nueva, 2010.

Döll, Aurora y Ana Gálvez, «La piel como camino al pensamiento», en *Átopos*, n.º 14, 2013.

Dunn, Barnaby D., Hannah C. Galton, Ruth Morgan, Davy Evans, Clare Oliver, Marcel Meyer, Rhodri Cusack, Andrew D. Lawrence y Tim Dalgleish, «Listening to your heart. How interoception shapes emotion experience and intuitive decision making», en *Psychological Science*, vol. 21, n.º 12, 2010.

Eguíluz, Iñaki y Rafael Segarra, *Introducción a la psicopatología. Una visión actualizada*, Madrid, Panamericana, 2013.

Ehrlinger, Joyce, Wilson O. Readinger y Bora Kim, «Decision-Making and Cognitive Biases», en *Encyclopedia of Mental Health (second edition)*, 2016.

Eisenberger, Naomi I., «The neural bases of social pain: Evidence for shared representations with physical pain», en *Psychosomatic medicine*, vol. 74, n.º 2, 2012.

Eslinger, Paul J., Claire V. Flaherty-Craig y Arthur L. Benton, «Developmental outcomes after early prefrontal cortex damage», en *Brain and cognition*, vol. 55, n.º 1, 2004.

Eyal, Nir, *Enganchado (Hooked): Cómo construir productos y servicios exitosos que formen hábitos*, Sunshine Business Development, 2014.

Firth, Joseph, Brendon Stubbs, Davy Vancampfort, Felipe Schuch, Jim Lagopoulos, Simon Rosenbaum y Philip B. Ward, «Effects of aerobic exercise on hippocampal volume in humans: a systematic review and meta-analysis», en *NeuroImage*, vol. 166, 2018.

Frankl, Viktor E., *El hombre en busca de sentido*, Barcelona, Herder, 2005.

Gallese, Vittorio y Alvin Goldman, «Mirror neurons and the simulation theory of mind–reading», en *Trends in Cognitive Science*, vol. 2, n.º. 12, 1998.

Goldberg, Elkhonon, *El cerebro ejecutivo. Lóbulos frontales y mente civilizada*, Barcelona, Crítica, 2009.

González, Anabel, *No soy yo. Entendiendo el trauma complejo, el apego y la disociación. Una guía para pacientes, familiares y terapeutas*, 2017.

Gregory, M. D., J. S. Kippenhan, D. Dickinson, J. Carrasco, V. S. Mattay, D. R. Weinberger y K. F. Berman, «Regional Variations in Brain Gyrification Are Associated with General Cognitive Ability in Humans», en *Curr Biol.*, vol. 26, n.º 10, 2016.

Gross, James J. y Robert W. Levenson, «Hiding feelings: the acute effects of inhibiting negative and positive emotion», en *Journal of Abnormal Psychology*, vol. 106, n.º 1, 1997.

Haapakoski, Rita, Julia Mathieu, Klaus P. Ebmeier, Harri Alenius y Mika Kivimäki, «Cumulative meta-analysis of interleukins 6 and 1β, tumour necrosis factor α and C-reactive protein in patients with major depressive disorder», en *Brain, Behavior, and Immunity*, n.º 49, 2015.

Haggard, Patrick, «Sense of agency in the human brain», en *Nature Reviews Neuroscience*, vol. 18, n.º 4, 2017.

Harris, Laurence R., Michael J. Carnevale, Sarah D'Amour, Lindsey E. Fraser, Vanessa Harrar, Adria E. Hoover, Charles Mander y Lisa M. Pritchett, «How our body influences our perception of the world», en *Frontiers in Psychology*, vol. 6, n.º 819, 2015.

Herrero, Jose L., Simon Khuvis, Erin Yeagle, Moran Cerf y Ashesh D. Mehta, «Breathing above the brain stem: volitional control and attentional modulation in humans», en *Journal of neurophysiology*, n.º 119, 2017.

Hill, Daniel, *Teoría de la regulación del afecto. Un modelo clínico*, Barcelona, Eleftheria, 2018.

Hillman, Charles H., Kirk I. Erickson y Arthur F. Kramer, «Be smart, exercise your heart: exercise effects on brain and cognition», en *Nature Reviews Neuroscience*, vol. 9, n.º 1, 2008.

Horowitz, Alana M., Xuelai Fan, Gregor Bieri, Lucas K. Smith, Cesar I. Sánchez-Díaz, Adam B. Schroer, Geraldine Gontier, Kaitlin B. Casaletto, Joel H. Kramer, Katherine E. Williams y Saúl A. Villeda, «Blood factors transfer beneficial effects of exercise on neurogenesis and cognition to the aged brain», en *Science*, vol. 369, n.º 6500, 2020.

Jiayi, Luo y Yu Rongjun, «Follow the heart or the head? The interactive influence model of emotion and cognition», en *Frontiers in Psychology*, vol. 6, n.º 573, 2015.

Judge, Timothy A. y Joyce E. Bono, «Relationship of core self-evaluations traits—self-esteem, generalized self-efficacy, locus of control, and emotional stability—with job satisfaction and job performance: A meta-analysis», en *Journal of applied Psychology*, vol. 86, n.º 1, 2001.

Kahneman, Daniel, *Thinking, Fast and Slow*, Nueva York, FSG, 2011.

Kamijo, Keita, Yoshiaki Nishihira, Arihiro Hatta, Kaneda Takeshi, Tetsuo Kida, Takuro Higashiura y Kazuo Kuroiwa, «Changes in arousal level by differential exercise intensity», en *Clinical Neurophysiology*, vol. 115, n.° 12, 2005.

Kandel, Eric R., James H. Schwartz, Thomas M. Jessell, Agud Aparicio y Ángel Hernando Saudan, *Principios de Neurociencia. 4th ed.*, Madrid, Mc Graw-Hill Interamericana de España, 2001.

Kandola, A., G. Ashdown-Franks, B. Stubbs, D. P. J. Osborn y J. F. Hayes, «The association between cardiorespiratory fitness and the incidence of common mental health disorders: A systematic review and meta-analysis», en *Journal of Affective Disorders*, vol. 1, n.° 257, 2019.

Keightley, Philip, Paul Pavli, Jan Platten y Jeffrey CI Looi, «Gut feelings 1. Mind, mood and gut in irritable bowel syndrome: approaches to psychiatric care», en *Australasian psychiatry: bulletin of Royal Australian and New Zealand College of Psychiatrists*, vol. 23, n.° 4, 2015.

Keysers, Christian, Jon H. Kaas y Valeria Gazzola, «Somatosensation in social perception», en *Nature Review Neuroscience*, vol. 11, n.° 10, 2010.

Kosfeld, Michael, Markus Heinrichs, Paul J. Zak, Urs Fischbacher y Ernst Fehr, «Oxytocin increases trust in humans», en *Nature*, vol. 435, 2005.

Kret Mariska, Esther y Beatrice de Gelder, «Islamic Headdress Influences How Emotion is Recognized from the Eyes», en *Frontiers in Psychology*, vol. 3, n.° 110, 2012.

Lardone, A., M. Liparoti, P. Sorrentino, R. Rucco, F. Jacini, A. Polverino, R. Minino, M. Pesoli, F. Baselice, A. Sorriso, G. Ferraioli, G. Sorrentino y L. Mandolesi, «Mindfulness Meditation Is Related to Long-Lasting Changes in Hippocampal Functional Topology during Resting State: A Magnetoencephalography Study», en *Neural Plasticity*, 5340717, 2018.

Levy, Becca R., «Mind matters: Cognitive and physical effects of aging self-stereotypes», *en Journal of Gerontology*, vol. 58, n.° 4, 2003.

—, Martin D. Slade y Stansilav V. Kasl, «Longitudinal Benefit of Positive Self-Perceptions of Aging on Functional Health», en *Journal of Gerontology*, vol. 57, n.° 5, 2002.

Linden, David J., *Touch. The Science of the Sense that Makes Us Human*, Londres, Penguin Books, 2016.

Linehan, Marsha M., *Manual de tratamiento de los trastornos de personalidad límite*, Barcelona, Paidós, 2003.

López Sánchez, José María y Antonio Higueras Aranda, *Compendio de psicopatología*, Granada, Círculo de estudio psicopatológicos, 1996.

López-Otín, Carlos y Guido Kroemer, *El sueño del tiempo: un ensayo sobre las claves del envejecimiento y la longevidad*, Barcelona, Paidós, 2020.

Macías, María Amarís, Camilo Madariaga Orozco, Marcela Valle Amarís y Javier Zambrano, «Estrategias de afrontamiento individual y familiar frente a situaciones de estrés psicológico», en *Psicología desde el Caribe*, vol. 30, n.° 1, 2013.

MacLean, Paul, *The Triune Brain In Evolution. Role in Paleo-cerebral Functions*, Nueva York, Plenum Press, 1990.

Marrone, Mario, *Sexualidad. La tuya, la mía y la de los demás*, Madrid, Psimática, 2016.

Mendoza, Jessica S., Benjamin C. Pody, Seungyeon Lee, Minsung Kim y Ian M. McDonough, «The effect of cellphones on attention and learning: The influences of time, distraction, and nomophobia», en *Computers in Human Behavior*, n.° 86, 2018.

Menninger, Karl A., *Man against himself*, Boston, Mariner Books, 1956.

Moisés López Flores, Luis, «EL YO FRACTURADO: Sensación de agencia y psicopatología», en *Naturaleza y Libertad*, n.º 11, 2019.

Molina-Ruiz, Rosa M., Jeffrey C. L. Looi, Mark Walterfang, Tomás García-Saiz, Fiona A. Wilkes, Lena L. Liu, Dennis Velakoulis, José Luis Perera Carrasco y Marina Díaz-Marsa, «Striatal volumes as potential biomarkers in Eating Disorders: A pilot study», en *Revista de Psiquiatría y Salud Mental (Engl Ed)*, 2020.

—, Tomás García-Saiz, Jeffrey Looi, Virgili E. Via, M. Rincón Zamorano, Laura de Anta Tejado, Helena López Trebbau, José Luis Perera Carrasco y Marina Díaz-Marsá, «Neural Mechanisms in Eating Behaviors: A Pilot fMRI Study of Emotional Processing», en *Psychiatry investigation*, vol. 17, n.º 3, 2020.

Muraven, Mark y Roy F. Baumeister, «Self-Regulation and Depletion of Limited Resources: Does Self-Control Resemble a Muscle?», en *Psychological Bulletin*, vol. 126, n.º 2, 2000.

Nasser, Mervat, Karen Baistow y Janet Treasure, *The female body in mind. The interface between the female body and mental health*, Londres y Nueva York, Routledge, 2007.

Niedenthal, Paula M., «Embodying emotion», en *Science*, vol. 18, n.º 316, 2007.

Noah, Tom, Yaacov Schul y Ruth Mayo, «When both the Original Study and Its Failed Replication Are Correct: Feeling Observed Eliminates the Facial-Feedback Effect», en *Journal of personality and social psychology*, vol. 114, n.º 5, 2018.

Nummenmaa, Lauri, Enrico Glerean, Mikko Viinikainen, Iiro P Jääskeläinen, Riitta Hari y Mikko Sams, «Emotions promote social interaction by synchronizing brain activity across individuals», en *Proceedings of the National Academy of Sciences of the United States of America*, vol. 109, n.º 24, 2012.

—, Riitta Hari, Jari K. Hietanen y Enrico Glerean, «Bodily maps of emotions», en *Proceedings of the National Academy of Sciences of the United States of America*, vol. 111, n.º 2, 2014.

—, Riitta Hari, Jari K. Hietanen y Enrico Glerean, «Maps of subjective feelings», en *Proceedings of the National Academy of Sciences of the United States of America*, vol. 115, n.º 37, 2018.

Opezzo, Marily y Daniel L. Schwartz, «Give Your Ideas Some Legs: The Positive Effect of Walking on Creative Thinking», en *Journal of Experimental Psychology Learning Memory and Cognition*, vol. 40, n.º 4, 2014.

Orsillo, Susan M. y Lizabeth Roemer, *The mindful way through anxiety. Break free from chronic worry and reclaim your life*, Nueva York, The Guilford Press, 2011.

Palomo, Tomás y Miguel Ángel Jiménez-Arriero, *Manual de Psiquiatría*, Madrid, Grupo ENE, 2009.

Pérez Martín, Yolanda, Milagros Pérez Muñoz, David García Ares, Isabel Fuentes Gallardo e Isabel Rodríguez Costa, «El cuerpo duele, y el dolor social... ¿duele también?», en *Atención primaria*, vol. 52, n.º 4, 2019.

Pinker, S., *Cómo funciona la mente*, Barcelona, Editorial Destino, 1997.

Porges, Stephen W., *Guía de bolsillo de la teoría polivagal: El poder transformador de sentirse seguro*, Barcelona, Eleftheria, 2018.

Portela, Anna y Manel Esteller, «Epigenetic modifications and human disease», en *Nature Biotechnology*, vol. 28, n.º 10, 2010.

Raichle, Marcus E., Ann Mary MacLeod, Abraham Z. Snyder, William J. Powers, Debra A. Gusnard y Gordon L. Shulman, «A default mode of brain function», en *Proceedings of the National Academy of Sciences of the United States of America*, vol. 98, n.º 2, 2001.

Ramachandran, V. S, y William Hirstein, «The perception of phantom limbs. The D. O. Hebb lecture», en *Brain: A Journal of Neurology*, vol. 121, n.º 9, 1998.

Rizzolatti, Giacomo, Luciano Fadiga, Vittorio Gallese y Leonardo Fogassi, «Premotor cortex and the recognition of motor actions», en *Cognitive Brain Research*, vol. 3, n.º 2, 1996.

Rodríguez Vega, Beatriz, Alberto Fernández Liria y Carmen Bayón Pérez, «Neurobiología Interpersonal», en *Manual de Psiquiatría*, Madrid, Grupo ENE Publicidad, S. A. 2009.

Roos, Lydia, Victoria O'Connor, Amy Canevello y Jeanette Marie Bennett, «*Post*-traumatic stress and psychological health following infidelity in unmarried young adults», en *Stress and Health*, vol. 35, n.º 4, 2019.

Sapolsky, Robert M., *Las Cebras no tienen úlceras*, Madrid, Alianza Editorial, 2020.

Schwartz, Barry, Andrew Ward, John Monterosso, Sonja Lyubomirsky, Katherine White y Darrin R. Lehman, «Maximizing versus satisficing: happiness is a matter of choice», en *Journal of personality and social psychology*, vol. 83, n.º 5, 2002.

—, *The paradox of choice: why more is less*, Nueva York, Ecco, 2004.

Seligman, Martin E. P. y Steven F. Maier, «Failure to escape traumatic shock», en *Journal of Experimental Psychology*, vol. 74, n.º 1, 1967.

Shorter, Edward, *From paralysis to fatigue. A history of psychosomatic illness in the modern era*, Nueva York, Free Press, 1992.

Siegel, Daniel J., *The Developing Mind. How relationships and the brain interact to shape who we are*, Nueva York, The Guilford Press, 1999.

—, *The Mindful Therapist. A clinician's guide to mindsight and neural integration*, Nueva York, W. W. Norton & Company, 2010.

Sifneos, Peter Emanuel, «The prevalence of alexithymic characteristics in psychosomatic patients», en *Psychotherapy and Psychosomatics*, vol. 22, n.º 2, 1973.

Sims, Andrew, *Síntomas mentales*, Madrid, Triacastela, 2008.

Solms, Mark y Jaak Panksepp, «The "Id" knows more that the "Ego" admits: Neuropsychoanalytic and Primal Consciousness perspectives on the Interface between affective and cognitive neuroscience», en *Brain sciences*, vol. 2, n.º 2, 2012.

Soriano, C., «El lenguaje de las emociones», en *Panorama actual de la ciencia del lenguaje*, Zaragoza, Prensas de la Universidad de Zaragoza, 2016.

Stern, Daniel N., *The present moment in psychotherapy and everyday life*, Nueva York, Norton, 2004.

Strack, Fritz, Leonard L. Martin y Sabine Stepper, «Inhibiting and facilitating conditions of the human smile: a nonobtrusive test of the facial feedback hypothesis», en *Journal of personality and social psychology*, vol. 54, n.º 5, 1988.

Swami, Viren, Martin Voracek, Stefan Stieger, Ulrich S. Tran y Adrian Furnham, «Analytic thinking reduces belief in conspiracy theories», en *Cognition*, vol. 133, n.º 3, 2014.

Taleb, Nassim Nicholas, *El cisne negro. El impacto de lo altamente improbable*, Barcelona, Paidós, 2008.

Tang, Yi-Yuan, Britta Hölzel y Michael I Posner, «The neuroscience of mindfulness meditation», en *Nat Rev Neurosci*, vol. 16, n.º 4, 2015.

Taylor, Ann Gill, Lisa E. Goehler, Daniel I. Galper, Kim E. Innes y Cheryl Bourguignon, «Top-down and bottom-up mechanisms in mind-body medicine: development of an integrative framework for psychophysiological research», en *Explore*, vol. 6, n.º 1, 2010.

Taylor, G. J., R. M. Bagby y J. D. A. Parker, *Disorders of affect regulation: Alexithymia in Medical and Psychiatric Illness*, Cambridge, Cambridge University Press, 1997.

Toro, Josep, *El cuerpo como delito. Anorexia, bulimia, cultura y sociedad*, Barcelona, Ariel, 2008.

Triglia, Adrián, «La Teoría del aprendizaje social de Albert Bandura», disponible en <https://psicologiay mente.com/social/bandura-teoria-aprendizaje-cognitivo-social>.

Tsakiris, Manos, y Patrick Haggard, «The rubber hand illusion revisited: visuotactile integration and self-attribution», en *Journal of Experimental Psychology: Human Perception and Performance*, vol. 31, n.° 1, 2005.

Tulving, Endel, «Memory and consciousness», en *Canadian Psychology/Psychologie canadienne*, vol. 26, n.° 1, 1985.

Valdesolo, Piercarlo y Jesse Graham, «Awe, uncertainty, and agency detection», en *Psychological Science*, vol. 25, n.° 1, 2014.

Valera, Sergi, «Elementos básicos de psicología ambiental. 6.2. Tipos de distancia interpersonal», disponible en <http://www.ub.edu/psicologia_ambiental/psicologia_ambiental>.

Vallejo, J. y C. Leal, *Tratado de psiquiatría*, Barcelona, Ars Médica, 2005.

Van Der Kolk, Bessel, *El cuerpo lleva la cuenta. Cerebro, mente y cuerpo en la superación del trauma*, Barcelona, Eleftheria, 2015.

Van Os, Jim, Bert Park y Peter B. Jones, «Neuroticism, life events and mental health: evidence for person-environment correlation», en *The British Journal of Psychiatry (supplement)*, vol. 40, n.° 40, 2001.

Varela, Francisco J., Eleanor Rosch y Evan Thompson, *The Embodied Mind. Cognitive science and human experience*, Massachusetts, MIT Press, 1991.

Vargas, M. L., «Neurosciences and philosophy: what is new in the 21st century?», en *Neurosciences and History*, vol. 5, n.° 1, 2017.

Waldinger, Robert J. y Marc S. Schulz, «What's love got to do with it? Social functioning, perceived health, and daily happiness in married octogenarians», en *Psychology and aging*, vol. 25, n.° 2, 2010.

Ward, Adrian F., Kristen Duke, Ayelet Gneezy y Maarten W. Bos, «The Mere Presence of One's Own Smartphone Reduces Available Cognitive Capacity», en *Journal of the Association for Consumer Research*, vol. 2, n.° 2, 2017.

Watzlawick, Paul, *No es posible no comunicar*, Barcelona, Herder, 2014.

Wegner, Daniel M., David J. Schneider, Samuel R. Carter III y Teri L. White, «Paradoxical effects of thought suppression», en *Journal of personality and social psychology*, vol. 53, n.° 1, 1987.

Weisberg, Robert W, *Creativity: beyond the myth of genius (2nd ed.)*, Nueva York, W. H. Freeman, 1993.

Yañez Sáez, R., «Capítulo IV. Máscaras somáticas y psíquicas o conductuales de la depresión», en Alfonso Chinchilla Moreno, *La depresión y sus máscaras. Aspectos terapéuticos*, Madrid, Panamericana, 2008.

Zegarra-Valdivia, J., y B. Chino Vilca, «Mentalización y teoría de la mente, en *Rev Neuropsiquiatr*, vol. 80, n.° 3, 2017.

SUMARIO DETALLADO

Prólogo de Laura Rojas-Marcos 11

Introducción 15

PRIMERA PARTE: POR QUÉ EL CUERPO VA PRIMERO 25

1. Poner el cuerpo en el centro 27

    La psique y los pensamientos están también en el cuerpo 27

    La psique se manifiesta en todos nuestros órganos 29

    El cuerpo como disfraz: la depresión enmascarada 36

    Poner el cuerpo en el centro 38

    Los efectos placebo y nocebo como ejemplos de la conexión

    mente-cuerpo 40

    ¿Y qué es el efecto nocebo? 42

2. Conocer el cuerpo en sus coordenadas 46

    Lo que el cuerpo esconde 46

    El cuerpo en sus coordenadas: ¿cómo obtienes

    la representación mental de tu cuerpo? 47

    ¿Por qué estoy en este cuerpo y no en otro? El sentido

    de agencia 52

    El cerebro representa al cuerpo incluso cuando no está:

    el miembro fantasma 56

    ¿Dónde está la mente? 59

    La neurona como unidad funcional 61

    El cableado neuronal del cuerpo 62

    El cerebro en capas 63

    ¿Y todo esto para qué? 67

    ¿Pensamiento racional o pensamiento emocional? 68

3. Entender el mapa de las emociones corporales.................................. 69
  ¿Qué importancia damos a las emociones y al cuerpo? 69
  Atlas de las emociones de nuestro cuerpo 71
  Cuando el atlas de las emociones se altera................................... 76
  Ejercicio de los mapas meteorológicos.. 77
  ¿En qué partes de tu cuerpo sientes las emociones del otro? 80
  Las emociones del cuerpo: el afecto 82
  Todos nuestros órganos están conectados con el cerebro.......... 84
  ¿Cómo vives tu cuerpo? 86
  Imagen corporal en tiempos de redes sociales 88
  El espejo de las redes sociales y la satisfacción corporal............ 91
  Salud mental sin filtros de Instagram 94

4. Ir con tacto por la vida 97
  El vestido del cuerpo: la piel como escenario de las emociones... 97
  El sentido del tacto 98
  Tacto con «tacto» y con mucho contacto 100
  Contacto físico y desarrollo cerebral... 103
  Metáforas de la piel y aspectos psicológicos................................ 107
  Lo que sucede en la mente lo sabe la piel y viceversa:
    caricias, cosquillas y piel de gallina... 108
  ¿Está el punto G en la piel?... 110
  Para acabar 111

SEGUNDA PARTE: PENSAR CON EL CUERPO 113

5. Decidimos con el cuerpo.. 115
  «El cuerpo tiene razones que la razón no conoce»:
    el marcador somático.. 115
  Sesgos cognitivos en la toma de decisiones................................. 121
  Toma de decisiones.. 126
  Toma de decisiones y marcador somático..................................... 130
  ¿Por qué nos mantenemos en la indecisión? 131
  De las decisiones hormiga al minimalismo mental....................... 135
  Cuando la indecisión se convierte en patológica:
    de los indecisos lavadora a los indecisos centrifugadora......... 139
  Fuerza de voluntad.. 144

Phineas Gage: un caso traumático de pérdida
de fuerza de voluntad 145
¿Puedo tener falta de fuerza de voluntad si no tengo lesión
cerebral? 148
La voluntad como hábito: seis pasos para entrenarla 149

6. Comunicamos con el cuerpo 158
La próxima inteligencia será la corporal 160
De los *emoji* a los *emoticuerpos* 162
El lenguaje del cuerpo 165
Distancia, contacto visual y otros rituales 167
No podemos no comunicar 169
Comunicar a través de la pantalla o detrás de la mascarilla 171
Cuando el lenguaje corporal está alterado 172

TERCERA PARTE: CUERPO, MOVIMIENTO Y SOCIEDAD 177

7. Somos movimiento 179
Ponle piernas al pensamiento 179
Caminar ayuda a pensar 182
Cómo conseguir momentos ¡EUREKA! 185
Tus movimientos moldean tus pensamientos 188
El currículum del futuro incluirá el ejercicio físico 190
Ejercicio físico y cerebro 191
Ejercicio físico y salud mental 193
Ejercicio físico y autosuficiencia 194
Pastillas de ejercicio físico, ¿te las tomarías? 195
Incorporación del ejercicio al currículum y al trabajo 196

8. Somos seres sociales 198
«Somos» gracias a la interacción con el otro 198
Dime cómo fue tu apego en la infancia y te diré cómo
te relacionas 201
¿Qué estilos de apego hay en la infancia? 203
¿Qué impacto pueden tener los tipos de apego en mi forma
de relacionarme con los demás? 206
Cómo proporcionar respuestas adecuadas para un apego
seguro 210

El superpoder de leer la mente.. 212
Cuando la tecnología social falla... 215
¿Se puede entrenar la cognición social?............................. 216
El contagio emocional: la magia de las neuronas espejo........... 219
La magia de las neuronas espejo... 222
Aprendizaje por imitación, aprendizaje vicario: «Harán lo que
    hagas y no lo que les digas que hagan».......................... 224
Lo social y su función protectora... 226
La trampa de las redes sociales... 227
Enganchados: «Lo tengo controlado, solo un *scroll* más»........... 230
¿Cumple la adicción a las redes sociales los criterios
    de un trastorno adictivo?... 232
Cómo combatir la infoxicación en redes.............................. 234

CUARTA PARTE: CUANDO EL CUERPO DICE BASTA.............. 239

9. Las emociones a través del cuerpo.................................... 241
    Nudos corporales... 241
    Dolor físico para calmar el dolor psíquico: las autolesiones........ 242
    ¿Qué podemos hacer?.. 246
    El «opio» del cuerpo: las endorfinas............................... 246
    El dolor y el cerebro: de cómo lo psíquico alivia el dolor
        físico.. 247
    El dolor social y el físico comparten redes neuronales.............. 248
    Entonces, ¿tendría sentido tomar paracetamol para el
        dolor social?... 250
    El cuerpo como lugar de penitencia................................ 251
    El castigo a través del cuerpo: trastornos de la conducta
        alimentaria (TCA).. 253
    Sentimientos de vacío... 257

10. La enfermedad a través del cuerpo................................. 259
    La peligrosa inercia.. 259
    Cómo se expresan las emociones en el cuerpo.................... 260
    «No le pasa nada, es psicológico», «Todo está en su cabeza»....... 262
    Ocultar las emociones no funciona................................. 267

Disociación: cuando cuerpo y mente se separan 270

El *alter ego* y las diferentes identidades.............................. 272

De la histeria como un «mal del útero» a los cuadros
    funcionales 275

Cuando la atención a las señales del cuerpo es excesiva............. 277

11. El cuerpo y el paso del tiempo: envejecimiento..................... 281

Solo tienes un cuerpo para toda la vida, ¡cuídalo! 281

Gente joven que se siente «vieja» y gente vieja que se siente
    «joven» 283

Spoiler de las ocho etapas del desarrollo psicosocial 284

El paso del tiempo en nuestro cuerpo 287

¿Cuándo comienza el envejecimiento?.................................. 288

El cerebro es el *new sexy*.. 290

¿Se puede frenar el envejecimiento?................................... 293

¿Qué es la epigenética?.. 294

Los ahorros cerebrales, el elixir de la eterna juventud................. 296

Hábitos saludables 298

Cuestión de actitud... 300

Ponle más arrugas a la vida 302

12. La adversidad como oportunidad.................................... 304

¿Cuál es tu grado de tolerancia a la incertidumbre? 304

Incertidumbre, necesidad de creer y teorías
    de la conspiración 307

No es ansiedad, es preocupación.. 310

Evitar la evitación 313

Estrategias de afrontamiento.. 313

Resiliencia no quiere decir «sin cicatrices»............................. 315

La indefensión aprendida como un tipo de virus....................... 318

¿Se puede desaprender la indefensión aprendida?.................... 320

En busca del locus de control 321

Resolución de problemas y pensamiento divergente................... 322

Regulación emocional 327

Hábitos de higiene emocional 333

Ante la duda, el punto medio y, a veces, ni eso........................ 346

Conclusión 349

Agradecimientos 353

Notas 355

Bibliografía 363

Sumario detallado 371